Em defesa da sociologia
Ensaios, interpretações
e tréplicas

FUNDAÇÃO EDITORA DA UNESP

Presidente do Conselho Curador
Herman Jacobus Cornelis Voorwald

Diretor-Presidente
José Castilho Marques Neto

Editor-Executivo
Jézio Hernani Bomfim Gutierre

Conselho Editorial Acadêmico
Alberto Tsuyoshi Ikeda
Célia Aparecida Ferreira Tolentino
Eda Maria Góes
Elisabeth Criscuolo Urbinati
Ildeberto Muniz de Almeida
Luiz Gonzaga Marchezan
Nilson Ghirardello
Paulo César Corrêa Borges
Sérgio Vicente Motta
Vicente Pleitez

Editores-Assistentes
Anderson Nobara
Henrique Zanardi
Jorge Pereira Filho

Anthony Giddens

Em defesa da sociologia
Ensaios, interpretações e tréplicas

Tradução
Roneide Venancio Majer
Klauss Brandini Gerhardt

© 1996 Polity Press

Título original em inglês: *In Defence of Sociology.*
Essays, Interpretations & Rejoinders

© 2000 da tradução brasileira:
Fundação Editora da Unesp (FEU)
Praça da Sé, 108
01001-900 – São Paulo – SP
Tel.: (0xx11) 3242-7171
Fax: (0xx11) 3242-7172
www.editoraunesp.com.br
www.livrariaunesp.com.br
feu@editora.unesp.br

Dados Internacionais de Catalogação na Publicação (CIP)
(Câmara Brasileira do Livro, SP, Brasil)

Giddens, Anthony
Em defesa da sociologia. Ensaios, interpretações e tréplicas / Anthony Giddens; tradução Roneide Venancio Majer, Klauss Brandini Gerhardt. – São Paulo: Editora UNESP, 2001.

Título original: In Defence of Sociology. Essays, Interpretations & Rejoinders.
ISBN 85-7139-363-X

1. Sociologia I. Título.

01-2942   CDD-301

Índice para catálogo sistemático:
1. Sociologia   301

Editora afiliada:

Asociación de Editoriales Universitarias
de América Latina y el Caribe

ASSOCIAÇÃO BRASILEIRA
DAS EDITORAS UNIVERSITÁRIAS

Sumário

Fontes e agradecimentos   7

Prefácio   9

1 Em defesa da sociologia   11

2 A vida em uma sociedade pós-tradicional   21

3 O que é ciência social?   97

4 Funcionalismo: *après la lutte*   115

5 A "britanidade" e as ciências sociais   161

6 O futuro da antropologia   173

7 Quatro mitos na história do pensamento social   181

8 Auguste Comte e o positivismo   217

9 O problema do suicídio na sociologia francesa   229

10 Razão sem revolução?: *Teoria da ação comunicativa*, de Habermas   245

11 Literatura e sociedade: Raymond Williams   279

12 T. H. Marshall, o Estado e a democracia   291

13 Admirável mundo novo: o novo contexto da política   311

14 O Partido Trabalhista e a política britânica   331

Índice remissivo   373

Fontes e agradecimentos

Os capítulos que compõem este trabalho têm as seguintes fontes: "In Defence of Sociology" ["Em defesa da sociologia"], revista *New Statesman and Society*, 7 de abril de 1995; "Living in a Post-Traditional Society" ["A vida em uma sociedade pós-tradicional"], Ulrich Beck, Anthony Giddens e Scott Lash: *Reflexive Modernization* ["*Modernização reflexiva*"], Cambridge: Polity Press, 1994 [São Paulo: Editora UNESP, 1996]; "What is Social Science?" ["O que é ciência social?"] publicação inédita; "Functionalism: *Après la Lutte*" ["Funcionalismo: *après la lutte*"], *Studies in Social and Political Theory* [*Estudos de teoria social e política*], London: Hutchinson, 1979; "'Britishness' and the Social Sciences" ["A 'britanidade' e as ciências sociais"] é o texto de um diálogo transmitido pela Radio 4, em abril de 1995; "The Future of Anthropology" ["O futuro da antropologia"], Akbar Ahmed e Chris Shore: *The Future of Anthropology*, London: Athlone Press, 1995; "Four Myths in the History of Social Thought" ["Quatro mitos na história do pensamento social"], *Studies in Social and Political Theory*; "Auguste Comte and Positivism" ["Auguste Comte e o positivismo"], *Profiles and Critiques in Social Theory* [*Perfis e críticas em teoria social*], London: Macmillan, 1982; "The Suicide Problem in French Sociology" ["O problema do suicídio na sociologia francesa"], *Studies in Social and Political Theory*; "Reason without Revolution?: Habermas's 'Theory of Communicative Action'" ["Razão sem revolução?: 'Teoria da ação comunicativa', de Habermas"], Richard Bernstein: *Habermas and Modernity* ["*Habermas e a modernidade*"], Cambridge: Polity Press, 1985; "Literature and Society: Raymond Williams" ["Literatura e sociedade: Raymond Williams"], *Profiles and Critiques in Social Theory*; "T. H. Marshall, the State and Democracy" ["T. H. Marshall, o Estado e a democracia"] foi a palestra sobre Marshall apresentada na Universidade de Southampton, em 1994; "Brave New World: The New Context of Politics" ["Admirável mundo novo: o novo contexto da política"], David Miliband: *Rethinking the Left* ["*Repensando a Esquerda*"], Cambridge: Polity Press, 1994; "The Labour Party and British Politics" ["O Partido Trabalhista e a política britânica"], texto elaborado com base em três artigos da revista *New Statesman and Society*, originalmente publicados em 30 de setembro, 7 de outubro e 14 de outubro de 1994.

Prefácio

Os artigos que compõem este livro já apareceram em vários contextos e datas diferentes. Ao selecionar os textos, segui dois critérios básicos. Escolhi artigos que, de uma forma ou de outra, refletem o título do livro – contribuem para elucidar o que considero ser a posição central da sociologia nas ciências sociais como um todo. Mas também procurei responder às muitas indagações recebidas sobre ensaios cujas edições estão esgotadas e incluí os mais solicitados pelas pessoas que me escreveram. Reuni alguns ensaios longos e essenciais, bem como um conjunto de trabalhos mais curtos.

1
Em defesa da sociologia

A sociologia tem algo capaz de causar polêmicas jamais geradas por outras disciplinas acadêmicas. A economia pode muito bem ser a ciência árida, repleta de termos obscuros, que poucos se mostram aptos a compreender, e aparentemente irrelevantes para os afazeres práticos do cotidiano. Contudo, a sociologia muitas vezes se enquadra em todas as acusações a ela dirigidas – difusa, desprovida de um tema coerente e coalhada de jargões. O que se obtém com o cruzamento entre um sociólogo e um membro da máfia? Um resultado incompreensível.

O que é que há com a sociologia? Por que causa tamanha irritação a tantas pessoas? Alguns sociólogos poderiam responder "ignorância"; outros, "medo". Por que medo? Ora, porque consideram sua matéria algo arriscado e frustrante. A sociologia, costumam afirmar, tende a subverter: ela questiona as premissas que desenvolvemos sobre nós mesmos, como indivíduos, e acerca dos contextos sociais mais amplos nos quais vivemos. Mantém uma ligação direta com o radicalismo político. Nos anos 60, muitos achavam que a disciplina se mantinha à altura de sua fama de agitadora.

Na realidade, entretanto, mesmo nas décadas de 1960 e 1970, a sociologia não estava intrinsecamente associada à Esquerda, muito menos a revolucionários. A matéria foi alvo de muitas críticas da parte de marxistas das mais variadas vertentes que, longe de considerá-la subversiva, viam-na como o verdadeiro epítome da ordem burguesa que tanto os enojava.

Em alguns aspectos e circunstâncias de seu desenvolvimento, a sociologia apresenta, de fato, uma longa história de vínculo com a direita política. As convicções políticas de Max Weber, normalmente considerado um de seus fundadores clássicos, inclinavam-se mais para a direita do que para a esquerda, e o autor era um crítico feroz daqueles que, em sua época, se autoproclamavam revolucionários. Tanto Vilfredo Pareto como Robert Michels, no fim da vida, flertaram com o fascismo italiano. É provável que os sociólogos, em sua maioria, tenham sido liberais por temperamento e inclinação política: tal afirmação é verdadeira com relação a Émile Durkheim e, em gerações posteriores, a R. K. Merton, Talcott Parsons, Erving Goffman e Ralf Dahrendorf, entre muitos outros pensadores sociológicos de renome.

Hoje, a sociologia vem atravessando momentos difíceis justamente no país onde, há muito tempo, tem sido muito bem desenvolvida, os Estados Unidos. Um proeminente sociólogo norte-americano, Irving Louis Horowitz, publicou recentemente um livro intitulado *The Decomposition of Sociology* [*A decomposição da sociologia*], obra "cuja necessidade de escrever causou", segundo ele, "mais dor do que orgulho". A disciplina, sustenta, fez-se rançosa. Três departamentos de sociologia, inclusive um de grande renome, na Universidade de Washington, St. Louis – onde o próprio Horowitz trabalhou – foram fechados há pouco tempo. A Universidade de Yale abriga o mais antigo departamento de sociologia dos Estados Unidos: seus recursos acabaram de sofrer um corte, reduzindo-se praticamente à metade.

Em defesa da sociologia

O número de graduandos em sociologia nos Estados Unidos sofreu grande declínio ao longo das duas décadas que se seguiram aos anos 70 – de um recorde de 36 mil alunos em 1973 para menos de 15 mil em 1994. Segundo Horowitz, contudo, as agruras da sociologia não se manifestam apenas na menor atração atualmente exercida sobre os universitários. Elas têm a ver com a difícil condição intelectual da disciplina. A sociologia, afirma, pode não ter sido relacionada no passado com um ponto de vista político global, porém, desde os anos 60, tem assumido cada vez mais essa postura. A matéria vem se tornando a morada dos descontentes, um ponto de encontro de grupos com assuntos específicos em pauta, que vão desde defensores dos direitos dos homossexuais até simpatizantes da teologia da libertação. A sociologia está em decomposição porque vem se transformando justamente naquilo que seus críticos sempre disseram a seu respeito, isto é, uma pseudociência; e também pela debandada de cientistas sociais respeitáveis e de orientação empírica para outras áreas definidas de modo mais centrado – como planejamento urbano, demografia, criminologia ou jurisprudência. A deterioração da sociologia não implica a desintegração da pesquisa social, que ainda floresce em vários domínios; no entanto, boa parte desses trabalhos de pesquisa tem se degenerado em empirismo puro, não mais orientado por perspectivas teóricas de peso. O que vem desaparecendo é a capacidade de a sociologia oferecer-se como um centro unificador para as diversas ramificações da pesquisa social.

O fechamento dos departamentos de sociologia da Universidade de Washington e de outras cidades norte-americanas vem provocando um acalorado debate nos Estados Unidos – para o qual se destacam, entre várias outras, as contribuições de Horowitz. William Julius Wilson, sociólogo bastante conhecido por seus trabalhos sobre as classes urbanas de baixa renda, argumenta que a sociologia passou a dissociar-se demais de questões de interesse público e deveria concentrar a atenção em assuntos relacionados com a política prática. Afinal de contas, nas palavras do autor, não são poucos os problemas sociais que podem constituir objeto de estudo para os sociólogos, com as cidades caindo aos pedaços, divisões entre brancos e negros mais severas do que nunca e crimes violentos como lugar-comum.

Teria a sociologia caído no ostracismo? E, caso essa hipótese se confirme, trata-se, em certo sentido, de um fenômeno tipicamente norte-americano ou algo que possa se aplicar ao mundo todo? Ou, talvez, será que a sociologia sempre foi o assunto de caráter indefinido, tal como há muito proclamado por seus críticos?

Tratemos em primeiro lugar da velha piada sem graça segundo a qual a sociologia não dispõe de um campo de investigação apropriado. Na verdade, o campo de estudo da sociologia, conforme entendido pela grande maioria de seus alunos e especialistas, não se apresenta nem mais, nem menos claramente definido que o de qualquer outra área acadêmica. Consideremos, por exemplo, a história. Ao que tudo indica, essa disciplina dispõe de um tema de estudo óbvio, isto é, o passado. Porém, o passado abarca tudo! No caso, não há um campo de estudo claro ou delimitado, e cada parte da história é retalhada por embates metodológicos acerca de sua verdadeira natureza, exatamente como ocorre, mais do que nunca, com a sociologia.

A sociologia é uma disciplina generalizante que se preocupa, sobretudo, com a modernidade – com o caráter e a dinâmica das sociedades modernas ou industrializadas. Compartilha muitas de suas próprias estratégias metodológicas – e problemas – não só com a história, mas também com toda a gama das ciências sociais. As questões de natureza mais empírica com as quais se envolve apresentam um caráter absolutamente real. Entre todas as ciências sociais, a sociologia estabelece uma relação mais direta com as questões que dizem respeito à nossa vida cotidiana – o desenvolvimento do urbanismo moderno, crime e punição, gênero, família, religião e poder social e econômico.

Considerando que a pesquisa e o pensamento sociológicos são mais ou menos indispensáveis na sociedade contemporânea, é difícil depreender algum sentido das críticas que acusam os estudos desses aspectos de não trazerem nenhum esclarecimento – de serem senso comum embalado em jargões um tanto desenxabidos. Embora trabalhos específicos de pesquisa possam sempre ser questionados, ninguém poderia argumentar que não há nenhum propósito em, por exemplo, realizar estudos comparativos sobre a incidência de divórcio em diferentes países. Os sociólogos envolvem-se em todos os tipos de pesquisa que, uma vez se adquira certo grau de conscientização acerca de tais trabalhos, acabam revelando-se interessantes, sendo considerados relevantes pela maioria dos observadores com um nível razoável de neutralidade.

Há, contudo, uma outra razão mais sutil pela qual pode parecer que a sociologia muitas vezes proclama o que é óbvio ao senso comum. O fato é que a pesquisa social não está, tampouco pode se permitir estar, dissociada do mundo social que descreve. Na atualidade, a pesquisa social constitui parte tão integrante de nossa consciência que passamos a considerá-la natural. Todos nós dependemos dessa pesquisa para identificar o que efetivamente *consideramos* senso comum – "o que todo mundo sabe". Todos sabemos, por exemplo, que as taxas de divórcio são elevadas na sociedade de hoje; no entanto, tal "conhecimento óbvio", claro, depende de trabalhos de pesquisa social realizados com regularidade, quer sejam conduzidos por pesquisadores do governo, quer por sociólogos pertencentes aos círculos acadêmicos.

Isso explica, até certo ponto, a sina que persegue a sociologia de ser tratada como menos original e menos fundamental à nossa existência social do que realmente o é. Não só os trabalhos de pesquisa empírica, mas também a teorização e os conceitos sociológicos podem vir a integrar de tal forma nosso repertório de informações da vida cotidiana que acabam por parecer "apenas senso comum". Hoje, por exemplo, muitas pessoas perguntam se um líder tem carisma, discutem a questão do pânico moral ou falam a respeito do *status* social de alguém – todas noções que tiveram sua origem no discurso sociológico.

Naturalmente, essas considerações não contribuem para responder à questão aqui proposta, qual seja, saber se a sociologia como disciplina acadêmica se encontra em franca decadência ou mesmo em dissolução, desde seus dias de glória, na década de 1960, até aqui, se é que realmente aquele período refletiu o apogeu da matéria. Houve *de fato* grandes mudanças na sociologia ao longo dos últimos trinta anos, mas nem todas foram para pior. Uma coisa é certa: o centro de poder foi deslocado. A sociologia norte-americana costumava predominar no cenário mundial da disciplina, o que já não ocorre. Principalmente no que concerne à teorização sociológica, o centro de gravidade deslocou-se para outros lugares, em especial para a Europa. Os pensadores sociológicos mais importantes da atualidade já não se encontram na América, mas sim no continente europeu: autores como Pierre Bourdieu, Niklas Luhmann ou Ulrich Beck.

A sociologia norte-americana parece ter se tornado excessivamente profissionalizada, com grupos de pesquisa que se concentram em seu segmento e detêm poucos conhecimentos ou demonstram pouco ou nenhum interesse acerca das áreas de atuação dos demais. Todos os envolvidos com sociologia nos Estados Unidos dispõem de um "campo", e a especialidade do sociólogo, seja ela qual for ou pareça ser, define tal identidade com clareza. A quantofrenia grassa nos departamentos de sociologia dos Estados Unidos. Para muitos, o que não se consegue quantificar não se leva em conta. O resultado, para dizer o mínimo, pode ser uma certa falta de criatividade.

Há uma boa justificativa no conselho de William Julius Wilson aos sociólogos: que se dediquem a pesquisas de importância imediata para as questões relacionadas com a política pública e participem de forma incisiva nos amplos debates que seus trabalhos possam suscitar. Afinal, muitas questões levantadas na esfera política são de cunho sociológico – questões relativas, por exemplo, à previdência social, à criminalidade ou à família. Os trabalhos sociológicos são pertinentes, não apenas por se prestarem a formulações para tipos específicos de questões referentes à política, mas também por apreender as prováveis consequências de quaisquer políticas que possam ser implementadas.

O restabelecimento do vínculo entre a sociologia e uma agenda de desenvolvimento de políticas públicas não seria suficiente para tratar das demais questões suscitadas a respeito do chamado declínio da sociologia. O que dizer então da desagregação da sociologia, de que tanto fala Horowitz? Será uma disciplina desprovida de um cânone conceitual comum, exposta ao risco de se fragmentar em especialidades sem relação entre si? Será que os autores mais inovadores deslocaram-se para outras paragens? E, talvez a pergunta mais importante, a disciplina perdeu as características que a tornavam vanguardista?

Se nos dispusermos a comparar a sociologia à economia, devemos admitir que a sociologia, internamente, é muito mais diversificada. Há, na economia, grande variedade de escolas de pensamento e abordagens teóricas, porém, a visão neoclássica tende a predominar quase em toda parte, constituindo a matéria básica de praticamente todos os textos introdutórios. A sociologia não se encontra, nesse mesmo grau, sob o jugo de um único sistema conceitual. Entretanto, sem dúvida, isso deve ser encarado mais como um ponto forte do que como uma deficiência. Não creio que tal diversidade tenha criado um completo desarranjo; em vez disso, dá voz ao pluralismo que deve necessariamente existir ao se estudar algo tão complexo e controverso como as instituições e o comportamento social humanos.

Existe algum indício de que estudiosos de talento, outrora interessados em trabalhar com a sociologia, tenham migrado para outros campos de atuação? Não resta dúvida de que, nos anos 60, alguns dedicaram-se à sociologia porque a viram, se não como uma alternativa para a revolução, ao menos como algo novo e avançado; hoje ela já não conta com tal reputação. Mas a maioria desses indivíduos provavelmente não estava interessada em uma carreira adstrita à esfera acadêmica. Mais importantes são os fatores que afetaram o mundo acadêmico como um todo, e não, em especial, a sociologia. Muitas pessoas talentosas que poderiam ter optado por uma vida acadêmica provavelmente não o farão nos dias de hoje, pois os salários pagos pelas universidades sofreram uma queda vertiginosa em termos relativos ao longo das duas últimas décadas, e as condições de trabalho se deterioraram.

No entanto, pode-se, sem dúvida, sustentar que a sociologia britânica vem fazendo um trabalho melhor do que o realizado em gerações anteriores. Comparem-se, por exemplo, os progressos da sociologia na Grã-Bretanha nos últimos anos com os da antropologia. Logo após a Segunda Guerra Mundial, o país contava com antropólogos de reputação internacional; naquela época, contudo, não se podia encontrar uma safra de autores de igual vulto no campo da sociologia.

Nos tempos atuais, pode-se afirmar que esse quadro praticamente se inverteu. Há poucos, se houver, antropólogos da geração atual capazes de equiparar-se aos autores da geração passada e às suas conquistas. Já a sociologia britânica dispõe de um grupo de indivíduos que gozam de reputação internacional, como John Goldthorpe, Steven Lukes, Stuart Hall, Michèle Barrett, Ray Pahl, Janet Wolff e Michael Mann.

Além disso, em termos puramente estatísticos, a sociologia não se encontra em decadência na Grã-Bretanha do mesmo modo que nos Estados Unidos. A disciplina em nível avançado usufrui de grande popularidade entre os britânicos, e a procura, em vez de diminuir, tem aumentado. A taxa de ingresso nos cursos universitários de sociologia encontra-se, na pior das hipóteses, estável em relação às demais matérias.

Nem tudo são flores no jardim da sociologia – mas será que isso algum dia já aconteceu? As verbas destinadas à pesquisa na área social caíram muito desde o início dos anos 70; não existe mais o volume de trabalhos empíricos que já houve um dia. Contudo, seria difícil argumentar que a sociologia está fora do ritmo, do ponto de vista intelectual, principalmente se ampliarmos mais uma vez o horizonte e nos posicionarmos diante de uma perspectiva internacional. A maior parte dos debates que "fazem as manchetes" intelectuais de hoje, nas ciências sociais e mesmo na área de humanidades, é dotada de forte carga sociológica. Os autores da sociologia foram os pioneiros em discussões sobre o pós-modernismo, a sociedade pós-industrial e da informação, a globalização, a transformação da vida cotidiana, do gênero e da sexualidade, a natureza mutável do trabalho e da família, a "subclasse" e a etnia.

Você ainda poderia perguntar: o que todas essas mudanças podem acrescentar? Quanto a isso, ainda há muito que fazer em termos de estudos sociológicos. Parte desses estudos deve apresentar um cunho investigativo ou empírico, porém, trabalhos teóricos também se fazem necessários. Mais do que qualquer outra tarefa intelectual, a reflexão sociológica ocupa um papel central para a compreensão das forças sociais que vêm transformando nossa vida nos dia de hoje. A vida social tornou-se episódica, fragmentária e marcada por novas incertezas, para cujo entendimento deve contribuir o pensamento sociológico criativo. Certamente, a tese de William Julius Wilson é importante: os sociólogos devem concentrar a atenção nas implicações práticas, bem como nas que afetam o processo de elaboração de políticas, das mudanças que atualmente vêm transformando a vida social. Entretanto, a sociologia de fato tornar-se-ia fastidiosa e, muito possivelmente, desagregada, caso não se preocupasse com as questões de maior vulto.

A sociologia deveria reafiar o seu gume de vanguarda, à medida que o neoliberalismo desaparece na amplidão, juntamente com o socialismo ortodoxo. Algumas perguntas para as quais novas respostas demonstram-se necessárias são perenes, enquanto outras são surpreendentemente recentes. A busca por respostas às indagações de ambas as vertentes, tal como em outros tempos, requer uma boa dose do que C. Wright Mills chamou de imaginação sociológica, expressão que ganhou fama. Sociólogos, não se desesperem! Vocês ainda têm um mundo inteiro a conquistar ou, ao menos, a interpretar.

2
A vida em uma sociedade pós-tradicional[1]

Atualmente, nas ciências sociais, assim como no próprio mundo social, estamos diante de uma nova agenda. Vivemos, como todos sabem, em uma época de finalizações. Antes de tudo, há o final não somente de um século, mas de um milênio: algo que não tem conteúdo, e que é totalmente arbitrário – uma data em um calendário –, tem tal poder de reificação que nos mantém escravizados. O *fin de siècle* tornou-se amplamente identificado com sentimentos de desorientação e mal-estar, a tal ponto que se pode conjeturar se toda essa conversa de finalizações, como o fim da modernidade – ou o fim da história – simplesmente reflete esses sentimentos. Sem dúvida, de certa maneira isso é verdade. Mas é claro que não é tudo. Estamos em um período de evidente transição – e o "nós" aqui não se refere apenas ao Ocidente, mas ao mundo como um todo.

---

1 Este texto foi publicado anteriormente em Giddens, A., Beck, U., Lash, S. *Modernização reflexiva*. Política, tradição e estética na ordem social moderna. Trad. Magda Lopes. São Paulo: Editora UNESP, 1997. (N. E.)

Nesta discussão, refiro-me a uma finalização, sob o disfarce da emergência de uma sociedade pós-tradicional. Esta expressão pode, à primeira vista, parecer estranha. A modernidade, quase por definição, sempre se colocou em oposição à tradição; não é verdade que a sociedade moderna tem sido "pós-tradicional"? Não, pelo menos da maneira em que me proponho a falar aqui da "sociedade pós-tradicional". Durante a maior parte da sua história, a modernidade reconstruiu a tradição enquanto a dissolvia. Nas sociedades ocidentais, a persistência e a recriação da tradição foram fundamentais para a legitimação do poder, no sentido em que o Estado era capaz de se impor sobre "sujeitos" relativamente passivos. A tradição polarizou alguns aspectos fundamentais da vida social – pelo menos a família e a identidade social – que, no que diz respeito ao "iluminismo radicalizador", foram deixados bastante intocados.[2]

Importante observar que, enquanto "moderno" significou "ocidental", a influência contínua da tradição dentro da modernidade permaneceu obscura. Cerca de cem anos atrás, Nietzsche já "chamou a modernidade à razão", mostrando que o próprio Iluminismo era um mito, formulando perguntas inquietantes sobre o conhecimento e o poder. Entretanto, Nietzsche era a voz solitária da heresia. Atualmente, a modernidade tem sido obrigada a "tomar juízo", não tanto graças a seus dissidentes internos, mas como resultado de sua própria generalização pelo mundo afora. As bases não investigadas da hegemonia ocidental sobre outras culturas, os preceitos e as formas sociais da modernidade não permanecem abertos ao exame.

As ordens da transformação

A nova agenda da ciência social diz respeito a duas esferas de transformação, diretamente relacionadas. Cada uma delas

---

[2] Beck, U., Beck-Gernsheim, E. *The Normal Chaos of Love*. Cambridge: Polity, 1995.

corresponde a processos de mudança que, embora tenham tido suas origens no início do desenvolvimento da modernidade, tornaram-se particularmente intensos na época atual. Por um lado, há a difusão extensiva das instituições modernas, universalizadas por meio dos processos de globalização. Por outro, mas imediatamente relacionados com a primeira, estão os processos de mudança intencional, que podem ser conectados à radicalização da modernidade.[3] Estes são processos de *abandono*, desincorporação e problematização da tradição.

Poucas pessoas, em qualquer lugar do mundo, podem continuar sem consciência do fato de que suas atividades locais são influenciadas, e às vezes até determinadas, por acontecimentos ou organismos distantes. O fenômeno é facilmente assinalado, pelo menos *grosso modo*. Assim, por exemplo, o capitalismo durante séculos teve fortes tendências à expansão, por razões documentadas por Marx e tantos outros. Durante o período posterior à Segunda Guerra Mundial, no entanto, e particularmente em torno dos últimos quarenta anos, o padrão do expansionismo começou a se alterar. Tornou-se muito mais descentralizado, assim como mais abrangente. O movimento geral aponta para uma interdependência muito maior. No plano puramente econômico, por exemplo, a produção mundial aumentou de forma dramática, com várias flutuações e quedas; e o comércio internacional – um indicador melhor da inter-relação – cresceu ainda mais. Mas foi o "comércio invisível" – nos serviços e nas finanças – o que mais cresceu.[4]

O reverso da medalha é menos evidente. Hoje, as ações cotidianas de um indivíduo produzem consequências globais. Minha decisão de comprar uma determinada peça de roupa, por exemplo, ou um tipo específico de alimento, tem múltiplas implicações globais. Não somente afeta a sobrevivência de alguém que

---

3 Giddens, A. *The Consequences of Modernity*. Cambridge: Polity, 1990. [ed. bras.: *As consequências da modernidade*. São Paulo: Editora UNESP, 1991.]
4 Dicken, P. *Global Shift*. London: Chapman, 1992.

vive do outro lado do mundo, mas pode contribuir para um processo de deterioração ecológica que em si tem consequências potenciais para toda a humanidade. Essa extraordinária – e acelerada – relação entre as decisões do dia a dia e os resultados globais, juntamente com seu reverso, a influência das ordens globais sobre a vida individual, compõem o principal tema da nova agenda. As conexões envolvidas são frequentemente muito próximas. Coletividades e agrupamentos intermediários de todos os tipos, incluindo o Estado, não desaparecem em consequência disso, mas realmente tendem a ser reorganizados ou reformulados.

Para os pensadores do Iluminismo – e muitos de seus sucessores –, pareceu que a crescente informação sobre os mundos social e natural traria um controle cada vez maior sobre eles. Para muitos, esse controle era a chave para a felicidade humana; quanto mais estivermos – como humanidade coletiva – em uma posição ativa para fazer história, mais podemos orientar a história rumo aos nossos ideais. Mesmo os observadores mais pessimistas relacionaram conhecimento e controle. A "jaula de ferro" de Max Weber – em que, segundo suas reflexões, a humanidade estaria condenada a viver no futuro previsível – é uma prisão domiciliar de conhecimento técnico; alterando a metáfora, todos nós devemos ser pequenas engrenagens na gigantesca máquina da razão técnica e burocrática. Mas nenhuma imagem chega a capturar o mundo da alta modernidade, que é muito mais aberto e contingente do que sugere qualquer uma dessas imagens, e isso acontece exatamente *por causa* – e não apesar – do conhecimento que acumulamos sobre nós mesmos e sobre o ambiente material. É um mundo em que a oportunidade e o perigo estão equilibrados em igual medida.

Essa dúvida de método – dúvida radical – que paradoxalmente esteve sempre na origem das reivindicações do Iluminismo quanto à certeza, torna-se completamente exposta. Quanto mais tentamos colonizar o futuro, maior a probabilidade de ele nos causar surpresas. Por isso a noção de risco, tão fundamental para os esforços da modernidade, move-se em duas etapas.[5] Antes de tudo, ela não parece mais do que parte de um cálculo essencial, um meio de selar as fronteiras à medida que o futuro é atingido. Dessa maneira, o risco é uma parte estatística das operações das companhias de seguro; a própria precisão desses cálculos de risco parece assinalar o sucesso em se manter o futuro sob controle.

Isso significa risco em um mundo que, em grande parte, permanece como "dado", inclusive a natureza externa e aquelas formas de vida social coordenadas pela tradição. Quando a natureza é invadida – e até "destruída" – pela socialização, e a tradição é dissolvida, novos tipos de incalculabilidade emergem. Consideremos, por exemplo, o aquecimento global. Muitos especialistas apontam que está ocorrendo um aquecimento global e eles podem estar certos. Entretanto, a hipótese é contestada por alguns e sugere-se até mesmo que a tendência real, se é que existe mesmo alguma tendência, está na direção oposta, rumo ao esfriamento do clima global. Provavelmente, o máximo que pode ser dito com alguma certeza é que não podemos ter certeza de que o aquecimento global não esteja ocorrendo. Mas essa conclusão condicional não produzirá um cálculo preciso dos riscos, mas sim uma série de "cenários" – cuja plausibilidade será influenciada, entre outras coisas, pelo número de pessoas convencidas da tese do aquecimento global e realizando ações fundamentadas nessa convicção. No mundo social, em que a reflexividade institucional tornou-se um elemento constituinte central, a complexidade dos "cenários" é ainda mais marcante.

Por isso, em âmbito global, a modernidade tornou-se experimental. Queiramos ou não, estamos todos presos em uma grande experiência, que está ocorrendo no momento da nossa ação – como agentes humanos –, mas fora do nosso controle, em um grau imponderável. Não é uma experiência do tipo laboratorial, porque não controlamos os resultados dentro de parâmetros fixados –

---

5 Beck, U. *Risk Society*. London: Sage, 1992.

é mais parecida com uma aventura perigosa, em que cada um de nós, querendo ou não, tem de participar.

A grande experiência da modernidade, repleta de perigos globais, não é de maneira alguma o que os pais do Iluminismo tinham em mente quando falaram da importância de se contestar a tradição. Nem está próxima do que Marx imaginou – na verdade, entre muitas outras finalizações, atualmente podemos falar do fim do prometeísmo. "Os seres humanos só se colocam problemas à medida que podem resolvê-los": para nós, o princípio de Marx passou a ser apenas um princípio de esperança. O mundo social tornou-se, em grande parte, organizado de uma maneira consciente, e a natureza moldou-se conforme uma imagem humana, mas estas circunstâncias, pelo menos em alguns setores, criaram incertezas maiores – a despeito de seus impactos – do que jamais se viu antes.

A experiência global da modernidade está interligada – e influencia, sendo por ela influenciada – à penetração das instituições modernas nos acontecimentos da vida cotidiana. Não apenas a comunidade local, mas as características íntimas da vida pessoal e do eu tornam-se interligadas a relações de indefinida extensão no tempo e espaço.[6] Estamos todos presos às *experiências do cotidiano*, cujos resultados, em um sentido genérico, são tão abertos quanto aqueles que afetam a humanidade como um todo. As experiências do cotidiano refletem o papel da tradição – em constante mutação – e, como também ocorre no plano global, devem ser consideradas no contexto do *deslocamento e da reapropriação de especialidades*, sob o impacto da invasão dos sistemas abstratos. A tecnologia, no significado geral da "técnica", desempenha aqui o papel principal, tanto na forma de tecnologia material quanto da especializada *expertise* social.

---

6 Giddens, A. *The Transformation of Intimacy*. Cambridge: Polity, 1992. [ed. bras.: *A transformação da intimidade*. Trad. de Magda Lopes. São Paulo: Editora UNESP, 1993.]

As experiências do cotidiano dizem respeito a algumas questões bastante fundamentais ligadas ao eu e à identidade, mas também envolvem uma multiplicidade de mudanças e adaptações na vida cotidiana. Algumas dessas mudanças estão adoravelmente documentadas no romance *The Mezzanine* (1990), de autoria de Nicholson Baker. O livro trata apenas de alguns poucos momentos do dia de uma pessoa que reflete ativamente – em detalhe – sobre as minúcias do ambiente em que se desenvolve sua vida e sobre suas reações a ele. Revela-se uma parafernália de invasão, ajustamento e reajustamento, ligada a um pano de fundo, vagamente percebido, de entidades globais muito mais amplas. Tomemos o exemplo da forma de fazer gelo:

> A forma de fazer gelo merece uma nota histórica. No início eram formas de alumínio com uma grade de lâminas ligadas a uma alavanca, como um freio de mão – uma solução ruim; a gente tinha de passar a grade sob água morna para que o gelo conseguisse se desprender do metal. Recordo-me de vê-las sendo usadas, mas eu mesmo nunca as usei. Depois, de repente, eram "bandejas" de plástico e de borracha, realmente moldes, com vários formatos – alguns produzindo cubos bem pequenos, outros produzindo cubos grandes e cubos de diferentes formatos. Havia sutilezas que com o tempo a gente acabava compreendendo; por exemplo, as pequenas fendas entalhadas nas paredes internas que separavam uma célula da outra permitiam que o nível da água se igualasse: isto significa que poderíamos encher a bandeja passando as células rapidamente sob a torneira, como se estivéssemos tocando harmônica, ou poderíamos abri-la só um pouquinho, de forma que um filete de água silencioso caísse como uma linha da torneira e, segurando a bandeja em um determinado ângulo, permitindo que a água entrasse em uma única célula e daí fosse passando para as células vizinhas, uma a uma, pouco a pouco enchendo toda a bandeja. As fendas intercelulares também eram úteis depois que a bandeja estava congelada; quando a torcíamos para forçar os cubos, podíamos seletivamente puxar um cubo de cada vez, enfiando a unha sob a projeção congelada que havia se formado em uma fenda. Se não conseguíssemos

pegar a beirada de um toco da fenda porque a célula não havia se enchido até acima do nível da fenda, poderíamos cobrir com as mãos todos os cubos, menos um, e virar a bandeja, para que o único cubo de que precisávamos saísse da bandeja. Ou podíamos liberar todos os cubos ao mesmo tempo e depois, como se a bandeja fosse uma frigideira e estivéssemos virando uma panqueca, lançá-los ao ar. Os cubos pulavam simultaneamente dos seus espaços individuais, elevando-se cerca de meio centímetro, e a maioria voltava de novo para o seu lugar; mas alguns, aqueles que estivessem mais soltos, pulavam mais alto e frequentemente caíam de maneira irregular, deixando alguma ponta saliente por onde podiam ser apanhados – estes nós usávamos na nossa bebida.[7]

Nesse caso, a questão não é apenas – ou mesmo basicamente – a tecnologia, mas processos mais profundos de reforma da vida cotidiana. Poderia parecer que a tradição, aqui, não desempenhava mais nenhum papel; mas, como vamos ver, essa visão seria equivocada.

Depreciando a carne

Entre os !Kung San do deserto de Kalahari, quando um homem retorna de uma caçada bem-sucedida, sua caça é depreciada pelo resto da comunidade, não importa o quanto ela tenha sido abundante. A carne, trazida pelos caçadores, é sempre compartilhada por todo o grupo, mas em vez de ser saudado com alegria, um caçador bem-sucedido é tratado com indiferença ou desprezo. Supõe-se também que ele próprio deva mostrar modéstia em relação a suas habilidades e subestimar seus feitos. Um membro dos !Kung comenta:

> Digamos que um homem esteve caçando: ele não deve chegar em casa e anunciar como um fanfarrão: "Matei um animal enorme

---

7 Baker, N. *The Mezzanine*. Cambridge: Granta, 1990. p.45.

na floresta!". Deve primeiro sentar-se em silêncio, até que eu ou outra pessoa se aproxime da sua fogueira e pergunte: "O que você viu hoje?". Ele responde, calmamente: "Ah, não sou bom de caça, não vi nada ... quem sabe apenas um animal bem pequeno". Então eu rio sozinho, porque sei que ele matou algum animal grande.

Os temas interligados da depreciação e da modéstia prosseguem no dia seguinte, quando a festa continua para se ir buscar e dividir a caça. De volta à aldeia, os membros do grupo carregador comentam em voz alta sobre a inépcia do caçador e seu desapontamento com ele:

> Quer dizer que você nos arrastou até aqui para nos fazer carregar para casa este monte de ossos? Oh, se eu soubesse que este animal era tão magro, não tinha vindo. Gente, pensar que eu renunciei a um belo dia na sombra por causa disso. Em casa, podemos sentir fome, mas pelo menos temos água fresca para beber.[8]

A troca é um ritual, e segue prescrições estabelecidas; está intimamente relacionada a outras formas de intercâmbio ritual na sociedade !Kung. Insultar a carne parece à primeira vista a melhor explicação em termos das funções latentes. É uma parcela da tradição que estimula aquelas interpretações de "culturas tradicionais", que consideram "tradição" em termos de concepções funcionais de solidariedade. Se essas noções fossem válidas, a tradição poderia ser essencialmente um ritual não premeditado, necessário à coesão das sociedades mais simples. Mas essa ideia não funciona. Há com certeza um ângulo "funcional" no insulto à carne: embora ele também conduza a conflitos, pode ser visto como um meio de se manter o igualitarismo na comunidade (masculina) !Kung. O menosprezo ritualizado é o oposto da arrogância e, por isso mesmo, do tipo de estratificação que poderia se desenvolver caso os melhores caçadores fossem homenageados ou recompensados.

---

8 Lee, R. B. *The Dobe !Kung*. New York: Holt, 1984. p.49.

Mas esse elemento "funcional" na verdade não opera de uma maneira mecânica (nem poderia fazê-lo); os !Kung estão bem conscientes do que está acontecendo. Sendo assim, como um curandeiro !Kung comentou com um antropólogo visitante, quando um homem mata muitos animais, tende a pensar em si mesmo como um chefe e considera o resto do grupo como seus inferiores. Isso é inaceitável; "por isso, sempre nos referimos à sua carne como sem valor. Dessa maneira, esfriamos seu coração e o abrandamos".[9] A tradição está ligada ao ritual e tem suas conexões com a solidariedade social, mas não é a continuidade mecânica de preceitos que é aceita de modo inquestionável.

Para entender o que significa viver em uma ordem pós-tradicional, temos de considerar duas questões: o que é a tradição, realmente, e quais são as características genéricas de uma "sociedade tradicional". Ambas as noções têm sido, em sua maior parte, usadas como conceitos não avaliados – na sociologia, em razão de terem sido contrapostas à primeira preocupação com a modernidade; e, na antropologia, porque a repetição, uma das principais implicações da ideia da tradição, muito frequentemente tem sido mesclada à coesão. A tradição, digamos assim, é a cola que une as ordens sociais pré-modernas; mas uma vez que se rejeite o funcionalismo, não fica claro o que mantém seu poder de fixação. Não há nenhuma conexão necessária entre repetição e coesão social, e o caráter repetitivo da tradição é algo que tem de ser explicado, não apenas suposto.[10]

Repetição significa tempo – alguns diriam que é tempo – e a tradição está, de algum modo, envolvida com o controle do tempo. Em outras palavras, a tradição é uma orientação para o passado, de tal forma que o passado tem uma pesada influência ou, mais precisamente, é constituído para ter uma pesada influência

---

9 Ibidem, p.49.
10 Boyer, P. *Tradition as Truth and Communication*. Cambridge: Cambridge University Press, 1990.

sobre o presente. Mas evidentemente, em certo sentido e em qualquer medida, a tradição também diz respeito ao futuro, pois as práticas estabelecidas são utilizadas como uma maneira de se organizar o tempo futuro. O futuro é modelado sem que se tenha a necessidade de esculpi-lo como um território separado. A repetição, de uma maneira que precisa ser examinada, chega a fazer o futuro voltar ao passado, enquanto também aproxima o passado para reconstruir o futuro.

As tradições, segundo Edward Shils, estão sempre mudando;[11] mas há *algo* em relação à noção de tradição que pressupõe persistência; se é tradicional, uma crença ou prática tem uma integridade e continuidade que resistem ao contratempo da mudança. As tradições têm um caráter orgânico: elas se desenvolvem e amadurecem, ou enfraquecem e "morrem". Por isso, a integridade ou *autenticidade* de uma tradição é mais importante para defini-la como tal do que seu tempo de existência. É incrível que apenas nas sociedades com escrita – que realmente, por isso mesmo, têm se tornado menos "tradicionais" – em geral tenhamos alguma *evidência* de que os elementos da tradição perduraram durante períodos muito longos. Na verdade, os antropólogos têm sempre considerado as culturas orais como extremamente tradicionais, mas para falar a verdade não há como se confirmar que as "práticas tradicionais" que eles observam tenham existido de fato por várias gerações; ninguém sabe, por exemplo, há quanto tempo é praticado o hábito !Kung de depreciar a carne.

Vou considerar a "tradição" da seguinte maneira. Na minha opinião, a tradição está ligada à memória, especificamente aquilo que Maurice Halbwachs denomina "memória coletiva"; envolve ritual; está ligada ao que vamos chamar de *noção formular de verdade*; possui "guardiães"; e, ao contrário do costume, tem uma força de união que combina conteúdo moral e emocional.

---

11 Shils, E. *Tradition*. London: Faber, 1981.

A memória, como a tradição – em um sentido ou outro –, diz respeito à organização do passado em relação ao presente. Segundo Halbwachs, poderíamos pensar que essa conservação resulta simplesmente da existência dos estados psíquicos inconscientes. Há traços registrados no cérebro que possibilitam chamar à consciência esses estados. Desse ponto de vista, "o passado desmorona", mas "só se desvanece na aparência", pois continua a existir no inconsciente.[12]

Halbwachs rejeita esse tipo de ideia; o passado não é preservado, mas continuamente reconstruído, tendo como base o presente. Essa reconstrução é parcialmente individual, mas, mais fundamentalmente, é *social* ou coletiva. Ao ampliar este argumento, Halbwachs formula uma interessante análise dos sonhos. Os sonhos são, na verdade, o que sua significação poderia parecer sem as suas estruturas sociais organizadoras – compostos de fragmentos desconexos e sequências bizarras. As imagens permanecem como "matérias-primas" que formam combinações excêntricas.

Desse modo, a memória é um processo ativo, social, que não pode ser apenas identificado com a lembrança.[13] Nós reproduzimos continuamente memórias de acontecimentos ou estados passados, e essas repetições conferem continuidade à experiência. Se nas culturas orais as pessoas mais velhas são o repositório (e também frequentemente os guardiães) das tradições, não é apenas porque as absorveram em um ponto mais distante no tempo que as outras pessoas, mas porque têm tempo disponível para identificar os detalhes dessas tradições na interação com os outros da sua idade e ensiná-las aos jovens. Por isso, podemos dizer que a tradição é um *meio organizador da memória coletiva*. Não poderia existir uma tradição privada, como não pode existir uma linguagem privada. A "integridade" da tradição não deriva do simples fato da persistência sobre o tempo, mas do "trabalho"

---

12 Halbwachs, M. *The Social Frameworks of Memory*. Chicago: University of Chicago Press, 1992. p.39.
13 Cf. Giddens, A. *The Constitution of Society*. Cambridge: Polity, 1984. p.45-51.

contínuo de interpretação que é realizado para identificar os laços que ligam o presente ao passado.

A tradição em geral envolve um ritual. Por quê? Seria possível pensar que os aspectos rituais da tradição são simplesmente parte de seu caráter "inconsciente", de caráter próximo à automatização. Mas se as ideias que sugeri até agora estão corretas, a tradição é necessariamente ativa e interpretativa. Seria possível propor que o ritual é parte das estruturas sociais que conferem integridade às tradições; o ritual é um meio prático de se garantir a preservação. A memória coletiva, como Halbwachs afirma, é baseada nas práticas sociais. Podemos ver como isso acontece se considerarmos não apenas o contraste entre a memória e o sonho, mas o que acontece no "intervalo" representado pela atividade do devaneio ou da fantasia. Devaneio significa o relaxamento do indivíduo perante os deveres da vida cotidiana, permitindo que sua mente vagueie. Por outro lado, é a continuidade da prática – em si ativamente organizada – que conecta o fio das atividades do cotidiano com aquelas de ontem e do ano passado. O ritual conecta firmemente a reconstrução contínua do passado com a ação prática, e a forma como o faz é patente.

O ritual traz a tradição para a prática, mas é importante observar que ele também tende a ficar separado, de uma maneira mais ou menos clara, das tarefas pragmáticas da atividade cotidiana. Depreciar a carne é um procedimento ritualizado e assim compreendido pelos participantes. Uma depreciação ritual é diferente de uma depreciação real, porque carece de um significado denotativo; é um uso "não expressivo" da linguagem. Esta consequência "que isola" o ritual é fundamental porque ajuda a conferir às crenças, práticas e aos objetos rituais uma autonomia temporal que pode faltar às tarefas mais rotineiras.

Assim como todos os outros aspectos da tradição, o ritual tem de ser interpretado; mas essa interpretação não está normalmente nas mãos do indivíduo laico. Aqui temos de estabelecer uma conexão entre os *guardiães* da tradição e as verdades que essas tradições contêm ou revelam. A tradição envolve uma "verdade formular",[14] a que apenas algumas pessoas têm pleno acesso. A verdade formular não depende das propriedades referenciais da linguagem, mas do seu oposto; a linguagem ritual é performativa, e às vezes pode conter palavras ou práticas que os falantes ou os ouvintes mal conseguem compreender. O idioma ritual é um mecanismo da verdade em razão de – e não apesar de – sua natureza formular. A fala ritual é aquela da qual não faz sentido discordar nem contradizer – e por isso contém um meio poderoso de redução da possibilidade de dissensão. Isso certamente é fundamental para sua qualidade de ser irresistível.

A verdade formular é uma atribuição de eficácia causal ao ritual; os critérios de verdade são aplicados aos acontecimentos provocados, não ao conteúdo proposicional dos enunciados.[15] Os guardiães, sejam eles idosos, curandeiros, mágicos ou funcionários religiosos, têm muita importância dentro da tradição porque se acredita que eles são os agentes, ou os mediadores essenciais, de seus poderes causais. Lidam com os mistérios, mas suas habilidades de arcanos provêm mais do seu envolvimento com o poder causal da tradição que do seu domínio de qualquer segredo ou conhecimento esotérico. Entre os !Kung, os idosos são os principais guardiães das tradições do grupo. Depreciar a carne pode ser "racionalmente compreendido" em termos de suas consequências para a coletividade, mas deriva seu poder de persuasão de suas conexões com outros rituais e crenças controlados pelos idosos ou pelos especialistas religiosos.

Os guardiães da tradição poderiam parecer equivalentes aos especialistas nas sociedades modernas – os fornecedores dos sistemas abstratos cujo impacto sobre a vida cotidiana é narrado por Nicholson Baker. Mas a diferença entre os dois não é muito clara. Os guardiães não são especialistas, e as qualidades de arcano

---

14 No original inglês, *formulaic truth*. (N. E.)
15 Boyer, P. *Tradition as Truth and Communication*, cap.5.

a que eles têm acesso, na sua maior parte, não são comunicáveis a quem está de fora. Como observou Pascal Boyer, "um especialista tradicional não é alguém que tem um quadro adequado de alguma realidade em sua mente, mas alguém cujas expressões vocais, em alguns contextos, podem ser diretamente determinadas pela realidade em questão".[16]

O *status* na ordem tradicional, mais que a "competência", é a principal característica do guardião. O conhecimento e as habilidades que o especialista possui poderiam parecer misteriosos para o leigo, mas, em princípio, qualquer um pode adquirir esse conhecimento e essas habilidades se estiver determinado a fazê-lo.

Finalmente, todas as tradições têm um conteúdo normativo ou moral que lhes proporciona um caráter de vinculação.[17] Sua natureza moral está intimamente relacionada aos processos interpretativos por meio dos quais o passado e o presente são conectados. A tradição representa não apenas o que "é" feito em uma sociedade, mas o que "deve ser" feito. Isso não significa, é claro, que os componentes normativos da tradição sejam necessariamente enunciados. A maioria deles não o é: são interpretados nas atividades ou orientações dos guardiães. A tradição abarca o que faz, e pode ser inferida, porque seu caráter moral apresenta uma medida da segurança ontológica para aqueles que aderem a ela. Suas bases psíquicas são afetivas. Há, em geral, profundos investimentos emocionais na tradição, embora estes sejam mais indiretos que diretos; eles se originam dos mecanismos de controle da ansiedade proporcionados pelos modos tradicionais de ação e de crença.

É demais para uma conceituação inicial da tradição. A questão do que é uma "sociedade tradicional" permanece sem solução. Não pretendo de modo algum lidar com ela aqui, embora

---

16 Ibidem, p.112.
17 E. Shils diz que há "tradições factuais", sem conteúdo normativo. Para mim, estas caem na categoria dos costumes. (Shils, *Tradition*, p.23-5.)

deva retornar à questão mais tarde. Uma sociedade tradicional, inevitavelmente, é uma sociedade em que a tradição – como está anteriormente especificado – tem um papel dominante; mas isso dificilmente vai ocorrer em si e por si. Pode-se dizer que a tradição é mais importante quando não é compreendida como tal. Ao que parece, as culturas menores não têm uma palavra específica para designar a "tradição", e não é difícil entender por quê: a tradição é muito invasiva para ser distinguida de outras formas de atitude ou de conduta. Essa situação tende a ser particularmente característica das culturas orais. É óbvio que uma característica distintiva da cultura oral é o fato de as comunicações não poderem ocorrer sem um falante identificável; esta circunstância se presta muito a versões formulares da verdade. O advento da escrita cria a hermenêutica: a "interpretação", que é antes de tudo bastante bíblica, assume um novo significado. A tradição vem a ser conhecida como algo distinto e potencialmente plural. Entretanto, todas as civilizações pré-modernas permaneceram completamente permeadas por um tipo ou outro de tradição.

Se formularmos a pergunta "de que maneira as sociedades modernas tornaram-se destradicionalizadas?", a tática mais óbvia para proporcionar uma resposta seria olhar para formas específicas de símbolo e ritual e considerar até que ponto elas ainda compõem "tradições". Entretanto, considerarei essa questão mais tarde e, no momento, vou reorientar a discussão em uma direção completamente diversa. Tradição é repetição, e pressupõe uma espécie de verdade que é a antítese da "indagação racional" – neste aspecto, compartilha algo com a psicologia da compulsão.

A repetição como neurose: a questão do vício

A questão da compulsividade está na origem da psicoterapia moderna. Eis como se inicia um livro de autoajuda de terapia prática. "Este é um registro", diz ele, referindo-se às experiências de vida de um indivíduo – em nossas atividades atuais, estamos constantemente (e na maioria das vezes, de uma maneira inconsciente) recapitulando o passado. A influência do passado sobre o presente é, acima de tudo, uma influência emocional, uma questão de "sentimentos".

As razões podem existir em dois "locais" ao mesmo tempo. Podemos estar fisicamente presentes com alguém no aqui-agora, mas nossa mente pode estar longe, no espaço como no tempo. Um dos nossos problemas nos relacionamentos é que "algo" nos afasta do presente e não estamos mais com quem estávamos.

Essas experiências registradas e os sentimentos a elas associados estão disponíveis hoje para serem reexperimentados de uma forma viva, da mesma forma que ocorreram antes, e proporcionam grande parte dos dados que determinam a natureza das transações atuais. Os acontecimentos do presente podem repetir uma velha experiência e não somente nos lembramos de como nos sentimos, mas nos sentimos da mesma maneira. Não somente nos lembramos do passado, mas o revivemos. Estamos lá! Não nos lembramos de grande parte do que revivemos.[18]

A compulsividade, em seu sentido mais amplo, é uma incapacidade para escapar do passado. O indivíduo que se crê autônomo vive um destino sub-reptício. Os conceitos de destino têm estado sempre intimamente relacionados à tradição, e não surpreende descobrir que Freud estava preocupado com o destino. Segundo ele, *Édipo Rei*

> é uma tragédia do destino. Seu efeito trágico depende do conflito entre a vontade todo-poderosa dos deuses e os esforços vãos dos seres humanos ameaçados com o desastre. A resignação à vontade divina, assim como a percepção da ausência de importância de uma pessoa, é a lição que se supõe que o espectador, profundamente comovido, vai extrair da peça.

---

18 Harris, A. e T. *Staying OK*. London: Pan, 1985. p.19.

"O oráculo lançou a mesma maldição sobre nós",[19] continua ele, mas em nosso caso é possível escapar. De Freud em diante, o dilema da condição moderna é visto como superando a "programação" constituída anteriormente em nossa vida.

Evidentemente, Freud estava muito preocupado com os sonhos, "a estrada principal para o inconsciente". A teoria dos sonhos de Freud pode ou não ser válida em seus próprios termos, mas vale a pena considerar sua relação com as ideias de Halbwachs. Tanto para Halbwachs quanto para Freud, os sonhos são memórias em que o contexto social da ação foi removido. Deixe-me agora historicizar este ponto de vista. Na época em que Freud escreveu, as tradições da vida cotidiana estavam começando a ranger e ceder sob o impacto da modernidade. A tradição proporcionava as estruturas estabilizadoras que integravam os vestígios da memória em uma memória coerente. Pode-se especular que, à medida que a tradição se desvanece, a "memória dos vestígios" fica mais cruamente exposta, assim como fica mais problemática no que se refere à construção da identidade e ao significado das normas sociais. Daí em diante, a reconstrução do passado com os recursos da tradição torna-se uma responsabilidade – e até uma exigência – mais claramente individual.

Como bom médico especialista, Freud se impôs a cura das neuroses; entretanto, o que acabou descobrindo foi a ressaca emocional da cultura tradicional em desintegração. A vida emocional da civilização moderna não estava inscrita na filosofia do Iluminismo, e ficou alheia àqueles esforços científicos e tecnológicos que foram tão fundamentais para os efeitos cintilantes da modernidade. A ciência e, de modo mais geral, a "razão" deveriam substituir os preceitos supostamente irrefletidos da tradição e do costume. E, em certo sentido, isso realmente ocorreu: as perspectivas cognitivas foram, na verdade, muito substancial

---

19 Freud, S. *The Interpretation of Dreams*. London: Hogarth, 1951.

e dramaticamente reformadas. Entretanto, a forma emocional da tradição foi deixada mais ou menos intacta.[20]

Evidentemente, o pensamento de Freud pode ser compreendido nos termos do Iluminismo. Desse ponto de vista, a importância de Freud foi que ele descobriu uma "trilha de desenvolvimento" comparável àquela das instituições sociais da modernidade. O "dogmatismo" do inconsciente poderia ser dissolvido e substituído pela verdadeira autoconsciência; na celebrada e talvez famigerada expressão de Freud, "onde o id estava o ego estará". Alguns, mais desconfiados das reivindicações do Iluminismo, enxergam Freud de uma maneira bastante diferente. Freud nos mostra – dizem eles – que a civilização moderna nunca poderá superar aquelas forças obscuras que espreitam no inconsciente. Na verdade, à primeira vista, a própria linha de desenvolvimento intelectual de Freud parece girar da primeira visão em direção à segunda, durante a progressão de sua carreira.

Mas talvez nenhuma dessas perspectivas seja o modo mais efetivo de se ver as coisas. Freud estava lidando com uma ordem social, não apenas psicológica; ele estava preocupado com um universo social de crença e ação em cujo ponto, nas questões que afetavam diretamente a auto-identidade, *a tradição estava começando a se transformar em compulsão*. A compulsão, mais que o inconsciente como tal, transformou-se no outro lado da "revolução cognitiva" da modernidade.

As investigações concretas e os envolvimentos terapêuticos de Freud – ao contrário da maioria dos seus escritos – concentram-se nos problemas emocionais das mulheres, sob a forma em que são mediados pelo corpo. Mas a compulsividade oculta da modernidade também estava manifesta – embora de um modo diferente – no domínio público. O que é a discussão de Weber acerca da ética protestante, senão uma análise da natureza obsessiva da modernidade? Evidentemente, os problemas emocionais

---

20 Giddens, A. *The Transformation of Intimacy*. [ed. bras.: *A transformação da intimidade*. São Paulo: Editora UNESP, 1993.]

das mulheres não aparecem no estudo de Weber – nem as vidas privadas ou sexuais dos portadores de espírito empreendedor. É como se essas coisas não pesassem sobre o comportamento ou a motivação do industrial: um cisma conceitual que refletisse uma divisão real na vida dos homens e das mulheres.

A obra de Weber lida de maneira bastante explícita com a transição da tradição para a modernidade, embora ele não coloque a questão nesses termos. As crenças e as práticas religiosas, assim como outras atividades tradicionais, tendem a fundir a moralidade com a emoção. Elas têm, como Weber deixa claro, uma base de motivação adequada e visível. Assim como podemos entender muito facilmente o desejo de acumular riqueza no mundo tradicional, em que é costume cultivar prerrogativas distintas, também podemos perceber a ascese religiosa e a qualidade do seu impulso. O hindu asceta, por exemplo, luta para superar as fadigas do mundo e entra em um estado de devoção religiosa.

A ascese impulsiva do empreendedor não tem origens tão óbvias, ainda que, também muito obviamente, seja inspirada pela paixão e pela convicção. Segundo Weber, a perspectiva do capitalista parece ao observador não moderno "muito incompreensível e misteriosa, muito inútil e desprezível. O fato de alguém conseguir ser capaz de torná-la o único propósito da sua vida útil, cair na sepultura sob o peso de uma grande carga material de dinheiro e bens, só lhe parece explicável como produto de um instinto perverso, a *auri sacra fames*".[21] O próprio Weber compartilhou esta atitude um pouco semelhante ao desprezo, apesar de sua resolução do quebra-cabeças intelectual apresentado pelo espírito capitalista. Uma vez que a satisfação da solicitação do empresário "não pode estar diretamente relacionada a valores espirituais e culturais mais elevados", e não é o resultado de uma contenção puramente econômica, "o indivíduo, em geral, abandona total-

---

21 Weber, M. *The Protestant Ethic and the Spirit of Capitalism*. London: Allen & Unwin, 1976. p.72.

mente a tentativa de justificá-la". Segue-se, assim, a famosa citação de Goethe: "Especialistas sem espírito, sensualistas sem coração; esta nulidade imagina que atingiu um nível de civilização nunca antes alcançado".[22]

O que Weber chama de "tradicionalismo econômico" é, em sua opinião, característico da imensa quantidade de atividade econômica das civilizações pré-modernas. Muito frequentemente, o tradicionalismo econômico reconhece o ganho material como um motivo legítimo, mas sempre o fundamenta em uma moralidade mais ampla, e inclui, em geral, uma noção de excedente. Foi isso que aconteceu no luteranismo e em todas as variedades do puritanismo. Lutero, por exemplo, considerava o trabalho uma vocação ao modo tradicionalista, como parte de uma ordem de coisas histórica e objetiva, dirigida por Deus.[23] A busca obsessiva da graça divina tem sido a base de muitas religiões, mas o luteranismo preservou algumas daquelas atitudes relativamente complacentes em relação à vida cotidiana, característica do catolicismo não monástico. O puritanismo é mais rígido. Era antagônico em relação a muitas formas do tradicionalismo e de certo modo eliminou o ritual dentro da esfera religiosa; também foi hostil a todos os tipos de cultura sensorial.

É tentador ligar a discussão da ascese puritana de Weber à repressão psicológica, e muitos podem, realmente, tê-lo feito. O puritanismo – e, depois dele, o capitalismo como um sistema econômico – parecia poder maximizar a autonegação. Antes de tudo, a busca do ganho material por parte do empreendedor acompanha um estilo de vida frugal e um horror ao hedonismo. Na verdade, alguns comentaristas têm sugerido que, aproximadamente nos últimos três séculos, houve duas fases no desenvolvimento das instituições modernas. A primeira foi marcada pelo domínio da disciplina e da repressão; a segunda, por uma nova onda de

---

22 Ibidem, p.182.
23 Ibidem, p.84-6.

hedonismo, talvez associada ao surgimento da sociedade de consumo.[24] Mas poderíamos interpretar as implicações da obra de Weber de uma maneira completamente diferente. O âmago do espírito capitalista não foi tanto a sua ética da negação, mas sua *urgência motivacional*, despojada das estruturas tradicionais que relacionavam o esforço com a moralidade.

O capitalista, por assim dizer, foi preparado para a repetição, sem perceber muito bem – uma vez que a ética religiosa tradicional foi descartada – por que ele, ou os outros, tinham de enfrentar essa lida sem fim. Entretanto, esta foi uma motivação positiva; o sucesso trouxe mais prazer que dor. O hedonismo se distingue do prazer desfrutado mais ou menos da mesma maneira que o esforço do empreendedor difere do tradicionalismo econômico. Em outras palavras, quase por definição ele é também obsessivo: por isso, está muito mais intimamente relacionado aos aspectos sobre os quais Weber se concentrou do que pode parecer à primeira vista.

A modernidade como compulsiva: o que isso significa e quais são suas implicações? Embora as conexões necessitem ser expressas com maiores detalhes, assim como em relação a Freud estamos nos referindo aqui a uma *inclinação emocional para a repetição*, que é em grande parte inconsciente ou pouco compreendida pelo indivíduo em questão. O passado continua vivo, mas, em vez de ser reconstruído de modo ativo de acordo com a tradição, tende a dominar a ação quase de um modo semicausal. A compulsividade, quando socialmente generalizada, é, na verdade, *tradição sem tradicionalismo*: repetição que se põe no caminho da autonomia, em vez de estimulá-la.

Freud falou de obsessão ou compulsão; hoje, falamos mais comumente de vícios. A diferença terminológica é importante e nos ajuda a trazer à tona o que está em questão. Comparemos o indivíduo anoréxico ao empreendedor de Weber. Ambos são orien-

---

24 Ver, por exemplo, Bell, D. *The Cultural Contradictions of Capitalism*. London: Heinemann, 1979.

tados por uma ascese mundana. A anorexia, no entanto, é considerada uma patologia, e (pelo menos hoje) está concentrada especialmente em mulheres jovens. De início, parece estranho considerar a anorexia um vício, porque ela parece mais uma forma de autonegação que uma "dependência" de substâncias que proporcionam prazer. Neste aspecto, entretanto, ela não é diferente do espírito capitalista e, por isso, se aplica aqui o que foi dito sobre o hedonismo. Em um mundo em que se pode ser viciado em qualquer coisa (drogas, álcool, café, mas também em trabalho, exercícios, esporte, cinema, sexo ou amor), a anorexia é um entre outros vícios relacionados à alimentação.

Tem sido dito que o vício "é qualquer coisa sobre a qual sentimos que temos de mentir".[25] Poder-se-ia dizer que é a repetição que perdeu sua conexão com a "verdade" da tradição; suas origens são obscuras para o indivíduo em questão, embora ele também possa mentir para os outros. Por isso, os alcoólicos frequentemente escondem seu vício até daqueles a quem são mais ligados, como parte da própria negação do fato a si mesmos. Segundo o autor supracitado (um terapeuta), o vício "nos mantém fora de contato conosco mesmos (nossos sentimentos, moralidade, consciência – nosso processo de vida)"; as relações do indivíduo com os outros também tendem a ser obsessivas, em vez de livremente iniciadas. Os "vícios ingestivos" (de alimentos ou substâncias químicas) podem ter uma base psicológica, mas o vício, antes de ser um fenômeno fisiológico, é um fenômeno social e psicológico. Por isso, no campo do alcoolismo, uma síndrome bastante conhecida é aquela do "bêbado a seco", uma pessoa que exibe a maior parte dos traços do alcoólico, apesar de não fazer uso da substância química. Muitas pessoas, pelo menos por algum tempo, tornam-se mais compulsivas em relação a seus padrões comportamentais depois de abandonar o álcool do que eram antes.[26]

---

25 Schaeff, A. W. *Codependence*: Misunderstood, Mistreated. New York: Harper, 1986. p.21.
26 Ibidem, p.25-6.

Por que justapor o vício e a tradição? Há duas razões. Uma é nos concentrarmos nos traços compulsivos da modernidade como tal, questão à qual devemos retornar. A outra, mais importante nessa conjuntura, é que o tema do vício proporciona um esclarecimento inicial das características de uma ordem pós-tradicional. Nas sociedades pré-modernas, a tradição e a rotinização da conduta cotidiana estão intimamente relacionadas uma à outra. Na sociedade pós-tradicional, ao contrário, a rotinização torna-se vazia, a menos que esteja ajustada aos processos da reflexividade institucional. Não há lógica – ou autenticidade moral – em fazer hoje o que fizemos ontem; mas essas coisas são a verdadeira essência da tradição. O fato de hoje podermos nos tornar viciados em qualquer coisa – qualquer aspecto do estilo de vida – indica a real abrangência da dissolução da tradição (devemos acrescentar – e isso não é tão paradoxal quanto parece – "em sua forma tradicional"). O progresso do vício é uma característica substantivamente significante do universo social pós-moderno, mas é também um "índice negativo" do real processo da destradicionalização da sociedade.

Os conselheiros de família e de casal às vezes usam "genogramas" para ajudar os indivíduos a continuar juntos – ou a se separar. O genograma é muito parecido com o mapa que um antropólogo faz da linhagem de uma cultura tradicional, exceto pelo fato de se concentrar nas emoções. Ele delineia as ligações emocionais de, por exemplo, parceiros em um casamento ao longo do tempo, chegando até as gerações dos pais e dos avós. Supostamente, um genograma nos permite perceber como a vida emocional dos indivíduos, no presente, recapitula aquela das gerações passadas – e proporciona a possibilidade de se escapar proveitosamente dessa "herança".

Um terapeuta, escrevendo sobre a experiência com os genogramas, diz: "Eu me tornei cada vez mais consciente da tenacidade com que o passado busca sua expressão no presente".[27] Mais

---

27 Scarf, M. *Intimate Partners*. New York: Aullantine, 1987. p.42.

uma vez, a maior parte das conexões envolvidas são emocionais e inconscientes. Consideremos o caso de Tom e Laura, descrito por Maggie Scarf.[28] Scarf começou a construir um genograma para o casal, antes de tudo perguntando o que os atraía um no outro. Tom era uma pessoa que guardava para si suas emoções e acreditava que essa autossuficiência era uma das coisas que, desde o início, Laura achou atraente nele. Mas as ideias de Laura sobre o relacionamento enfatizavam a "sinceridade", a "abertura" e o "tornar-se vulnerável". Segundo Scarf, "era como se cada um deles houvesse encontrado, no outro, um aspecto perdido de algo que faltava em seu próprio ser interior". Cada um deles, inconscientemente, reconheceu uma necessidade complementar no outro – um deles de comunicação emocional e o outro de espírito de independência.

A repetição – revelada pela análise da família – com frequência é notavelmente literal. Assim, por exemplo, uma mulher, cuja criação foi afetada pelo fato de seu pai ter sido um alcoólico, casa-se com um homem que também vem a se tornar um alcoólico; talvez ela se divorcie dele, apenas para repetir um padrão similar. Mais comumente, o "modo de estar com o outro" repete o que foi transmitido do contexto familiar da infância. Como no caso da tradição, este não é um processo passivo, mas um processo ativo – embora em grande parte inconsciente –, atividade de recriação. Scarf observa:

> Em algum grau, grande ou pequeno, quando atingimos a condição adulta, a maioria de nós não deixou a infância para trás. No próprio processo de escolha de nossos companheiros, e de ser por eles escolhidos – e depois na elaboração de nossa vida passada, separada, na vida que criamos juntos –, somos profundamente influenciados pelos padrões de ser que observamos e aprendemos desde muito cedo na vida e que vive dentro de nossa cabeça. Frequentemente não nos ocorre que possa haver *outras opções*, outros

---

28 Ibidem. As citações que se seguem pertencem a esta fonte.

sistemas para se estar em um relacionamento íntimo, porque não compreendemos que *estamos* operando dentro de um sistema – um sistema que foi internalizado em nossas famílias originais. O que houve e o que conhecemos parece ser a "maneira de ser do mundo"; é a própria realidade.

A repetição é uma maneira de ficar no "único mundo que conhecemos", um meio de evitar a exposição a valores "estranhos" ou a maneiras de ser. Cada um dos pais de Laura havia sido casado antes, mas ela só descobriu isso aos vinte anos. A descoberta foi chocante; ela achou que eles a haviam enganado anteriormente. Embora aparentasse ser uma pessoa extrovertida, manteve uma atitude de reserva interna. Em seu relacionamento com o marido, parecia desejar uma completa intimidade e integridade, mas, na verdade, eles haviam feito um "arranjo" inconsciente. Quando ela fazia um movimento em direção à intimidade, ele reagia afirmando sua autonomia. Ela dependia dele para preservar a distância necessária entre ambos, e ao mesmo tempo ela expressava as emoções de uma maneira pública, coisa que ele não conseguia fazer. Ele enxergava seu próprio desejo de intimidade emocional com ela como uma necessidade *dela*, pois ele parecia emocionalmente autossuficiente.

Explorando o passado por meio das relações entre seus pais e avós, vieram à tona formas paralelas de simbiose – assim como muitas outras similaridades. Ambos tiveram pais bastante "velhos", que estavam com pouco mais de quarenta anos quando seus filhos nasceram. Cada um deles tinha um dos genitores sofrendo regularmente de depressão. Esses traços também remontavam a mais de uma geração. As relações entre seus pais eram "inversas" às deles, mas, por outro lado, paralelas. A mãe de Tom era a depressiva de sua família, enquanto no caso de Laura o depressivo era o pai. Tom tornou-se um "estranho", um "observador" em sua família, em que nenhum conflito ou ligação entre seus pais era abertamente reconhecido; Laura foi solicitada a expressar emoções que foram deslocadas para ela durante as cenas familiares.

Não estou preocupado aqui com o quanto pode ser esclarecedora a análise, pelo terapeuta, do relacionamento do casal, ou se os genogramas possuem qualquer validade como representações do passado. No que diz respeito à sociedade pós-tradicional, o que interessa é o que vou chamar de processo de *escavação* envolvido. A "escavação", como no trabalho arqueológico, é uma investigação e é também um abandono. Os ossos antigos são desenterrados e as conexões entre eles são estabelecidas, mas eles são também exumados e é realizada uma limpeza do local. Escavar significa cavar fundo, em uma tentativa de limpar os resíduos do passado.

Os fatores envolvidos são vários: primeiro, como já foi mencionado, quando a tradição é atenuada, o passado se transforma em inércia emocional. Segundo, como nas sociedades pré-modernas, no entanto, o passado não pode ser simplesmente apagado (embora alguns mecanismos psicológicos tenham esse efeito), mas deve ser reconstruído no presente. Terceiro, o projeto reflexivo do eu, uma característica básica da vida cotidiana no mundo pós-tradicional, depende de uma quantidade significativa de autonomia emocional. Quarto, o protótipo da relação pessoal pós-tradicional – o relacionamento puro – depende da intimidade, de uma maneira em geral não característica dos contextos pré-modernos de interação social.[29] A sucessão das gerações é despida da importância crucial que teve nas ordens pré-modernas, como um dos meios mais fundamentais para a transmissão dos símbolos e das práticas tradicionais.

Escolhas e decisões

Permitam-me ir um pouco mais adiante no tema da terapia. Os trabalhos terapêuticos quase sempre enfatizam a questão da escolha. Obviamente, a escolha tem algo a ver com a colonização

---

29 Giddens, A. *Modernity and Self-Identity*. Cambridge: Polity, 1991.

do futuro em relação ao passado, e é o lado positivo de se chegar a um acordo com as emoções inertes deixadas pelas experiências passadas. "Quem é você e o que você quer?": a pergunta soa como o fundamental, em um individualismo ilusório. Mas há algo mais interessante do que esse processo, que é essencialmente uma maneira de se enxergar o mundo social.

O que vem a seguir é apenas uma pequena amostra de uma longa lista de "escolhas" apresentada pelo autor:

> Com quem você passa a maior parte do seu tempo
> Quais são suas comidas preferidas
> Qual é sua postura
> Se você sorri muito ou pouco
> Até que horas fica acordado à noite
> Se você fuma
> Se você é tagarela
> Qual a pessoa que você mais admira
> Até que ponto você é calmo
> Como passa suas férias
> Com que frequência você se desculpa
> Se você é uma pessoa muito preocupada
> Até que ponto você é paciente
> Até que ponto você é feliz
> Com quem conversa quando tem um problema
> Se você toma café da manhã
> Em que você pensa antes de dormir, à noite[30]

Nos contextos pós-tradicionais, não temos outra escolha senão decidir como ser e como agir. Partindo dessa perspectiva, até os vícios são escolhas: são modos de enfrentar a multiplicidade de possibilidades que quase todos os aspectos da vida cotidiana, quando se olha da maneira adequada, oferecem. O terapeuta aconselha:

---

30 Helmstetter, S. *Choices*. New York: Product Books, p.100-3. Esta é uma seleção de uma lista de cem escolhas do dia a dia no original.

Observe o que você pode fazer, começando em qualquer momento que decida, realizando escolhas *ativas* e conscientes todas as vezes que surgir a oportunidade. É o que fazemos com essas escolhas (e com muitas outras escolhas como essas) que irá determinar não somente até que ponto cada dia funciona bem para nós, mas também o sucesso que teremos em qualquer coisa que realizemos.[31]

A lógica é impecável, pois a escolha ativa certamente produz – ou é – autonomia. Sendo assim, por que o conselho de certa forma causa irritação? Uma razão pode ser uma objeção proveniente da psicanálise clássica. As escolhas são bloqueadas – ou programadas – por emoções inconscientes que não podem ser de início conjeturadas quando se apresentam números indefinidos de "opções". Dependendo de até que ponto se pressupõe que possam ser fixados os traços inconscientes, o genograma de uma pessoa poderia ser visto como determinando limites claros para opções factíveis. Por isso, considerar a vida cotidiana como um amálgama de escolhas livres insulta a realidade psicológica. Outra razão poderia ser a inevitabilidade da rotinização. A vida cotidiana seria impossível se não estabelecêssemos rotinas, e mesmo rotinas que nada são além de hábitos não podem ser totalmente opcionais: elas não seriam rotinas se – pelo menos durante períodos de tempo um tanto longos – as colocássemos efetivamente "fora de questão".

Há uma terceira razão, no entanto, relacionada à coação e ao poder. As escolhas que são constitutivas das opções do estilo de vida são muito frequentemente limitadas por fatores que estão fora do alcance do indivíduo ou dos indivíduos que elas afetam. As experiências do cotidiano, como as descrevi anteriormente, são maneiras de se lidar com as opções e, nesse sentido, são certamente "ativas". Mas a natureza das opções em questão é evidentemente variável. Consideremos a questão dos cubos de gelo.

---

31 Ibidem, p.104.

As mudanças tecnológicas que se impõem sobre a vida das pessoas são o resultado da penetração de sistemas abstratos, cujo caráter eles podem influenciar, mas não determinar. As mudanças dos desenhos das bandejas de cubos de gelo provavelmente respondem de certa maneira à demanda do consumidor, mas o projeto das bandejas e sua construção são controlados por grandes corporações industriais bastante afastadas do controle do indivíduo leigo.

Sendo assim, se voltamos a nos referir à ordem pós-tradicional, temos de fazer uma distinção entre *escolhas* e *decisões*. Muitas de nossas atividades cotidianas, na verdade, tornaram-se abertas à escolha ou, ao contrário, como já expressei anteriormente, a escolha tornou-se obrigatória. Essa é uma tese importante sobre a vida cotidiana atual. Analiticamente, é mais preciso afirmar que todas as áreas da atividade social vêm a ser governadas por decisões – com frequência, mas não universalmente, desenvolvidas com base em exigências de conhecimento especializado de um tipo ou de outro. Quem toma essas decisões, e como, é fundamentalmente uma questão de poder. Uma decisão, é claro, é sempre escolha de alguém e, em geral, todas as escolhas, mesmo aquelas dos mais pobres ou aparentemente impotentes, sofrem refração das relações de poder preexistentes. Por isso, a abertura da vida social à tomada de decisão não deve ser identificada *ipso facto* com o pluralismo; é também um meio de poder e de estratificação. Os exemplos são inúmeros e abrangem toda a gama da atividade social, desde características minúsculas da vida cotidiana até os sistemas globais.

A natureza e a tradição como complementares

Com respeito à progressão da tomada de decisão, vemos um paralelo direto entre a tradição e a natureza – um paralelo muito importante. Nas sociedades pré-modernas, a tradição proporcionou um horizonte de ação relativamente fixo. A tradição, como tem sido enfatizado, envolve processos ativos de reconstrução, particularmente quando filtrados por seus guardiães. É comum considerar-se a tradição como intrinsecamente conservadora, mas em vez disso podemos dizer que ela transforma muitas coisas externas em atividade humana. A verdade formular, associada à influência estabilizadora do ritual, interdita uma variedade indefinida de possibilidades. A tradição como natureza, a natureza como tradição: esta equivalência não é tão extrema quanto pode parecer. O que é "natural" é o que permanece fora do escopo da intervenção humana.

A "natureza" na era moderna entrou em contraste com a cidade, é equivalente a "campo" e muito frequentemente tem a conotação de uma cena idílica rural:

> *Oh there is a blessing in this gentle breeze*
> *A visitant that while it fans my cheek*
> *Doth seem half-conscious of the joy it brings*
> *From the green fields, and from yon azure sky.*
> *Whate'er its mission, the soft breeze can come*
> *To more grateful than me; escaped*
> *From the vast city, where I long had pined*
> *A discontented sojourner.*[32]

Há algum sentido nesse uso. "Natureza" significa aquilo que fica imperturbado, aquilo que é criado independentemente da atividade humana. De um lado, a imagem é absolutamente falsa, pois o campo é a natureza subordinada aos planos humanos. Mas "natureza", neste sentido, realmente preserva traços há muito tempo associados à sua separação da intervenção humana. Em

---

32 Wordsworth, W. *The Prelude*. Livro Um, linhas 1-8.
 [Oh, há uma prece nesta brisa suave/Um visitante que enquanto abana meu rosto/Parece semiconsciente da alegria que proporciona/Dos campos verdes, e do seu céu azul-celeste./Seja qual for sua missão, a brisa suave pode chegar/A ser mais agradecida que eu; escapou/Da cidade grande, onde há tanto tempo tenho definhado/Como um hóspede descontente. (Tradução livre)]

muitas tradições, é claro, a natureza foi personalizada; era o domínio de deuses, espíritos ou demônios. Entretanto, seria equivocado considerar o animismo ou outras perspectivas comparáveis como uma mistura de mundos humano e natural. Ao contrário, a personalização da natureza expressou sua própria independência dos seres humanos, uma fonte de mudança e renovação separada da humanidade, mas com uma profunda influência sobre a vida humana. Se a natureza era determinada por decisões, estas não eram humanas.

Uma maneira de ler a história humana, desde a época da ascensão da agricultura, e particularmente das grandes civilizações, em diante, é como destruição progressiva do ambiente físico. Na época atual, a ecologia ambiental surgiu especialmente como uma resposta à percepção da destrutividade humana. Mas o verdadeiro conceito de "meio ambiente" – em comparação com "natureza" – aponta para uma transição mais profunda. O meio ambiente, que parece não ser mais que um parâmetro independente da existência humana, realmente é o seu oposto: a natureza completamente transfigurada pela intervenção humana. Só começamos a falar sobre o "meio ambiente" uma vez que a natureza, assim como a tradição, foi dissolvida. Hoje, entre todos os outros termos, podemos falar – em um sentido real – do fim da natureza,[33] uma maneira de nos referirmos à sua completa socialização.

A socialização da natureza significa muito mais que apenas o fato de o mundo natural estar sendo cada vez mais marcado pela humanidade. A ação humana, como já foi mencionado, há muito deixou sua marca no ambiente físico. A própria invenção da agricultura significa limpar o ecossistema natural de forma a criar um hábitat onde os humanos possam plantar ou criar animais da maneira que quiserem. Muitas paisagens familiares que consideramos como "beleza natural", tais como algumas do sul da Grécia, foram, na verdade, criadas pela erosão do solo após o

---

33 McKibben, B. *The End of Nature*. New York: Random House, 1989.

cultivo da terra nos tempos antigos. Antes ainda, os sumérios, inventores da civilização agrária, destruíram a própria terra em que trabalharam para torná-la fértil.[34]

Até os tempos modernos, no entanto, a natureza permaneceu primordialmente um sistema externo que dominava a atividade humana, e não o contrário. Mesmo nas mais sofisticadas civilizações hidráulicas, as inundações ou secas eram comuns; uma colheita ruim podia produzir devastação. O risco aqui é do tipo antigo. Os desastres naturais obviamente ainda ocorrem, mas a socialização da natureza, nos dias de hoje, significa que muitos sistemas naturais primitivos são agora produtos da tomada de decisão humana. A preocupação com o aquecimento global provém do fato de que o clima da terra não segue mais uma ordem natural. Se realmente está ocorrendo o aquecimento global, ele é resultado das quantidades extras de "gases estufa" que foram adicionados à atmosfera durante um período não maior que duzentos anos. O consumo de energia aumentou cerca de trezentas vezes, apenas no século XX; o combustível queimado para proporcionar a energia libera dióxido de carbono para a atmosfera. Uma redução concomitante nos "esgotos" naturais do mundo, que podem absorver o dióxido de carbono, exacerbou este efeito. A consequência geral disso, ainda que a tese do aquecimento se mostre equivocada, é a criação de novos tipos de efeitos de realimentação e influências sistêmicas.

O Painel Internacional sobre a Mudança do Clima estabeleceu quatro "cenários" de emissões possíveis e tentou determinar as implicações de cada um deles.[35] No cenário dos "negócios de sempre", em que não há muita mudança em relação ao que parece ser a tendência do momento, a quantidade de dióxido de carbono presente na atmosfera deverá dobrar, em cerca de vinte anos, no início do próximo século. A introdução de restrições

---

34 Ponting, C. *A Green History of the World*. London: Penguin, 1991. cap.5.
35 Broome, J. *Counting the Cost of Global Warming*. London: White Horse, 1992.

muito severas – cenário um – estabilizaria o nível; em cada um dos outros cenários, o nível de aumento seria geométrico. Trata-se apenas disso – cenários – que poderiam influenciar reflexivamente aquilo a que dizem respeito. Entretanto, nenhum deles prevê uma reversão. Ou seja, daí em diante, e no futuro previsível, apesar de todas as imponderabilidades, estaremos lidando com uma ordem mais humana que natural.

Alguns têm dito que a verdadeira história da natureza inanimada, tão importante para a perspectiva e tecnologia do Ocidente moderno, deve ser atualmente rejeitada. Por isso, Rupert Sheldrake sugeriu que "uma vez mais faz sentido pensar na natureza como ser vivente"; poderíamos pensar em "todo o cosmos" como "mais parecido com um organismo em desenvolvimento que com uma máquina externa".[36] Ele conecta esse processo especificamente com o renascimento da tradição e do ritual, assim como com uma exploração da religião. "Vários ocidentais, inclusive eu, rejeitaram a religião cristã e, em lugar disso, exploraram as tradições religiosas do Oriente, particularmente o hinduísmo e o budismo; outros tentaram reviver aspectos do paganismo pré--cristão e da religião da deusa."[37] Quer essas ideias e inclinações se tornem ou não difundidas, um processo de seleção desse tipo não é um redespertar da tradição, mas algo novo. É a adoção da tradição como sendo em si uma decisão de estilo de vida; e nenhuma tentativa para reanimar a natureza vai reintroduzir a natureza como ela era anteriormente.

A "externalidade" da natureza nos tempos pré-modernos não incluía somente o ambiente físico. Também dizia respeito ao corpo e, em íntima conjunção com a tradição, a qualquer coisa que existisse como parte da "natureza humana". Todas as culturas têm tido sistemas de medicina e regimes de treinamento corporal. Mas na era moderna o corpo e seus processos fisiológicos têm

---

36 Sheldrake, R. *The Rebirth of Nature*. London: Rider, 1990. p.153.
37 Ibidem, p.154.

sido muito mais profundamente invadidos que antes. Em parte alguma isso é mais evidente que na esfera da reprodução. Aqui, da mesma forma que em muitas outras áreas, os efeitos da destradicionalização e da tecnologia misturam-se muito intimamente. A decisão de se ter apenas poucos filhos, por exemplo, uma modificação demográfica de grande importância nas sociedades modernas do século XIX e início do XX, foi parte da dissolução dos sistemas familiares tradicionais, e não um resultado de mudanças nas tecnologias da contracepção.

As mudanças técnicas, no entanto, juntamente com outras inovações das tecnologias reprodutivas, fragmentaram radicalmente a "natureza externa". A fertilização *in vitro* e o transplante de embriões proporcionam bons exemplos. Não somente um indivíduo ou um casal podem ter uma criança sem manter relação sexual, tornando assim uma realidade a gravidez de uma virgem, mas várias novas possibilidades – e dilemas – se abrem em relação às categorias e identidades de parentesco estabelecidas.

A tradição contextual

A tradição é contextual no sentido de ser garantida por uma combinação de ritual e verdade formular. Separada deles, a tradição degenera em costume ou hábito. A tradição é impensável sem guardiães, porque estes têm um acesso privilegiado à verdade; a verdade não pode ser demonstrada, salvo na medida em que se manifesta nas interpretações e práticas dos guardiães. O sacerdote, ou xamã, pode reivindicar ser não mais que o porta-voz dos deuses, mas suas ações de *facto* definem o que as tradições realmente são. As tradições seculares consideram seus guardiães como aquelas pessoas relacionadas ao sagrado; os líderes políticos falam a linguagem da tradição quando reivindicam o mesmo tipo de acesso à verdade formular.

É também a conexão entre ritual e verdade formular o que confere às tradições suas qualidades de exclusão. A tradição sempre discrimina entre o "iniciado" e o "outro", porque a participação no ritual e a aceitação da verdade formular são condições para sua existência. O "outro" é todo e qualquer um que esteja de fora. Pode-se dizer que tradições praticamente exigem que se seja separado dos demais, uma vez que ser um iniciado é crucial para o seu caráter.

Por isso, a tradição é um meio de identidade. Seja pessoal ou coletiva, a identidade pressupõe significado, mas também pressupõe o processo constante de recapitulação e reinterpretação observado anteriormente. A identidade é a criação da constância através do tempo, a verdadeira união do passado com um futuro antecipado. Em todas as sociedades, a manutenção da identidade pessoal, e sua conexão com identidades sociais mais amplas, é um requisito primordial de segurança ontológica. Essa preocupação psicológica é uma das principais forças que permitem às tradições criarem ligações emocionais tão fortes por parte do "crente". As ameaças à integridade das tradições são, muito frequentemente, se não universalmente, experimentadas como ameaças à integridade do eu.

É óbvio que mesmo na mais tradicional das sociedades nem todas as coisas são tradicionais. Muitas habilidades e tarefas, particularmente aquelas mais afastadas das ocasiões rituais ou cerimoniais, são formas de "especialidade secular". Essas habilidades e tarefas podem muitas vezes ser informadas por reivindicações para se generalizar o conhecimento, considerado como possível revisão à luz de nova experiência ou de condições mutáveis de operação. Malinowski já mostrava isso muitos anos atrás. Mas a maioria das tarefas exige habilidades; elas são ensinadas pela aprendizagem e pelo exemplo, e os apelos ao conhecimento que elas incorporam são protegidos como arcanos e esotéricos. A mística exige iniciação por parte do recém-iniciado. Por isso, as pessoas dotadas de habilidades especiais são, na verdade, muitas vezes guardiãs, mesmo que essas habilidades sejam mantidas relativamente separadas das aparições mais abertamente tradicionais da sociedade. Entre os !Kung, por exemplo, caçar é uma habilidade desenvolvida pela prática durante muitos anos, protegida mas não estruturada pelos ritos de iniciação. Um homem !Kung pode identificar qualquer espécie local por meio de suas pegadas na areia; com base nelas ele pode deduzir seu sexo, idade, a rapidez com que está se deslocando, se é ou não saudável e há quanto tempo passou por aquela área.[38]

A tradição implica uma visão privilegiada do tempo, mas também tende a exigir o mesmo do espaço. É o espaço privilegiado que mantém as diferenças das crenças e práticas tradicionais. A tradição é sempre, em algum sentido, enraizada nos contextos da origem ou dos locais centrais. As sociedades de caça e coleta podem não ter um local fixo de reunião, mas a área dentro da qual o grupo circula está, em geral, harmonizada com qualidades sagradas. No outro extremo, as "grandes tradições" criaram diásporas culturais que abarcam áreas muito extensas; o cristianismo pré-moderno ou o islamismo, por exemplo, cobriram enormes regiões geográficas. Mas essas diásporas permaneceram centralizadas, seja em um ponto isolado de origem – Roma, Meca – ou em uma série de locais sagrados.

As "religiões da salvação" conectavam o local privilegiado a limites culturais absolutamente impermeáveis entre os iniciados e os não iniciados. Ou se é crente ou se é pagão. Outras "grandes tradições", mais especialmente as "religiões exemplares" do Oriente, como o budismo ou o hinduísmo, tinham mais zonas indistintas de inclusão e exclusão. Mas a relação entre a tradição e a identidade sempre tornou as categorias de amigo e estranho (não necessariamente inimigo) extremas e distintas. Robert Michels, por exemplo, disse que o estranho é o representante do desconhecido. Embora possa parecer que a categoria do estranho dependa da segmentação territorial dos sistemas sociais pré--modernos, na verdade ela resulta mais do caráter privilegiado e

---

38 Lee, R. B. *The Dobe !Kung*. p.47-8.

separatista de identidades tradicionalmente conferidas. O desconhecido é aquele espaço culturalmente definido que demarca o exterior do mundo "familiar", estruturado pelas tradições com que a coletividade se identifica.

Desse modo, a tradição proporcionava uma âncora para aquela "confiança básica" tão fundamental para a continuidade da identidade; era também o mecanismo orientador de outras relações de confiança. A definição de Georg Simmel do estranho é um pouco diferente daquela de Michels: estranho é alguém "que vem hoje e permanece amanhã".[39] O estranho, em outras palavras, não é apenas alguém que pertence ao "mundo desconhecido fora daqui", mas uma pessoa que, por permanecer, obriga os habitantes locais a tomar uma posição. É preciso estabelecer se o estranho é ou não um "amigo", se ele ou ela não vai embora novamente – o que não é o mesmo que aceitar o estranho como alguém da comunidade, um processo que pode levar muitos anos, ou mesmo nunca acontecer. O estranho, como já se observou, é alguém que

> não pertencia ao mundo existencial "inicialmente", "originalmente", "desde o início", "desde tempos imemoriais", e por isso questiona a extemporalidade do mundo existencial, coloca em destaque a "mera historicidade" da existência. A memória do acontecimento da sua chegada torna sua própria presença um acontecimento na história, mais que um fato da natureza ... Embora protegida, a permanência do estranho é temporária – uma infração da divisão que deve ser mantida intacta e preservada em nome da existência protegida e metódica.[40]

O problema é: em que circunstâncias se pode confiar no estranho? A tradição e os elementos estruturais nisso envolvidos

---

39 Simmel, G. The stranger. In: *On Individuality and Social Forms*. Chicago: University of Chicago Press, 1971. p.143. Sobre essa questão, ver também uma importante discussão em Bauman, Z. *Modernity and Ambivalence*. Cambridge: Polity, 1991. p.56-61.
40 Bauman, Z. *Modernity and Ambivalence*, p.60.

(como os laços de parentesco) sustentam as redes de relações sociais enquanto a confiança vai se estabelecendo. A "familiaridade" é a tônica da confiança, que com frequência é mantida por seus próprios rituais. O ritual é importante para a confiança porque fornece a evidência da comunidade cultural compartilhada, e também porque a participação representa algo de um compromisso público que mais tarde é dificilmente revertido. Nas sociedades pré-modernas, a extensão da confiança para estranhos recentemente conhecidos em geral assume a forma de uma extensão do "familiar", ou mediante encontros rituais ou pela descoberta de relações de parentesco.[41] Pode-se confiar em uma pessoa, pelo menos provisoriamente, se algum tipo de relação de parentesco, ainda que muito remota, for identificada. Instituições como o anel do Kula mantêm a confiança entre as diferentes comunidades envolvidas por meio de rituais, mas o ritual é também apoiado pela criação mais ou menos deliberada de elos de parentesco.

Como Hans-Georg Gadamer muito corretamente enfatizou, a tradição está intimamente relacionada à autoridade. "Autoridade" tem um duplo sentido: é a autoridade que um indivíduo ou grupo tem sobre os outros, a capacidade de formular normas de vinculação; entretanto, significa também um ponto de referência do conhecimento. Às vezes, os dois acabam por se misturar, por uma questão de ideologia, ou como um meio de poder impessoal; dir-se-á de uma ordem oficial, "emitida pela autoridade". Por outro lado, quando um indivíduo, por qualquer razão, perde a aura que a autoridade confere, ele ou ela é tratado como charlatão. Por isso, os dois são inevitavelmente interdependentes. Uma pessoa que exerce uma autoridade efetiva mantém a aura da "autoridade" em seu sentido mais impessoal; da mesma forma, é claro, a "autoridade" deve assumir as formas empíricas da

---

41 Weber, M. *Economy and Society*. Berkeley: University of California Press, 1978. v.I, p.226-7.

apresentação de normas ou julgamentos por parte de indivíduos específicos.

Guardiães e especialistas

Em geral, podemos fazer uma distinção entre governantes ou funcionários (que dão as ordens) e guardiães (que fornecem as interpretações), embora as duas categorias estejam muito frequentemente misturadas na mesma pessoa. Max Weber estava muito preocupado com o papel da especialidade nas sociedades modernas, mas os contrastes que ele estabelece entre tradição e especialidade tinham a ver primordialmente com a legitimidade dos sistemas de autoridade. Esses sistemas, discutidos por ele pela categoria "autoridade tradicional", referem-se aos governantes mais do que aos guardiães, salvo no contexto de sua sociologia da religião. A autoridade tradicional está onde "os mestres são designados segundo regras tradicionais e obedecidos em razão do *status* tradicional". A confiança é gerada não somente por essas regras tradicionais, mas pela lealdade pessoal. O indivíduo que tem autoridade sobre outros é, nas palavras de Weber, um "mestre pessoal", e não um superior, razão pela qual a autoridade tradicional não pode ser compreendida nos termos dos "procedimentos formais". As regras tradicionais raras vezes são claramente especificadas e elas sempre permitem ao mestre uma área ampla de liberdade para fazer o que ele gosta; ele é livre para fazer favores a seus subordinados, em troca de presentes ou de obrigações. Funcionários domésticos e favoritos da família estão frequentemente ligados ao governante de uma maneira patrimonial, como escravos ou dependentes.

Nas culturas tradicionais, entretanto, a autoridade, em seu sentido mais genérico, é o território dos guardiães, e sobre isso Weber fala pouco. Aqueles que detêm autoridade – ou efetivamente "são" autoridade – agem ou são dessa maneira em virtude do seu acesso especial aos poderes causais da verdade formular.

"Sabedoria" é o termo característico a ser aqui aplicado. A pessoa detentora do saber ou sábia é o repositório da tradição, cujas qualidades especiais originam-se daquele longo aprendizado que cria habilidades e estados de graça. A autoridade, em seu significado genérico, é claramente um fenômeno produzido. Seja qual for o grau de confiança que possa decorrer da lealdade pessoal, a estabilidade da liderança tradicional depende de uma maneira muito mais integral do acesso a símbolos que perpetuam a "aura" necessária. Segundo Weber, os governantes podem depender dos seus sábios, os reis de seus sacerdotes, porque em alguma medida os mestres possuem um poder secular maior; mas se a influência dos guardiães da tradição fosse banida, o poder de um chefe ou de um príncipe rapidamente terminaria.

Como Weber dá muita ênfase à dominação, quando contrasta a autoridade tradicional com formas mais modernas de autoridade, concentra-se particularmente na autoridade "racional-legal". Em outras palavras, a dominação do especialista é, em grande parte, comparável à substituição do patrimonialismo pela burocracia. O protótipo do especialista é o funcionário burocrático, realizando os deveres especializados de sua função; a versão puritana da vocação é parte integrante nessa tradição. Essa interpretação dá origem ao pesadelo de Weber de um mundo aprisionado na "jaula de ferro" da dominação burocrática.

A autoridade racional-legal apoia-se em "uma crença na legalidade das normas em vigor e no direito daqueles que foram alçados à autoridade, sob essas normas, para formular as ordens".[42] A lealdade pessoal é minimizada quando comparada ao processo característico da lei ou do procedimento formal. A instituição fundamental da autoridade racional-legal é a organização burocrática; a disciplina e o controle são característicos da conduta do funcionário e da organização como um todo.

O contraste que Weber estabelece entre autoridade tradicional e autoridade racional-legal teve, com justiça, grande influência,

---
42 Ibidem, p.215.

como também, evidentemente, sua teoria da burocracia. Mas seu pesadelo burocrático não aconteceu e não é óbvio que o "funcionário" seja quer a figura dominante da época, quer o autocrata anônimo cujo poder difuso Weber temia. A compulsividade que Weber descobriu na ética puritana não está associada a uma "sociedade disciplinar" – nem à maneira de Weber nem à de Foucault – mas a algo diferente.

Aqui, precisamos separar o especialista do funcionário. Os funcionários são especialistas, em um sentido mais amplo do termo, mas a especialização, no contexto da ordem social moderna, é um fenômeno mais penetrante do que o do funcionalismo. Não devemos igualar especialistas e profissionais. Um especialista é qualquer indivíduo que pode utilizar com sucesso habilidades específicas ou tipos de conhecimento que o leigo não possui. "Especialista" e "leigo" têm de ser entendidos como termos contextualmente relativos. Há muitos tipos de especializações, e o que conta em qualquer situação em que o especialista e o leigo se confrontam é um desequilíbrio nas habilidades ou na informação que – para um determinado campo de ação – torna alguém uma "autoridade" em relação ao outro.

Quando comparamos tradição com especialização, encontramos diferenças importantes, como no caso da comparação entre guardiães e especialistas. Para os propósitos desta discussão, podemos resumi-los da seguinte maneira: primeiro, a especialização é desincorporadora; em contraste com a tradição, em um sentido fundamental não tem local determinado e é descentralizada. Segundo, a especialização não está ligada à verdade formular, mas a uma crença na possibilidade de correção do conhecimento, uma crença que depende de um ceticismo metódico. Terceiro, o acúmulo de conhecimento especializado envolve processos intrínsecos de especialização. Quarto, a confiança em sistemas abstratos, ou em especialistas, não pode ser imediatamente gerada por meio de sabedoria esotérica. Quinto, a especialização interage com a reflexividade institucional crescente, de tal forma que ocorrem processos regulares de perda e reapropriação de habilidades e conhecimento do dia a dia.

Pelo menos em seu aspecto moderno, a especialização está, em princípio, desprovida de vinculações locais. De uma maneira típica ideal, poderia ser dito que todas as formas de "conhecimento local" sob a regra da especialização tornam-se recombinações locais de conhecimento derivado de outros lugares. Obviamente, na prática as coisas são mais complicadas, em razão da importância continuada dos hábitos, costumes ou das tradições locais. A natureza descentralizada da especialização deriva dos traços que Weber enfatiza, com exceção daqueles que não dizem respeito apenas aos procedimentos racionais-legais. Ou seja, a especialização é mutável, desincorporadora, porque se baseia em princípios impessoais, que podem ser determinados e desenvolvidos independentemente do contexto. Dizer isso não é minimizar a importância da arte ou do talento, mas essas são qualidades do especialista específico, e não do sistema de especialistas em si.

O caráter descentralizado da especialização não impede a existência de "centros de autoridade", como as associações de profissionais ou as corporações que conferem diplomas; mas sua relação com as reivindicações de conhecimento que elas buscam influenciar ou regular é muito diferente daquela dos centros de tradição com respeito à verdade formular. Embora isso nem sempre ocorra na prática, em princípio, seu papel é proteger a própria imparcialidade do conhecimento codificado. Por isso, a especialização pode, de várias maneiras, não corresponder à formação das hierarquias burocráticas que Weber tanto enfatizou. Tornou-se lugar-comum dizer a mesma coisa sobre o papel dos profissionais, cujas filiações globais não podem ser inseridas na hierarquia de comando da organização. Entretanto, o fenômeno vai bem além desse exemplo. Em virtude de sua forma móvel, a especialização é tão destruidora das hierarquias de autoridade quanto uma influência estabilizadora. Na verdade, as regras burocráticas formais tendem a negar essa própria abertura à inovação, que é o selo de garantia da especialização; elas transformam *habilidades* em *deveres*.

Os mecanismos de desincorporação dependem de duas condições: o abandono do conteúdo tradicional, ou costumeiro dos contextos locais de ação, e a reorganização das relações sociais por meio de faixas de tempo e espaço. Os processos causais pelos quais ocorre a desincorporação são muitos, mas não é difícil entender por que a formação e a evolução dos sistemas de especialização são tão fundamentais para ela. Os sistemas de especialização descontextualizam-se como consequência intrínseca do caráter impessoal e contingente de suas regras de aquisição de conhecimento; como sistemas descentrados, "abrem-se" a qualquer pessoa que tenha tempo, recursos e talento para captá-los; eles podem, dessa forma, estar alocados em qualquer lugar. O local não é, de maneira alguma, uma qualidade relevante para a sua validade; e os próprios locais, como veremos adiante, assumem uma significação diferente dos locais tradicionais.[43]

Sabedoria e especialização

Nos contextos pré-modernos havia vários tipos de comunicação, mas também de disputa, entre os diversos guardiães da tradição. As disputas de interpretação eram extremamente comuns, e a maior parte dos símbolos e práticas tradicionais, mesmo nas culturas pequenas, tinha tendências fissíparas fortemente definidas. Entretanto, a diferença na interpretação de um dogma não equivale às disputas relacionadas ao conhecimento especializado (ou, como deve ser sempre enfatizado aqui, reivindicações de conhecimento). O "estado natural" da tradição é, por assim dizer, *deferência*. As tradições existem na medida em que são separadas de outras tradições, de modos de vida de comunidades

---

43 Agnew, J. *Place and Politics*. London: Allen & Unwin, 1987.

separadas ou estranhas. O especialista provê o conhecimento universalizador. Frequentemente, os especialistas tendem a discordar, não somente porque podem ter sido instruídos em variadas escolas de pensamento, mas porque o desacordo ou a crítica é o *motor* do seu empreendimento.

Às vezes falamos – não sem razão – de "tradições de pensamento" no estudo acadêmico, na ciência e em outras áreas importantes para a distribuição do conhecimento especializado. Em sua percepção, Gadamer chegou a fazer da tradição a origem de todas as formas de compreensão linguística. O debate sobre as "pressuposições" e a importância de se trabalhar dentro de perspectivas relativamente fixas passaram para a filosofia da ciência. Mas o uso da "tradição" para descrever essas perspectivas, embora bastante justificável à primeira vista, é claramente elíptico. A combinação de *ceticismo* e *universalismo*, que caracteriza os modos modernos de investigação, assegura que as tradições de pensamento são compreendidas, tanto pelo simpatizante quanto pelo crítico, como relativamente arbitrárias. Os especialistas instruídos em uma abordagem particular podem frequentemente ser críticos ou negligenciar os pontos de vista daqueles formados em outras; mas até a crítica das suposições mais básicas de uma perspectiva não é apenas estimulada, mas solicitada, esperada e respondida.

Na opinião de Popper, a questão não é apenas o fato de tudo estar aberto à dúvida, pois isso não é fundamental apenas na investigação intelectual, mas na vida cotidiana, em condições de modernidade. É a mistura de *ceticismo* e *universalismo* que proporciona às disputas dos especialistas sua característica peculiar. Os especialistas discordam, não apenas porque estão defendendo posições preestabelecidas diferentes, mas porque, na verdade, pretendem superar essas diferenças. Aqui, o pluralismo tem uma forma diferente da diversidade cultural dos sistemas pré-modernos e está claramente relacionado a princípios amplos de democratização. Os especialistas frequentemente discordam, mas, dentro dos interesses do universalismo, isso conduz a um discurso público. Esse discurso é ao mesmo tempo um meio e um produto da conjunção entre crítica e universalismo.

Tanto para o especialista como para o leigo, os desconfortos têm a mesma origem. Supõe-se que o conhecimento especializado e o acúmulo geral de especialização proporcionam uma certeza crescente em relação a como o mundo é, mas a verdadeira condição dessa certeza – sem querer ser muito exato – é duvidosa. Durante muito tempo, as tensões inerentes a essa situação foram mascaradas pelo *status* de distinção que a ciência, compreendida de uma maneira específica, desfrutou nas sociedades modernas – além da dominação mais ou menos inquestionada do Ocidente sobre o resto do mundo. Além disso, a própria persistência da tradição, especialmente nos contextos da vida cotidiana, obsta os processos de esvaziamento que atualmente se tornaram muito avançados. Enquanto as tradições e os costumes eram amplamente mantidos, os especialistas eram pessoas que podiam estar voltadas para certas conjunturas necessárias; e, pelo menos na visão do público, a ciência, na verdade, não era muito diferente da tradição – genericamente, uma fonte monolítica de "autoridade". As diferenças entre os guardiães e os especialistas eram muito menos óbvias do que vieram a se tornar a partir daí.

Uma cultura não tradicional dispensa as autoridades últimas, mas a importância disso para a vida cotidiana era, antes de tudo, silenciada pelos fatores acima descritos. Mesmo para aqueles que trabalham em disciplinas intelectuais, a "ciência" estava investida da autoridade de suprema corte. O que parece ser atualmente uma questão puramente intelectual – o fato de todas as reivindicações de conhecimento, despojadas da verdade formular, serem possíveis de correção (incluindo quaisquer metadeclarações feitas a respeito deles) – tornou-se uma condição existencial nas sociedades modernas. As consequências para o indivíduo leigo, assim como para a cultura como um todo, são ao mesmo tempo liberadoras e perturbadoras. Liberadoras, pois a obediência a uma única fonte de autoridade é opressiva, provocadora de ansiedade, porque o chão desaparece sob os pés do indivíduo. Segundo Popper, a ciência é construída sobre areia movediça; não tem nenhum fundamento estável. Entretanto, atualmente não é apenas à investigação científica que esta metáfora se aplica, mas, em maior ou menor grau, a toda a vida cotidiana.

Viver em um mundo de autoridades múltiplas, uma circunstância às vezes erroneamente referida como pós-modernidade, teve muitas consequências para todas as tentativas de confinar o risco à concepção estreita já mencionada, seja com respeito ao curso de vida do indivíduo, seja em relação às tentativas coletivas de colonizar o futuro. Como não há superespecialistas a quem recorrer, a margem de risco tem de incluir o risco de quais especialistas consultar, ou cuja autoridade deve ser considerada como unificadora. O debate sobre o aquecimento global é um entre uma variedade infinita de exemplos que poderiam ser citados. O próprio ceticismo, que é a força propulsora do conhecimento especializado, pode conduzir, em alguns contextos – ou em alguns grupos – a um desencantamento em relação a todos os especialistas; esta é uma das linhas de tensão entre especialidade e tradição (também entre hábito e compulsão).

A ciência perdeu boa parte da aura de autoridade que um dia possuiu. De certa forma, isso provavelmente é resultado da desilusão com os benefícios que, associados à tecnologia, ela alega ter trazido para a humanidade. Duas guerras mundiais, a invenção de armas de guerra terrivelmente destrutivas, a crise ecológica global e outros desenvolvimentos do presente século poderiam esfriar o ardor até dos mais otimistas defensores do progresso por meio da investigação científica desenfreada. Mas a ciência pode – e na verdade deve – ser encarada como problemática nos termos de suas próprias premissas. O princípio "nada é sagrado" é em si um princípio universalizado, que não isenta nem a aclamada autoridade da ciência.

Um equilíbrio entre ceticismo e compromisso é muito difícil de ser alcançado na filosofia da ciência, na qual ele é discutido o tempo todo; por isso, certamente não surpreende descobrir que esse equilíbrio é ilusório quando buscado em contextos práticos da vida cotidiana. Mais uma vez, isso é tão verdadeiro em relação aos esforços coletivos da humanidade no confronto com os problemas globais, quanto o é em relação ao indivíduo que busca colonizar um futuro pessoal. Como um leigo pode se manter atualizado – ou se reconciliar – com as diversas teorias sobre, por exemplo, a influência da dieta sobre a saúde a longo prazo? Algumas descobertas são, em determinadas épocas, muito bem estabelecidas e é sensato segui-las; por exemplo, deixar de fumar quase certamente reduz a chance de se contrair uma série específica de enfermidades sérias. Mas, apenas quarenta anos atrás, muitos médicos recomendavam o fumo como um meio de aumentar o relaxamento mental e corporal. Muitas formas de conhecimento científico, particularmente quando elas são consideradas em conjunto com tecnologias observáveis, são relativamente seguras; a areia movediça está nivelada com um pouco de concreto. Todavia, tudo deve ser, a princípio, considerado sujeito a questionamento e, a cada momento, um quebra-cabeça de solicitações rivais, teóricas e práticas pode ser encontrado nas áreas "movediças" do conhecimento.

Nas condições sociais modernas, todos os *experts* são especialistas. A especialização é intrínseca a um mundo de alta reflexividade, em que o conhecimento local é informação reincorporada, derivada de sistemas abstratos de um ou de outro tipo. Não há um movimento de uma só direção rumo à especialização; todos os tipos de generalismos se apoiam sobre a divisão do trabalho especializado. Um exemplo disso poderia ser o clínico geral no campo da medicina; ele é um não especialista em termos médicos, e seu papel é saber se um paciente precisa ou não de um especialista, e, se precisar, de que tipo. Mas um clínico "geral" evidentemente é um especialista se comparado às pessoas leigas.

É de fundamental importância reconhecer que todos os especialistas transformam-se em membros do público leigo quando confrontados com a vasta série de sistemas abstratos e com as diversas arenas de especialidade que atualmente afetam nossas vidas. Isso é mais do que uma simples expansão da divisão de trabalho em geral. Os guardiães da tradição tinham suas especialidades; as habilidades e a posição do artesão, por exemplo, eram geralmente bastante distintas daquelas do sacerdote. Entretanto, os guardiães especialistas nunca se tornavam simples "pessoas leigas". A posse da sua "sabedoria" dava-lhes um *status* distinto e generalizado na comunidade, como um todo. Em contraste com a sabedoria, a "competência" está especificamente ligada à especialização. A competência de uma pessoa como um especialista é contígua à sua especialidade. Consequentemente, embora algumas formas de especialização possam ter mais aceitação na opinião pública, o *status* de uma pessoa dentro de um sistema abstrato pode não servir para nada em outro sistema.

Essa situação influencia decisivamente a natureza das relações de confiança entre os especialistas e os indivíduos leigos, assim como a confiança nos sistemas abstratos, encabeçados pelos especialistas. A confiança não depende mais de um respeito pela "relação causal" que se acreditava vincular um guardião e a verdade formular. As habilidades ou o conhecimento possuído pelos especialistas só são esotéricos na medida em que expressam seu compromisso com o domínio de uma especialidade; o indivíduo que consulta um especialista poderia estar no lugar daquela pessoa se houvesse se concentrado no mesmo processo de aprendizagem. A confiança baseada apenas na suposição da competência técnica é *passível de revisão* por muitas das razões pelas quais também o é o conhecimento adquirido pelo ceticismo metódico; em princípio, ele pode ser retirado sem aviso prévio. Por isso, não surpreende que os detentores de especialidades frequentemente se sintam inclinados a determinar um preço especial para os serviços que têm para oferecer, ou a fazer esforços particulares para tranquilizar seus patrões. Por isso, os títulos e os diplomas pendurados na parede do consultório de um psicoterapeuta são mais que meramente informação, são um eco dos símbolos com os quais se cercam de figuras de autoridade tradicionais.

A natureza problemática da confiança nas condições sociais modernas é especialmente significativa quando consideramos os próprios sistemas abstratos, em vez de apenas seus "representantes". Em uma multiplicidade de sistemas abstratos, a confiança é uma parte necessária da vida cotidiana da atualidade, quer isso seja ou não conscientemente reconhecido pelos indivíduos em questão. Os sistemas de confiança tradicionais eram quase sempre baseados no "trabalho visível"; por ter acesso especial às qualidades esotéricas da tradição, o guardião era a tradição em forma de pessoa. As características desincorporadas dos sistemas abstratos significam uma constante interação com os "outros ausentes" – pessoas que nunca vimos ou encontramos, mas cujas ações afetam diretamente características da nossa própria vida. Dado o caráter dividido e contestado da especialização, a criação de sistemas abstratos estáveis é uma tentativa que vale a pena. Alguns tipos de sistema abstrato tornaram-se tão pertinentes às vidas das pessoas que, em um determinado momento do tempo, parecem ter uma solidez de pedra, semelhante à tradição estabelecida, mas são vulneráveis ao colapso da confiança generalizada.

No âmbito da vida cotidiana, embora a confiança possa assumir várias formas, algumas delas são inteiramente marginais à persistência dos próprios sistemas abstratos. Por exemplo, não causa muita surpresa que um pequeno número de pessoas opte, mais ou menos completamente, por partir para sistemas abstratos circundantes – estabelecendo, digamos assim, uma pequena comuna autossuficiente em uma área rural. O fato de os testemunhas de Jeová rejeitarem grande parte da tecnologia eletrônica da modernidade não tem impacto particular sobre a sociedade mais ampla. Alguns deslocamentos ou reincidências na confiança, no entanto, têm implicações muito mais amplas. Um movimento progressivo de desconfiança em um banco, ou em um governo, pode conduzir ao seu colapso; a economia mundial como um todo está sujeita a caprichos de confiança generalizada, como evidentemente as relações entre os Estados-nação na ordem política global.

O mais importante de tudo é que a confiança nos sistemas abstratos está ligada a padrões de estilo de vida coletivos, eles próprios sujeitos a mudança. Graças a seu caráter local e centralizado, as práticas tradicionais estão incorporadas: elas correspondem às qualidades normativas que sustentam as rotinas cotidianas. A noção de "estilo de vida" não tem significado quando aplicada aos contextos tradicionais de ação. Nas sociedades modernas, as escolhas de estilo de vida são ao mesmo tempo constitutivas da vida cotidiana e ligadas a sistemas abstratos. Há uma percepção fundamental em que o aparato institucional total da modernidade, uma vez afastada da tradição, depende de mecanismos potencialmente voláteis da confiança. O caráter compulsivo da modernidade permanece em grande parte oculto, enquanto o impulso prometeico é dominante, especialmente quando ele tem por base a autoridade preeminente da ciência. Entretanto, quando esses fatores são questionados, como está acontecendo atualmente, a coincidência dos padrões de estilo de vida e dos processos globais de reprodução social ficam sob pressão. Assim, as alterações nas práticas de estilo de vida podem se tornar profundamente subversivas dos sistemas abstratos centrais. Por exemplo, um afastamento geral do consumismo nas economias modernas teria maciças implicações para as instituições econômicas contemporâneas.

A *compulsividade*, quero argumentar, é a *confiança congelada*, o compromisso que não tem objeto, mas é autoperpetuador. Recapitulando, o vício é alguma coisa sobre a qual temos que mentir: é o anverso daquela integridade que a tradição outrora alimentou e que todas as formas de verdade também pressupõem.

Um mundo de sistemas abstratos e escolhas de estilo de vida potencialmente abertas, por razões já explicadas, exige envolvimento ativo. Sendo assim, a confiança existe à luz da seleção de alternativas. Quando essas alternativas tornam-se filtradas por compromissos inexplicados – compulsões –, a confiança transforma-se em simples urgência repetitiva. A confiança congelada bloqueia o reengajamento com os sistemas abstratos que vieram a dominar o conteúdo da vida cotidiana.

As áreas externas da repetição compulsiva, a dialética da perda e da reapropriação apresentam contrastes claros com ordens sociais mais tradicionais. A qualidade esotérica das tradições não é comunicável por parte dos guardiães às outras pessoas; é seu próprio acesso à verdade formular que os situa longe do resto da população. Muito raramente os indivíduos leigos compartilham dessa qualidade – como nas cerimônias religiosas, em que eles podem temporariamente ter um acesso direto ao domínio do sagrado.

Essa situação é alterada de uma forma básica quando a especialização substitui amplamente a tradição. O conhecimento especializado está aberto à reapropriação a qualquer pessoa com tempo e recursos necessários para ser instruída, e a prevalência da reflexividade institucional significa que há uma contínua triagem de teorias, conceitos e achados especializados em relação à população leiga. A reapropriação do conhecimento especializado, em que os padrões de comportamento compulsivos não se aplicam, é a verdadeira condição da "autenticidade" da vida cotidiana. Os hábitos e as expectativas tendem a ser reformados em termos da triagem profunda da informação de uma maneira mais ou menos automática. Entretanto, as formas mais deliberadas e concentradas de reengajamento são comuns. Como já se enfatizou, estas podem ser individuais ou coletivas, podem cobrir os elementos idiossincráticos da vida cotidiana de uma pessoa ou ser globais em seu caráter.

Tradição na modernidade

A modernidade destrói a tradição. Entretanto (e isto é muito importante), uma *colaboração entre modernidade e tradição* foi crucial às primeiras fases do desenvolvimento social moderno – período em que o risco era calculável em relação às influências externas. Essa fase é concluída com a emergência da alta modernidade ou daquilo que Beck chama de modernização reflexiva. Daí em diante, a tradição assume um caráter diferente. Mesmo a mais avançada das civilizações pré-modernas permanece firmemente tradicional. Vale a pena tecer alguns breves comentários sobre o caráter dessas civilizações, antes de se abordar diretamente a questão da "tradição na modernidade".

Nas civilizações pré-modernas, as atividades do centro político nunca penetraram inteiramente na vida cotidiana da comunidade local.[44] As civilizações tradicionais eram segmentárias e dualistas. A grande maioria da população vivia em comunidades locais e agrárias constituindo-se, como disse Marx, "um saco de batatas". As tradições participaram desse dualismo e o expressaram. As "grandes tradições" foram, acima de tudo, associadas à racionalização da religião, processo que dependia da existência de escrituras. Neste caso, a racionalização não foi hostil à tradição; ao contrário, embora não haja evidências, podemos suspeitar que ela tenha possibilitado a existência prolongada de formas tradicionais específicas bem além daquelas que têm por base culturas puramente orais. Pela primeira vez, uma tradição poderia saber de sua existência "desde tempos imemoriais". As grandes tradições foram "monumentais" – em um sentido material, uma vez que produziram grandes edifícios, mas também de uma forma não física, no sentido de que seus textos clássicos foram um testemunho do seu poder.

---

44 Cf. Giddens, A. *The Nation-State and Violence*. Cambridge: Polity, 1985.

Entretanto, graças ao caráter estrutural dessas civilizações, as grandes tradições só se comunicaram de maneira imperfeita com a comunidade local, sobre a qual sua influência foi incerta. Seja como for, as comunidades locais permaneceram sociedades orais. Criaram uma variedade de tradições que permaneceram distantes da triagem dos sistemas mais racionalizados – ou a contestaram ativamente. Por isso, em seus estudos das "religiões do mundo", Weber mostrou que a racionalização da "tradição escrita" se recontextualizou dentro da comunidade; a magia, a feitiçaria e outras práticas locais dispersaram a influência unificadora da ordem simbólica centralizada.

Sendo assim, uma parte muito grande da tradição permaneceu no âmbito da comunidade local. Essas "pequenas tradições" foram frequentemente influenciadas pelos guardiães das religiões racionalizadas (sacerdotes, funcionários), mas também respondiam a várias condições locais. Muitas vezes havia diferenças linguísticas, assim como outros cismas culturais, entre as comunidades locais e as elites centrais.

Como resultado da associação que se desenvolveu entre capitalismo e o Estado-nação, as sociedades modernas diferem de todas as formas de civilização preexistentes. O Estado-nação e a empresa capitalista eram ambos depositários de poder, nos quais o desenvolvimento dos novos mecanismos de vigilância assegurava maior integração social pelo tempo e espaço do que havia sido previamente possível.[45] No Estado moderno nascente, os processos de vigilância continuaram a extrair as fontes tradicionais de legitimação, como o direito divino do soberano – e de sua família – de governar. Talvez até mais importante – certamente para esta minha análise –, o sistema de poder do Estado moderno nascente continuou a pressupor a segmentação da comunidade local. Somente com a consolidação do Estado-nação e a generalização da democracia nos séculos XIX e XX, a comunida-

---

45 Ibidem.

de local efetivamente começou a se fragmentar. Antes desse período, os mecanismos de vigilância eram primariamente "de cima para baixo"; eram meios de controle cada vez mais centralizados sobre um espectro de "indivíduos" não mobilizados. Assim, na época do desenvolvimento acelerado do Estado-nação, a população em geral tornou-se mais intimamente ligada aos sistemas de integração que perpassavam o âmbito da comunidade local. A reflexividade institucional tornou-se o principal inimigo da tradição; o abandono dos contextos locais de ação aconteceu passo a passo com o crescente distanciamento no tempo e espaço (desincorporação).

Mas esse foi um processo complexo. As primeiras instituições modernas não somente dependiam das tradições preexistentes, mas também *criaram algumas novas*. A verdade formular – e os rituais associados – foi posta em ação em outras áreas – a mais importante sendo o domínio simbólico da "nação". Eric Hobsbawm, entre outros, chamou a atenção para o fenômeno. Ele observa que "as 'tradições' dos séculos XIX e XX, que parecem ou reivindicam ser antigas, são muito frequentemente recentes em sua origem e às vezes inventadas".[46] As "tradições inventadas" não são necessariamente construídas de uma maneira deliberada, embora isso às vezes aconteça. Assim, por exemplo, muitos edifícios do século XIX na Grã-Bretanha foram construídos ou reconstruídos em estilo gótico. Segundo Hobsbawm, na tradição inventada – em contraste com as "tradições genuínas" – o contato reivindicado com o passado é "muito factício". Em sua opinião, as tradições inventadas proliferam no contexto das primeiras instituições modernas. Os "materiais antigos" são usados para fins modernos – mais especificamente para criar legitimidade para os sistemas de poder emergentes.

A tese substantiva de Hobsbawm pode ser correta, mas seus conceitos estão mais sujeitos ao questionamento. A "tradição

---

46 Hobsbawm, E. Introduction: inventing traditions. In: Hobsbawm, E., Ranger, T. *The Invention of Tradition*. Cambridge: Cambridge University Press, 1983.

inventada", que à primeira vista parece quase uma contradição nos termos, e se destina a ser provocativa, submete-se a exame e se transforma em uma espécie de tautologia. Pode-se dizer que *todas* as tradições são tradições inventadas. Como disse anteriormente, o que proporciona à tradição seu "caráter genuíno", sua autenticidade, não é o fato de ela ter sido estabelecida há milhões de anos, nem tem nada a ver com até que ponto ela retém com exatidão os acontecimentos passados. Nas mais "tradicionais" de todas as sociedades, as culturas orais, o "passado real" – se é que essas palavras têm algum significado – é efetivamente desconhecido. A tradição é o verdadeiro *medium* da "realidade" do passado. É claro que, nas sociedades que têm uma história registrada, pode ser estabelecida uma "continuidade com um passado apropriado" – e esta pode ser dissecada pelo historiador com um olho crítico. Mas até que ponto é sempre "genuína" essa continuidade, no sentido enfocado por Hobsbawm, é algo problemático e, repetindo, nada tem a ver com uma autenticidade da tradição, que depende da conexão da prática ritual com a verdade formular.

As interconexões entre o início da modernidade e a tradição podem ser brevemente descritas da seguinte maneira:

- Primeiro, o fato de as tradições, antigas e novas, terem permanecido fundamentais no desenvolvimento da modernidade indica mais uma vez as limitações do "modelo disciplinar" da sociedade moderna. Os mecanismos de vigilância não dependiam, de forma alguma, de sua eficácia sobre a internalização do controle emocional ou da *consciência*. Em vez disso, o eixo emocional emergente foi aquilo que vinculou compulsividade a ansiedade *envergonhada*.
- Segundo, o papel legitimador da ciência, em geral compreendido de uma maneira positivista, perpetuava ideias de verdade que, em qualquer proporção na cultura popular, mantinha fortes laços com a verdade formular. As lutas entre "ciência e religião" ocultavam o caráter contraditório dos seus apelos à "autoridade" inquestionada. Por isso, muitos especialistas eram,

na verdade, guardiães e configuraram formas adequadas de deferência.
- Terceiro, a natureza compulsiva da modernidade não foi algo que permaneceu completamente oculto ou sem enfrentamento. Segundo Christie Davies, uma maneira de indicar esse fato é tomar como referência as formas comuns de humor e anedota. Aqueles locais onde o calvinismo, a "forma mais pura" do espírito capitalista, era mais forte (por exemplo, Escócia, Suíça, Holanda) também se tornaram o alvo de um certo tipo de anedota. As piadas sobre os escoceses, por exemplo, de certo modo pertencem a uma categoria mais ampla de anedota étnica, mas essas piadas frequentemente concentram toda a sua atenção na ética protestante. Um escocês sentou-se à beira da cama de um amigo doente. "Você parece mais animado, John." "Ah, cara, pensei que fosse morrer, mas o médico salvou minha vida. Isso vai me custar cem libras." "Puxa, que terrível extravagância. Você acha que vale isso?"
Sobre o que versam essas piadas senão sobre a compulsividade, uma rejeição da estupidez submissa, característica de todo comportamento compulsivo? Como diz Davies, os personagens centrais dessas anedotas representam uma caricatura da ética protestante – mas indicam claramente que as atitudes alternativas estão vivas e bem conservadas.[47]
- Quarto, a compulsividade da modernidade foi, desde suas origens, dividida por gênero. A compulsividade documentada por Weber em *A ética protestante* é aquela de um domínio público masculino. Nesses contextos institucionais, em que o espírito capitalista era dominante, as mulheres ficavam efetivamente com as cargas emocionais produzidas por um "instrumentalismo esforçado". As mulheres iniciaram modos de experimentação que, subsequentemente, deveriam ter um grande impacto.[48] Mas os modos tradicionais da diferença de gênero – e da

---

47 Davies, C. The Protestant Ethic and the comic spirit of capitalism. *British Journal of Sociology*, v.43, 1992.
48 Giddens, A. *The Transformation of Intimacy*.

dominação de gênero – foram ao mesmo tempo ativamente reforçados pelo desenvolvimento de tradições mais recentes, incluindo a emergência de um *ethos* de "domesticidade" feminina.
* Quinto, a tradição foi reivindicada particularmente com respeito à geração – ou regeneração – da identidade pessoal e coletiva. A sustentação da identidade é apresentada como um problema fundamental em razão da maturação das instituições da modernidade, mas – de maneira tensa e contraditória – esse problema foi "resolvido" pela invocação da autoridade da tradição. O "sentido de comunidade" dos bairros de classe trabalhadora, por exemplo, de certo modo assumiu a forma de uma reconstrução da tradição, do mesmo modo que ocorreu com o nacionalismo no âmbito do Estado.

Globalização e abandono da tradição

A fase da "modernização reflexiva", marcada pelos processos concomitantes da globalização e da busca de contextos de ação mais tradicionais, altera o equilíbrio entre tradição e modernidade. À primeira vista, a globalização parece um fenômeno "externo", o desenvolvimento de relações sociais de um tipo global bem afastado das preocupações da vida cotidiana. Por isso, para os sociólogos, ela poderia parecer simplesmente outro "campo" de estudo, uma especialidade entre outras especialidades. O estudo da globalização seria a análise dos sistemas do mundo, os modos de interconexão que operam na estratosfera global. Enquanto os modos de vida tradicionais, e especialmente a "comunidade localmente situada", persistirem, essa visão não estará muito distante da verdade. Atualmente, contudo, quando o abandono dos contextos locais torna-se muito avançado, ela é bastante imprecisa. A globalização é uma questão do "aqui", que afeta até os aspectos mais íntimos de nossas vidas – ou, preferivelmente, está relacionada com elas de uma forma dialética. Na verdade, o que hoje chamamos de intimidade – e sua importância nas relações pessoais – foi criado em grande parte por influências globalizadoras.

O que liga globalização a processos das buscas dos contextos de ação tradicionais? A conexão são as consequências desincorporadoras resultantes dos sistemas abstratos. Neste caso, as influências causais são complexas e estão ligadas ao caráter multidimensional da modernidade.[49] Não vou analisar isso diretamente neste contexto, mas sim expressar as relações estruturais relacionadas. Tradição diz respeito à organização de tempo e, portanto, também de espaço: é o que ocorre também com a globalização, exceto pelo fato de que uma corre em sentido contrário à outra. Enquanto a tradição controla o espaço mediante seu controle de tempo, com a globalização o que acontece é outra coisa. A globalização é, essencialmente, a "ação a distância"; a ausência predomina sobre a presença, não na sedimentação do tempo, mas graças à reestruturação do espaço.

Hoje, os processos de globalização, de certa forma, ainda seguem alguns padrões estabelecidos durante a fase inicial do desenvolvimento social moderno. A empresa capitalista, por exemplo, é um mecanismo desincorporador *par excellence*, e está forçando o seu caminho em meio a partes do mundo antes resistentes, de uma maneira mais completa do que nunca. Paradoxalmente, o socialismo de Estado, considerado a primeira força revolucionária da história, provou ser muito mais acomodado que o capitalismo em relação à tradição.

A primeira fase de globalização foi claramente dirigida, em princípio, pela expansão do Ocidente e pelas instituições que tiveram sua origem no Ocidente. Nenhuma outra civilização causou um impacto tão invasivo sobre o mundo – ou o moldou tanto à sua própria imagem. Contudo, ao contrário de outras formas de conquista cultural ou militar, a desincorporação mediante sistemas

---

49 Para uma discussão, ver Giddens, A. *The Consequences of Modernity*.

abstratos é intrinsecamente descentralizada, pois corta a conexão orgânica com o lugar de onde a tradição dependia. Embora ainda dominada pelo poder ocidental, atualmente a globalização não pode mais ser qualificada como uma questão de imperialismo unilateral. A ação a distância foi sempre um processo bilateral; agora, entretanto, cada vez mais não há qualquer "direção" óbvia para a globalização, e suas ramificações estão sempre mais ou menos presentes. Em consequência disso, a fase atual da globalização não deve ser confundida com a fase precedente, em cujas estruturas ela atua no sentido de cada vez mais subverter.

Por isso, a sociedade pós-tradicional é a primeira *sociedade global*. Até uma época relativamente recente, grande parte do mundo permaneceu em um estado quase segmentário, em que ainda persistiam numerosos grandes enclaves do tradicionalismo. Nessas áreas – e também em algumas regiões e contextos dos países mais industrialmente desenvolvidos –, a comunidade local continuou a ser forte. Nas últimas décadas, particularmente influenciadas pelo desenvolvimento da comunicação eletrônica global instantânea, essas circunstâncias se alteraram de maneira radical. Um mundo em que ninguém é "forasteiro" é um mundo em que as tradições preexistentes não podem evitar o contato, não somente com outros – mas também com muitos – modos de vida alternativos. Justamente por isso, é um mundo em que o "outro" não pode mais ser tratado como inerte. A questão não é somente que o outro "responda", mas que a interrogação mútua seja possível.

As "interrogações" que o Ocidente transportou de outras culturas foram durante muito tempo unilaterais – uma série de investigações sobre um críptico outro que se assemelhava a nada, tanto quanto as investigações que os homens empreenderam sobre as mulheres. (Na verdade, pode muito bem ter havido conexões bastante íntimas entre esses dois tipos de interrogação.[50])

---

50 Ver Hyam, R. *Empire and Sexuality*. Manchester: Manchester University Press, 1990.

No que diz respeito às culturas não ocidentais, o desenvolvimento da antropologia – um processo que conduz à sua efetiva dissolução atualmente – dá uma indicação grosseira do fenômeno.

A antropologia passou por três fases gerais. A primeira foi uma fase de taxonomia do estranho; a Etnografia primitiva era uma espécie de viagem coletiva do *Beagle*, circunavegando o mundo em busca da classificação de espécies exóticas. A antropologia taxonômica foi frequentemente evolucionista. O evolucionismo conseguiu muito sucesso como meio de categorização do outro como, se não inerte, não mais do que um "objeto" de investigação. Não que a investigação fosse casual ou particularmente confortável. O caráter estranho das outras tradições foi uma fonte constante de interesse forçado, confusão e ansiedade generalizada; qualquer ameaça à dominação ocidental era, no entanto, aniquilada pelo efeito neutralizador e distante da "estranheza naturalizada" (*naturalized alienness*). Poderia ser dito que a estranheza das tradições não ocidentais era uma verdadeira contrapartida da forma "dada" da natureza, um ambiente externo de expansionismo ocidental devendo ser "compreendido" e provavelmente deixado para trás da mesma maneira.

Uma nova fase foi iniciada quando a antropologia descobriu o que poderia ser chamado de *inteligência* essencial das outras culturas ou tradições. O outro é descoberto como aquilo que pode ser reconhecido como "nós", embora vivendo, é claro, em circunstâncias diferentes. A compreensão dessa capacidade, e, portanto, dos apelos implícitos à igualdade do outro, convergiu com a invenção do funcionalismo na antropologia. O funcionalismo reconhece a autenticidade das outras tradições, mas relaciona essa autenticidade apenas à sua coesão interna, como totalidades culturais situadas. Assim, a integridade das tradições torna-se reconhecida, mas a relação "dialógica" estabelecida é o elemento que pressupõe a separação do estrangeiro. A "inteligência" é inteiramente contextual, cada cultura é adaptada ao meio em que ela é "descoberta". A monografia antropológica pode ser depositada na biblioteca ocidental, onde ela se situa ao lado de uma série indefinida de outros estudos. Em termos sociais ou materiais, a justaposição do registro e as consequências reais permanecem cruéis: o antropólogo, como observou com tristeza Lévi-Strauss, é o cronista – e até em alguns locais o agente causal – de um mundo em desaparecimento. A monografia antropológica preserva, de maneira semelhante ao que ocorre com a relíquia protegida, um testamento para um modo de vida que não pode mais dar diretamente o seu testemunho.

Comparemos as viagens de um antropólogo itinerante na época atual. Nigel Barley realizou pesquisa antropológica na Indonésia.[51] O trabalho de Barley, tanto em estilo quanto em conteúdo, é diferente da antropologia ortodoxa. É loquaz, espirituoso e informal; registra seus próprios sentimentos, confusões e erros em seus encontros com os indivíduos cuja vida ele foi estudar. Fala dos incidentes – engraçados e perigosos – que aconteceram durante seu tempo "no campo" e de seus "objetos" como pessoas de carne e osso, e não apenas cifras de uma coletividade maior. É interessante notar que seus livros parecem mais romances que textos acadêmicos – a presença do autor cria um estilo biográfico e também uma forma narrativa vigorosa. Ele é o *ingenu*, e não aqueles que ele vai "investigar"; ele é como um Lucky Jim do mundo antropológico. Como um aparte, mas um aparte muito importante, pode ser observado nesse contexto que a recuperação de um estilo narrativo se distingue frontalmente do estruturalismo. A "ausência do autor" na maior parte dos estudos antropológicos preexistentes não é um reflexo do fato de que os textos falam por si, mas, sem dúvida, que o autor está ausente porque esses estudos não são engajamentos plenamente dialógicos com "outras culturas".

Uma característica do estilo de Barley é que o mundo cotidiano do qual ele é originário é retratado como tão desconcertante

---

51 Barley, N. *Not a Hazardous Sport*. London: Penguin, 1989.

e problemático quanto aquele em que ele penetra na Indonésia. Suas tentativas para comprar passagens aéreas baratas em Londres são um desastre; o único mapa detalhado que consegue encontrar da região que está indo visitar data da década de 1940 e os nomes dos lugares estão em holandês; os conselhos que recebe dos antropólogos que trabalharam anteriormente na região são contraditórios. Sua ingenuidade e curiosidade confusa sobre os detalhes da vida cotidiana, na verdade, podem ser comparadas muito de perto com a perspectiva do herói de *The Mezzanine*. A cultura estranha não está mais ou menos carente de interpretação do que sua cultura de origem; ao mesmo tempo, até as formas mais exóticas de comportamento, quando examinadas de uma determinada maneira, demonstram possuir elementos de fácil familiaridade. O embaraço e uma certa ansiedade difusa, ocasionalmente acrescidos de uma consciência do perigo, emergem como os primeiros aspectos negativos do encontro antropológico; no lado positivo, juntamente com a auto-iluminação, há humor e os prazeres de se descobrir uma humanidade comum.

Onde quer que ele vá, incluindo as regiões mais aparentemente isoladas, nunca está completamente fora dos roteiros dos turistas, e às vezes até cruza com antropólogos. Os costumes locais permanecem lado a lado com imagens e informações que provêm tanto da sociedade nacional como do mundo mais amplo. O próprio Barley é apresentado para o grupo que ele foi estudar como um "famoso turista holandês", vindo para "honrar a comunidade e seus antigos costumes".[52] Um homem que o antropólogo encontrou ofereceu-lhe hospitalidade em uma encantadora casa tradicional na aldeia; ele aparentemente resistia às invasões do mundo moderno. É claro que veio à tona que ele era graduado em comunicações por satélite pelo Instituto de Tecnologia de Massachusetts e, na verdade, morava a maior parte do tempo na cidade, onde tinha uma casa moderna:

---

52 Ibidem, p.138.

Sua vinculação com o mundo tradicional era como a de alguém de fora, da mesma forma que a minha ... Ele me deixou aflito em razão de sua autoconsciência implacável: "Veja, eu só aprendi a valorizar os antigos costumes quando fui para o estrangeiro. Se tivesse ficado sentado na minha aldeia, teria pensado na América como o Reino dos Céus. Por isso, volto para os festivais".[53]

A viagem antropológica de Barley não foi apenas uma viagem de ida; um grupo de seus "objetos" voltou com ele para Londres. Barley organizou a visita arranjando com o Museum of Mankind que eles construíssem um celeiro de arroz tradicional para uma exposição. Ao contrário do indivíduo sofisticado já referido, seus companheiros nunca haviam se afastado antes de sua aldeia natal. Eles provavelmente não escreveram livros ao retornar, mas conseguimos pelo menos alguma noção de suas reações ao próprio modo de vida de Barley e ao seu ambiente cultural mais amplo. Eles tinham seus próprios quebra-cabeças, sua própria parcela de incidentes e reações, e, naturalmente, só às vezes estes seguiam os rumos que o "antropólogo" esperava. Mas suas atividades em Londres aumentaram ainda mais a percepção de Barley de sua cultura indígena; o processo de construção do celeiro de arroz permitiu-lhe documentar totalmente seus métodos de produção e reunir informações que seriam muito difíceis de obter no "campo".

As "visitas de retorno" não são, de modo algum, desconhecidas na antropologia. Franz Boas, por exemplo, quando cuidava de alguns Kwakiutl nas proximidades de Nova York (eles eram aparentemente bastante indiferentes à grande dimensão da cidade). Os antropólogos têm às vezes contado histórias ingênuas de seu trabalho de campo, embora com muita frequência essas tenham se originado como diários particulares, mantidas separadas de seus registros etnográficos. Assim, os diários das experiências de

---

53 Ibidem, p.142.

Malinowski em seu trabalho de campo em Trobriands (e na Inglaterra) permaneceram inéditos até algum tempo após sua morte. Hoje, no entanto, a antropologia está diretamente envolvida na reflexividade institucional da modernidade, e por isso se tornou indistinguível da sociologia. Na Columbia Britânica, os Kwakiutl atuais estão ocupados em reconstruir sua cultura tradicional usando as monografias de Boas como guia, enquanto os aborígines australianos e outros grupos pelo mundo estão reivindicando os direitos à terra, tendo como base estudos antropológicos semelhantes.

Em uma ordem pós-tradicional, na frase memorável de Richard Rorty, vemos a formação – mais como uma possibilidade que como uma realidade plenamente habilitada – de uma conversa cosmopolita do gênero humano. É uma ordem social em que o papel permanente da tradição, por razões que vou mencionar a seguir, é, no entanto, cercado de um potencial de violência.

Destradicionalização

Na ordem pós-tradicional, mesmo na mais modernizada das sociedades atuais, as tradições não desaparecem totalmente; na verdade, em alguns aspectos, e em alguns contextos, elas florescem. Entretanto, em que sentido – ou em que aspectos – as tradições persistem no mundo moderno tardio? Em um plano esquemático, a resposta pode ser dada da seguinte maneira. No mundo moderno, as tradições, quer sejam antigas ou novas, existem em uma dentre duas estruturas.

As tradições podem ser discursivamente articuladas e defendidas – em outras palavras, justificadas como tendo valor em um universo de valores competitivos plurais. As tradições podem ser defendidas em seus próprios termos, ou em contraposição a um contexto mais dialógico; nesse quadro, a reflexividade pode ter muitos níveis, tal como aquelas defesas da religião que apontam para as dificuldades de se viver em um mundo de dúvida radical. Uma defesa discursiva da tradição necessariamente não compromete a verdade formular, para a qual a maior consequência é ter de se preparar para entrar no diálogo, suspendendo ao mesmo tempo a ameaça da violência.

Do contrário, a tradição se transforma em *fundamentalismo*. Não há nada de misterioso no surgimento do fundamentalismo no mundo moderno tardio. O "fundamentalismo" só assume esse aspecto em contraposição a um contexto de prevalência de dúvida radical; não é nada além da "tradição em seu sentido tradicional", embora atualmente mais defensiva que ascendente. O fundamentalismo pode ser compreendido como uma asserção da verdade formular sem levar em conta as consequências.

Na conclusão, retornarei a uma discussão das implicações dessas observações. Neste momento, novamente de uma forma mais esquemática, deixe-me indicar algumas das relações entre a tradição e os traços quase tradicionais da sociedade pós-tradicional. Espero que o leitor aceite que esta descrição sumária passa por cima de uma grande discussão que, em outro contexto, precisaria ser desenvolvida – especialmente em confronto direto com algumas reivindicações do pós-modernismo.

Nos dias de hoje, nos países desenvolvidos, a destruição da comunidade local atingiu seu apogeu. Pequenas tradições que sobreviveram ou foram ativamente criadas durante as fases anteriores do desenvolvimento social moderno têm sucumbido cada vez mais às forças do esvaziamento cultural. A divisão entre tradições grandes e pequenas, que em algumas civilizações pré-modernas sobreviveram durante milhares de anos, atualmente está quase desaparecida. É claro que as distinções entre "alta e baixa cultura" ainda existem, e estão associadas à persistência de um certo classicismo na primeira, quando comparada à segunda, mas isso só tem conexões marginais com a tradição do modo como a defini.

A dissolução da comunidade local – tal como costumava acontecer – não é a mesma coisa que o desaparecimento da vida local ou das práticas locais. Entretanto, o lugar torna-se cada vez mais remodelado em razão das influências remotas trazidas para a área local. Por isso, os costumes locais que continuam a existir tendem a desenvolver significados alterados. Tornam-se *relíquias* ou *hábitos*.

Os hábitos podem ser formas puramente pessoais de rotinização. Muitos dos itens listados na p.29, por exemplo, atualmente têm probabilidade de ser questões de hábito. São rotinas individuais, de um tipo ou de outro, que têm um certo grau de força unificadora, simplesmente em virtude da repetição regular. O significado psicológico dessas rotinas não deve ser subestimado. São de importância básica para a segurança ontológica, porque proporcionam um meio estruturador para a continuidade da vida por meio de contextos diferentes de ação. Em uma ordem pós-tradicional, os hábitos são regularmente infundidos por informações extraídas de sistemas abstratos, com que também tendem frequentemente a entrar em conflito. Por exemplo, uma pessoa pode resolutamente aderir a um certo tipo de dieta, mesmo que uma boa parcela da opinião médica a condene. Entretanto, pode realmente ser forçada a mudá-la – como no caso da bandeja dos cubos de gelo –, fabricando ou planejando a mudança dos processos.

Muitos hábitos pessoais tornam-se efetivamente coletivos quando são conformados pela difusão, ou como resultado de influências generalizáveis de reflexividade institucional. Os costumes locais são mais genuinamente hábitos coletivos quando são criados por influências internas a uma área ou comunidade, mas é provável que aqueles que são remanescentes de práticas mais tradicionais se desenvolvam em itens que alguns têm chamado de *museu vivo*. Se os traços pessoais estiverem mais intimamente conectados com os costumes sociais, os hábitos perderam todos os laços com a verdade formular da tradição. Seu caráter frágil é indicado pelo limite indistinto que os separa do comportamento compulsivo; sua força de impulsão pode se transferir para um ritual compulsivo, em momentos específicos nas neuroses obsessivas que Freud foi um dos primeiros a descrever e tentar relatar.

Os artefatos – outrora associados às pequenas e grandes tradições da ordem pós-tradicional – tendem a se tornar relíquias, embora a "relíquia" deva ser estendida para incluir mais do que apenas objetos físicos. Uma relíquia – como eu uso a palavra aqui – cobre qualquer item em um museu vivo. As relíquias não são simplesmente objetos ou práticas que vivem como um resíduo de tradições que se tornaram enfraquecidas ou perdidas, elas estão revestidas de significado como exemplares de um passado transcendente. Consideremos a história do cais Wigan. *The Road to Wigan Pier*, de George Orwell, publicado pela primeira vez em 1937, descrevia Wigan como uma área dilapidada que testemunhou os males do industrialismo. A estrada para o cais Wigan foi uma viagem pessoal, mas também descrevia uma trajetória descendente da civilização moderna. O relato de Orwell sobre a cidade foi tão severo que, na verdade, despertou muito ressentimento local.

Orwell ficou desapontado ao descobrir que o cais Wigan não mais existia quando ele chegou à cidade. O cais, na verdade, não era uma calçada, e menos ainda ficava situado em um lugar próximo do mar; o termo referia-se a uma estrutura de ferro empregada para transferir carvão para grandes barcos ao longo de um canal. Foi sucateado muitos anos antes de Orwell ali chegar. Entretanto, na década de 1980, o cais foi reconstruído. A doca e os armazéns adjacentes foram limpos e readaptados, plantaram-se árvores e a área foi designada "patrimônio público". O centro não faz relembrar a década de 1930, mas o ano de 1900; uma exposição, que recria uma mina e chalés de mineiros, ocupa parte dela. Convida o visitante a vivenciar "a maneira como éramos". Ironicamente, Orwell foi inserido ali como parte do próprio "patrimônio" que ele achou tão desagradável: os visitantes podem tomar um drinque no *pub* Orwell.[54]

---

54 Hewison, R. *The Heritage Industry*. London: Methuen, 1987.

As relíquias são significantes de um passado que não se desenvolveu, ou pelo menos cujas conexões causais com o presente não são parte daquilo que lhes confere identidade. São itens exibidos em um mostruário, e, neste aspecto, o cais Wigan não é diferente dos "verdadeiros monumentos", tais como ruínas ou palácios preservados, castelos e casas de campo restaurados. Uma relíquia material poderia parecer algo que literalmente "permanece em seu lugar" – que se mantém intocado pelas ondas de mudança que o cercam. Seria mais correto dizer o oposto. Uma relíquia não tem conexão efetiva com a área em que ela existe, mas é produzida como um ícone para a observação de qualquer pessoa que deseje visitá-la. Como outras peças de museu, pode estar no lugar em que foi originada, mas este fato tem pouca importância para a sua natureza, que é como de um significante da diferença. Uma relíquia é como um vestígio da memória despojado de suas estruturas coletivas.

Um museu vivo é uma colagem desses "vestígios da memória" apresentada à exibição pública. Na medida em que não se transformam em hábitos, os costumes podem recair nessa categoria. Atualmente, a questão das relíquias é que somente sua associação com um passado prescrito lhes proporciona alguma importância. As relíquias eram (e ainda são) comuns nas tradições religiosas, mas lá elas possuíam uma importância completamente diferente; sua importância derivou não apenas da simples conexão com o passado, mas do fato de haverem participado do domínio do sagrado. Como disse Durkheim, o sagrado é indivisível; um pedacinho do manto de Cristo é tão sagrado quanto qualquer outro objeto ou prática religiosa aparentemente mais impressionante.

O advento da modernidade certamente não significa o desaparecimento do ritual coletivo. Às vezes, proclama-se que esse ritual remonta a séculos ou até milênios; o mais comum é uma invenção relativamente recente à moda de Hobsbawm. Max Gluckman faz uma distinção interessante entre "ritualismo" e "ritualização das relações sociais", que tem relevância aqui.[55] O "ritualismo" existe onde as atividades rituais estão ligadas a "noções místicas" ou ao que eu chamaria de verdade formular. A "ritualização das relações sociais" existe onde a interação social tem uma forma padronizada adotada como modo de definição dos papéis que as pessoas representam em ocasiões cerimoniais. O ritualismo persiste, ou se torna passível de revisão em alguns contextos, mas, na maior parte dos exemplos, tem sido substituído pela ritualização (ambos podem entrar em conflito quando, digamos, uma pessoa que nunca frequenta a igreja deseja realizar um casamento religioso). O ritualismo – e por isso a tradição – continua a existir e até florescer onde a verdade formular forma um meio de construir interpretações do tempo passado.

Mais ou menos na mesma data em que foi publicado *The Road to Wigan Pier*, cerca de cem mil pessoas se reuniram nos arredores de Pretória, na África do Sul, para comemorar o lançamento da pedra fundamental do monumento a Voortrekker. Homens e mulheres vestiram-se com roupas da época de Voortrekker, acenderam fogueiras e cantaram o *Die Stem*, o hino religioso africânder. O monumento foi construído para homenagear o aniversário da Grande Jornada realizada pelos bôeres, cem anos antes, bem como a vitória dos carroções cobertos sobre as forças maciças do exército zulu. O ritual e a construção do monumento não eram apenas continuações de tradições preexistentes, eles realmente ajudaram a criar uma nova versão do nacionalismo africânder.

Esses exemplos demonstram que a tradição não diz respeito apenas à celebração de um passado inalterável ou à defesa do *status quo*. Nesse momento, a África do Sul ainda estava sob o controle colonial dos britânicos; os africânderes olhavam para o futuro, pensando em quando governariam um país independente. Nas palavras de um líder político africânder: "A Grande Jornada deu ao nosso povo a sua alma. Foi o berço da nossa nacio-

---

55 Gluckman, M. *Custom and Conflict in Africa*. Oxford: Blackwell, 1970.

nalidade. Vai sempre nos indicar o caminho e servir como farol em nossa noite".[56]

É claro que a tradição está diretamente ligada ao poder; também protege contra as eventualidades. Alguns têm declarado que o sagrado é o âmago da tradição, porque investe o passado de uma presença divina; desse ponto de vista, pode-se considerar a verdade formular como a propriedade que liga o sagrado à tradição. É a verdade formular que torna os aspectos centrais da tradição "intocáveis" e confere integridade ao presente em relação ao passado. Os monumentos transformam-se em relíquias quando as verdades formulares são discutidas ou descartadas, e o tradicional volta a ser o meramente costumeiro ou habitual.

Tradição, discurso, violência

A tradição é efetivamente uma maneira de evitar choques entre diferentes valores e modos de vida. Ruth Benedict expressou isso de uma maneira que se tornou famosa, quando propôs que as culturas fizessem uma seleção a partir do "arco dos valores possíveis" e das perspectivas do mundo.[57] Entretanto, uma vez isso feito, e não obstante as mudanças que podem ocorrer, as tradições resultantes formam um prisma; outros modos de vida são diferentes, têm uma qualidade diversa e seus próprios centros. A tradição incorpora as relações de poder e tende a naturalizá-las. O mundo da "sociedade tradicional" é um mundo de *sociedades* tradicionais, nas quais o pluralismo cultural assume a forma de uma extraordinária diversidade de tradições e costumes – cada um deles, entretanto, existindo em um espaço privilegiado.

A sociedade pós-tradicional é bastante diferente. É inerentemente globalizadora, mas também reflete a intensificação da

---

56 Kerzer, D. I. *Ritual, Politics and Power*. New Haven: Yale, 1988. p.37.
57 Benedict, R. *Patterns of Culture*. London: Routledge, 1954.

globalização. Na ordem pós-tradicional, o pluralismo cultural, quer isto envolva tradições criadas ou persistentes, não pode mais assumir a forma de centros distintos de poder enraizado.

Considerando analiticamente, há apenas quatro maneiras, em qualquer contexto social ou sociedade, pelas quais os choques de valores entre indivíduos ou coletividades podem ser resolvidos. Estas são: o *enraizamento da tradição*; o *alheamento* hostil do outro; o *discurso* ou diálogo; e a *coerção* ou *violência*. Todas as quatro são encontradas na maior parte dos ambientes de ação, em todas as culturas, pelo menos como possibilidades imanentes. Entretanto, é possível conferir pesos diferentes a estes fatores. Nas sociedades em que a tradição é uma influência dominante, as crenças e práticas tradicionais – filtradas pelas atividades dos guardiães – ficam, em grande parte, "fora do jogo". O poder enraizado está bastante *escondido* e a acomodação cultural toma, acima de tudo, a forma de segmentação geográfica. Neste caso, o desengajamento não é tanto um processo ativo como um resultado da organização espaço-temporal dos sistemas pré--modernos, associado a barreiras interpostas que obstaculizam a comunicação não local.

Entretanto, com a emergência da modernidade, e particularmente com a intensificação dos processos globalizadores, essas circunstâncias são, em maior ou menor grau, completamente enfraquecidas. As tradições são chamadas para se "explicar" e se justificar de uma maneira já comentada. Em geral, *as tradições só persistem na medida em que se tornam passíveis de justificação discursiva* e se preparam para entrar em um diálogo aberto, não somente com as outras tradições, mas com modos alternativos de fazer as coisas. O desengajamento é possível de algumas maneiras e em alguns contextos, mas estes tendem a ser cada vez mais limitados.

O monumento do Voortrekker, posteriormente, no período pós-guerra, tornou-se um símbolo da ideologia dominante na África do Sul. Era possível ver a doutrina do *apartheid* estimulada por essa ideologia como uma deliberada "recusa ao diálogo", tendo como base a segregação geográfica e cultural forçada. Desde 1993, é fundamental para a possibilidade de um futuro democrático na África do Sul a questão de se é viável um engajamento dialógico entre o nacionalismo africânder e outros grupos culturais e interesses de poder no país. Em um período de revitalização étnica – e nacionalismo ressurgente em várias regiões do mundo –, o limite entre o diálogo e a violência potencial é bastante claro.

Tomemos como outro exemplo o caso do masculino e do feminino como tradição. Até o limiar da modernidade – e bem além dele –, as diferenças entre os gêneros estavam profundamente incorporadas na tradição e consoantes ao poder estabelecido. A própria ausência de mulheres do domínio público suprimiu qualquer possibilidade de a masculinidade e a feminilidade poderem se abrir ao exame discursivo. Hoje, no entanto, como resultado de profundas mudanças estruturais associadas durante muitas décadas às lutas dos movimentos feministas, as divisões entre os homens e as mulheres, incluindo as mais íntimas conexões entre gênero, sexualidade e auto-identidade, estão sendo publicamente questionadas.

Questioná-las significa solicitar sua justificação discursiva. Na verdade, uma pessoa não pode mais dizer "Sou um homem e é assim que os homens são", "Recuso-me a continuar a discutir isso" – declarações que estão, em geral, mais incorporadas nas ações do que proferidas em palavras. O comportamento e as atitudes têm de ser justificados quando se é chamado a fazê-lo, o que significa que as razões devem ser apresentadas; e quando se tem de apresentar razões, o poder diferencial começa a se dissolver, ou, ao contrário, o poder começa a se transformar em autoridade. As relações pessoais pós-tradicionais, o relacionamento puro, não podem sobreviver se esse espaço discursivo não for criado e mantido.

Mas em muitos casos ele não é mantido. O que acontece? Uma possibilidade, é claro, é o descomprometimento: hoje vivemos na sociedade da separação e do divórcio. Uma pessoa pode se mover e olhar para qualquer lugar. Até grupos de pessoas podem fazer isso. Onde o descomprometimento não ocorre – e as relações tradicionais são estabelecidas –, entramos no domínio da violência potencial ou real. Onde a conversa deixa de existir, a violência tende a se iniciar. Atualmente, a violência dos homens para com as mulheres, tanto no contexto dos relacionamentos como na arena pública mais ampla, poderia ser assim interpretada.[58]

O que se aplica à área das relações pessoais e à vida cotidiana aplica-se também à ordem global e em todos os níveis que há entre eles. O que acabei de descrever poderia ser visto como uma teoria clausewitziana masculina da vida pessoal: recorre-se à força ou à violência quando deixa de existir uma troca "diplomática" de opiniões. Na época atual, o teorema de Clausewitz ainda tem seus defensores, assim como seus contextos de aplicação prática, nas relações entre os Estados. Os choques culturais na arena global podem gerar violência ou diálogo. Em geral, a "democracia dialógica" – o reconhecimento da autenticidade do outro, cujas opiniões e ideias estamos preparados para ouvir e debater, como um processo mútuo – é a única alternativa para a violência nas muitas áreas da ordem social em que o descomprometimento não é mais uma opção factível. Há uma simetria real e clara entre a possibilidade de uma "democracia das emoções" no âmbito da vida pessoal e o potencial para a democracia no âmbito da ordem global.

A sociedade pós-tradicional é um ponto final, mas é também um início, um universo social de ação e experiência verdadeiramente novo. Que tipo de ordem social ela é ou pode se tornar? Como eu já disse, é uma sociedade global, não no sentido de uma sociedade mundial, mas de uma sociedade de "espaço indefinido". É uma sociedade em que os elos sociais têm efetivamente de ser *feitos*, e não herdados do passado – nos âmbitos pessoal e

---

58 Giddens, A. *The Transformation of Intimacy*.

coletivo este é um empreendimento pesado e difícil, mas também um empreendimento que contém a promessa de grandes recompensas. É descentralizado em termos de *autoridades*, mas recentralizado em termos de oportunidades e dilemas, porque está concentrado em novas formas de interdependência. Considerar o *narcisismo* – ou até o *individualismo* – como o âmago da ordem pós-tradicional é um erro – certamente em termos dos potenciais que ele contém para o futuro. No domínio da vida interpessoal, estar aberto para o outro é a condição da solidariedade social; em uma escala mais ampla, a oferta da "mão da amizade" em uma ordem cosmopolita global está eticamente implícita na nova agenda esboçada bem no início desta discussão.

Desnecessário dizer que potencialidade e realidade são duas coisas muito diferentes. A dúvida radical estimula a ansiedade, as incertezas socialmente criadas são muito grandes; barreiras imensas separam o rico e o pobre tanto no plano local quanto no mais global. Mas podemos discernir perspectivas claras para uma renovação do engajamento político, embora ao longo de linhas de ação diferentes daquelas até agora dominantes. Rompendo as aporias do pós-modernismo, podemos enxergar possibilidades de "democracia dialógica" estendendo-se desde uma "democracia das emoções" na vida pessoal até os limites externos da ordem global. Como humanidade coletiva, não estamos condenados à irreparável fragmentação nem, por outro lado, estamos confinados à jaula de ferro da imaginação de Max Weber. Além da compulsividade está a oportunidade de se desenvolverem formas autênticas de vida humana que pouco devem às verdades formulares da tradição, mas nas quais a defesa da tradição também tem um papel importante.

3
O que é ciência social?

Podemos distinguir três principais características da ciência social mais difundida, "canônica", ou o que por vezes chamei de "consenso ortodoxo". Essas visões têm sido predominantes na sociologia durante boa parte do período pós-guerra, porém, creio ser verdadeiro afirmar que também se estenderam em um amplo espectro de outras ciências sociais.

A primeira delas é o *naturalismo*, a noção de que as ciências sociais deveriam se desenvolver nos moldes das ciências naturais e de que a estrutura lógica da ciência social aborda problemas semelhantes aos encontrados na ciência natural. Prefiro o termo "naturalismo" a "positivismo", embora lhes possa ser atribuído praticamente o mesmo significado.

A segunda característica do modelo ortodoxo é a ideia de que quando explicamos a atividade humana, deveríamos fazê-lo no âmbito de algum tipo de concepção de *causação social*. Ou seja: embora como agentes humanos possa parecer que saibamos o bastante sobre o que estamos fazendo e o porquê de agirmos da forma como agimos, o cientista social tem a capacidade de demonstrar que, na realidade, somos movidos por causas de que não temos a menor consciência. O papel das ciências sociais seria o de revelar formas de causações sociais que os atores ou protagonistas ignoram.

Um terceiro elemento (sobre o qual não me estenderei na presente discussão) associado ao modelo é o *funcionalismo*. Embora de modo geral tenha sido sustentada a tese de que as ciências sociais deveriam assemelhar-se às ciências naturais, já constituem maioria os que aceitam a ideia de que as ciências sociais não podem ser muito parecidas com a física clássica, porquanto os cientistas sociais trabalham com sistemas, e sistemas parecem mais com conjuntos biológicos inteiros do que com fenômenos que interessam aos físicos. As noções de sistemas supostamente derivadas da biologia e, muitas vezes, modificadas com o advento da cibernética foram consideradas fundamentais por muitos sociólogos para fins de análise social.

O consenso ortodoxo de hoje não pode mais ser chamado de consenso. Costumava ser uma postura assumida pela maioria na área de ciências sociais, porém, na atualidade, já se tornou minoria (certamente na área de teoria social, talvez nem tanto na pesquisa social empírica). Aqueles que atualmente defenderiam este ponto de vista representam apenas uma entre uma gama diversificada de perspectivas. Em seu lugar encontra-se uma multiplicidade de diferentes perspectivas teóricas – tais como a etnometodologia, diversas formas de interacionismo simbólico e de neoweberianismo, a fenomenologia, o estruturalismo, a hermenêutica e a crítica social –, a lista parece quase interminável.

Essa situação é inquietante. Não sabemos mais exatamente onde nos posicionarmos em relação à tamanha variedade de perspectivas. Falo de "perspectivas" ou "tradições", em vez de "paradigmas", pois quando Kuhn apresentou a noção de paradigma na filosofia da ciência, empregou o termo fazendo referência às ciências naturais. A filosofia de Kuhn e a definição do termo "paradigma", na verdade, ampliaram-se a ponto de sair de seu enfoque original. O autor identificou diferenças nos vários pontos de discordância entre os cientistas sociais em relação àqueles verificados nas ciências naturais, em que existem perspectivas coordenativas que dominam o núcleo profissional dos campos científicos.

Há dois tipos de reação a esse quadro. A primeira é aceitá-lo com simpatia. Se há uma pluralidade de perspectivas teóricas, que sejam bem-vindas. Uma multiplicidade de teorias seria uma situação mais desejável do que o dogmatismo originário do predomínio de uma tradição teórica específica. Esse modo de reação pode ser identificado mesmo entre os mais ardorosos defensores do consenso ortodoxo.

Robert K. Merton foi uma das principais figuras que se propuseram a codificar o consenso ortodoxo – que ele chamou (antes de Kuhn) de um paradigma para a sociologia. De fato, Merton foi o primeiro autor a utilizar o termo "paradigma" tal como empregado atualmente. As visões de Merton elaboradas em épocas posteriores são substancialmente diferentes. Embora não sem alguma relutância, ele passou a reconhecer grande variedade de perspectivas sociológicas concorrentes entre si, tratando-as como desejáveis, sob o aspecto positivo. Outros abraçaram a causa do pluralismo com entusiasmo, buscando justificativas com base no trabalho de Feyerabend no campo da filosofia da ciência. Segundo Feyerabend, também na ciência deveria haver uma pluralidade em vez de um único ordenamento de perspectivas.

A outra forma de reação – a negativa – surge com maior frequência por parte daqueles que atuam nas áreas mais empíricas das ciências sociais. Trata-se da reação de desdém, desinteresse, ou o "Eu disse que isso ia acontecer". A visão do "eu disse" observa a seguinte lógica: "Sou um pesquisador empírico. Vejo que os teóricos sociais não conseguem chegar a um acordo entre si. Não conseguem nem mesmo concordar sobre as definições mais elementares do campo das ciências sociais. Isso atesta a inaplicabilidade da teoria social para efeito da análise empírica. Posso cuidar dos meus trabalhos empíricos e deixar os teóricos brigando por suas perspectivas divergentes". Esta segunda reação, portanto, confirma, para os que desenvolvem trabalhos empíricos, que os debates teóricos lhes são, de fato, inaplicáveis.

Entretanto, nenhuma das posições anteriormente descritas pode realmente ser justificada. A primeira apresenta falhas porque descarta a possibilidade da existência de critérios racionais de avaliação de teorias. De minha parte, não acredito que seja este o caso. Algumas teorias são melhores que as outras, e algumas perspectivas rendem mais frutos que outras.

A segunda visão é questionável, pois é fácil demonstrar que os debates teóricos realmente fazem diferença na pesquisa empírica. O que C. Wright Mills chamou de "empirismo desprovido de reflexão" leva a trabalhos muito pouco desafiadores e não cumulativos. A melhor forma de pesquisa empírica é uma pesquisa empírica com fundamento teórico. Há uma relativa autonomia entre teoria e pesquisa. As duas não podem ser fundidas por completo. Contudo, todos os pesquisadores empíricos devem manter-se sensíveis aos debates teóricos, da mesma forma que os teóricos devem estar atentos às questões aventadas pela pesquisa empírica.

Na teoria social da atualidade, não resta dúvida de que existem indícios de uma síntese renovada acerca do que compreendem as ciências sociais, quais são seus componentes teóricos, e quais seriam as implicações para efeito de análise empírica. A polifonia de vozes com que deparamos hoje é, sob determinados aspectos, mais aparente do que real. Certamente conhecemos os méritos e as limitações dessas perspectivas antagônicas e temos noção das principais linhas de desenvolvimento que nascem dos debates realizados.

Não creio que se possa atribuir a isso a criação de uma nova ortodoxia. Caso tenha alguma empatia por qualquer das visões antagônicas que acabo de descrever, será mais pela primeira do que pela segunda. Acredito que *haja* algo que se possa contestar, em essência, em relação ao que deve ser um ser humano. Existe alguma coisa elementarmente complexa no ato de explicar a empresa humana, que tende a nos envolver em controvérsias sobre a natureza de sua ação. Entretanto, isso não nos leva – nem deveria – à ratificação incondicional do pluralismo teórico. O modo de documentar o movimento no sentido da síntese consiste em identificar o que há de errado com o consenso ortodoxo e, então, especificar os principais elementos do acordo que daí advier.

A ciência social canônica, isto é, o consenso ortodoxo, em primeiro lugar envolveu um modelo errôneo de conceituação da ciência natural. Os cientistas sociais acreditaram estar tentando reproduzir os tipos de descobertas que as ciências naturais afirmavam ter alcançado, contudo o modelo de ciência natural tal como imaginado por esses cientistas sociais apresentava falhas sob o ponto de vista filosófico. O modelo de ciência natural empregado pelo consenso ortodoxo era essencialmente empirista, tendo como a mais elevada aspiração da ciência a criação de sistemas de leis de natureza dedutiva.

A meu ver, não se consegue encontrar um único filósofo da ciência renomado que ainda acredite na concepção de ciência natural a que muitos cientistas sociais aspiraram. A ciência natural, tal como claramente demonstrado na filosofia da ciência pós-kuhniana, consiste em esforços hermenêuticos ou interpretativos. Sem dúvida, existem leis nas áreas de ciências naturais, contudo as leis têm de ser interpretadas, e isso deve ocorrer no âmbito de sistemas teóricos. A ciência natural, portanto, envolve sistemas interpretativos de significado, e a natureza da ciência encontra-se envolvida na criação de grades teóricas. Com efeito, o enquadramento do significado demonstra-se mais importante do que a descoberta de leis. Uma primazia indevida foi dada à descoberta de leis como elementos constitutivos da "ciência" nos modelos tradicionais da ciência natural, e os cientistas sociais, ingenuamente, aceitaram essa condição.

O último reduto do consenso ortodoxo encontra-se nos livros metodológicos das ciências sociais. Abra um desses livros e provavelmente ainda irá encontrar, logo nas primeiras páginas, a ideia de que a "explicação" é a dedução de um evento oriundo de uma lei ou de um sistema de leis, cujas relações apresentam elevado grau de complexidade. Trata-se simplesmente de uma falsa visão da maioria das formas de explicação no campo das ciências naturais e, por mais de um motivo, de um modelo inútil para ser adotado nas ciências sociais.

A segunda limitação do consenso ortodoxo residia no fato de que a ciência social canônica implicava uma falsa interpretação da empresa humana. Para o consenso ortodoxo, conforme já mencionado, a empresa humana deve ser explicada em termos de causação social. Como atores sociais leigos, podemos pensar que sabemos o que estamos fazendo ao realizar nossas ações, porém o cientista social pode nos demonstrar que, na realidade, somos conduzidos por influências das quais não temos consciência. O que a ciência social ortodoxa fez foi tratar-nos como se nosso comportamento fosse resultado de causação estrutural ou limitação estrutural, como se derivasse diretamente de forças sociais.

O que temos de fazer na teoria social é recuperar a noção do agente humano conhecedor. Ou seja: as ciências sociais devem concentrar sua atenção em fenômenos que, em nossa vida cotidiana, reconhecemos como características básicas da ação humana, mas que, como cientistas sociais, também tendemos a negligenciar. Os cientistas sociais se esquecem de que a maior parte de nossas ações como seres humanos é intencional, e de que estamos cientes das razões que nos levam a praticá-las. Todos os agentes humanos dispõem de bastante conhecimento acerca das condições de sua atividade, e tal conhecimento não está condicionado ao que fazem, mas pode ser entendido como elemento constitutivo dessas ações.

Nossa capacidade de conhecimento é sempre delimitada. Encontra-se delimitada institucionalmente, e ainda existe a necessidade de estudar tais limites (restrições estruturais). Contudo, a recuperação da noção do agente humano conhecedor revela-se fundamental para a reformulação da resposta sobre o objeto das ciências sociais. Tal recuperação deve basear-se na ideia de consciência prática. Por "consciência prática" entendo uma noção que vem sendo "descoberta" em diversas tradições de pensamento. Foi identificada por Wittgenstein na filosofia, surge como uma preocupação empírica na etnometodologia e se encontra documentada na obra de Goffman. O conceito refere-se a todas as coisas conhecidas por nós como atores sociais e que, de fato, devemos conhecer para fazer que a vida social aconteça, mas às quais nem sempre conseguimos dar uma forma discursiva.

Por exemplo, falar e entender um idioma como o inglês, com correção gramatical, envolve o conhecimento de um conjunto altamente complexo de regras sintáticas, táticas de uso da linguagem, dicas contextuais, e assim por diante. Precisamos saber tudo isso para poder falar inglês; porém, se alguém nos solicitasse uma análise discursiva dessas coisas que sabemos, encontraríamos grande dificuldade em fazê-lo. Poderíamos apenas falar de forma muito superficial sobre o que realmente sabemos – e devemos saber – como falantes de uma língua para que ela simplesmente possa existir. Não há nenhuma contradição em afirmarmos que o linguista estuda "o que já sabemos".

Eis a razão pela qual as indagações propostas pelos cientistas ortodoxos e as respectivas respostas foram, muitas vezes, concebidas erroneamente: partiu-se da premissa de que a consciência discursiva – a exposição discursiva de motivos e análises – teria esgotado a capacidade de conhecimento dos agentes humanos. Assim, o investigador passaria ao estudo de causas estruturais. No entanto, todos sabem muito mais sobre as razões pelas quais tomam este ou aquele curso de ação do que efetivamente as expressam de modo discursivo. A consciência prática demonstra-se fundamental no que concerne às formas com que tornamos o mundo social previsível. A previsibilidade do mundo social não "acontece" simplesmente da mesma maneira que a previsibilidade do mundo natural. É gerada pelas práticas organizadas com o conhecimento dos agentes humanos.

Uma terceira deficiência verificada na concepção tradicional da ciência social foi a ideia de que é possível descobrir as leis da vida social, estabelecendo-se uma analogia mais ou menos direta com as leis existentes nas ciências naturais. No campo das ciências sociais, há dois tipos de generalização. Podem ser chamados de "leis", se assim se preferir. Porém, cada um desses tipos difere das leis da ciência natural. Tomemos o exemplo, apresentado pelo filósofo Peter Winch, de carros que param no sinal de trânsito. Poder-se-ia supor que neste caso existe uma "lei". Quando o sinal está vermelho, os carros param; quando fica verde, o tráfego segue o seu curso. Se você vem de uma cultura diferente e jamais viu automóveis antes, pode imaginar que exista algum tipo de raio entre os sinais com o poder de parar os carros. Se isso fosse verdade, seria de fato uma lei ao estilo naturalista. Contudo, todos sabemos que o que faz os carros pararem no sinal é o conhecimento, por parte dos motoristas, das normas de conduta no trânsito e que tais normas e convenções de comportamento fornecem as razões para o que fazem.

Seria bastante desinteressante à maior parte dos atores leigos das sociedades modernas se os cientistas sociais estudassem seu comportamento como motoristas e viessem com a descoberta de que, na maioria das vezes, eles param no sinal de trânsito. Claro, os motoristas já sabem que param no sinal, bem como o motivo disso – porque é algo que fazem no uso das convenções por eles aplicadas. Generalizações desse tipo são absolutamente banais, exceto quando fazem parte de um processo de reconstituição antropológica. Um dos papéis desempenhados por sociólogos e antropólogos é o de documentar as diferenças entre culturas, bem como entre convenções, e, portanto, avaliar até que ponto a previsibilidade em diferentes ambientes culturais está condicionada a graus distintos de consciência das convenções.

A segunda noção de "lei" está bem mais próxima da visão de generalizações estabelecida no consenso ortodoxo. Isso diz respeito às consequências não intencionais da ação humana. É verdade que todos nós agimos demonstrando conhecimento durante todo o tempo – que todos, de algum modo, sabemos o que estamos fazendo e por quê. Entretanto, conforme destacado com muita propriedade por Max Weber, embora todos sejamos atores intencionais, o raio de alcance de nossas ações escapa a todo momento às intenções e finalidades que as induziram.

Os proponentes do consenso ortodoxo preocupavam-se com fatores sociais gerados por consequências intencionais – que, obviamente, também criam condições para que os agentes pratiquem suas ações na sociedade. O tipo de generalização que interessava à ciência social naturalista depende da premissa de consequências não intencionais generalizadas. "Leis", neste contexto, podem ser compreendidas como uma forma que se aproxima de generalizações semelhantes a leis na ciência natural. Chamarei as leis dessa categoria de leis do tipo dois. As generalizações do tipo um são as que dependem da observação consciente de regras e convenções por parte dos atores sociais.

Claro que as generalizações do tipo dois de fato existem nas ciências sociais. A bem da verdade, sua revelação deve ser uma das principais ambições do trabalho sociocientífico. Tomemos como exemplo a existência de um "ciclo de pobreza". As escolas de áreas menos favorecidas dispõem de instalações precárias, os alunos não são motivados quanto à importância dos valores acadêmicos, os professores enfrentam problemas disciplinares em sala de aula. Ao saírem da escola, essas pessoas possuem baixa qualificação, conseguem empregos com remuneração relativamente baixa e moram em áreas de baixa renda. Mais tarde, seus filhos frequentam escolas nas mesmas áreas, e assim o ciclo se repete.

Todavia, as generalizações do tipo dois jamais podem formar um paralelo perfeito com as leis pertinentes às ciências naturais porque as relações causais que pressupõem dependem de consequências não intencionais da ação proposital. Praticamente, todas as generalizações desse tipo são mutáveis nos termos das alterações na capacidade de conhecimento dos agentes humanos. Há uma relação intrínseca entre generalizações do tipo um (regras e convenções de comportamento) e as do tipo dois (que dependem de consequências não intencionais). Em um determinado contexto de ação, o que as pessoas fazem com conhecimento à luz da convenção sofre transformações ao longo do tempo, exercendo influência, assim, sobre as generalizações do tipo dois.

A ciência social não pode ser puramente "interpretativa". As suposições contrárias a essa afirmação constituíram o principal erro daqueles que acreditaram que as generalizações do tipo um esgotam as possíveis contribuições das ciências sociais à compreensão do comportamento humano. Por outro lado, a perspectiva naturalista incorreu em erro ao presumir que é possível explicar o comportamento humano de modo abrangente por meio da identificação de leis do tipo dois. Todas as ciências sociais dependem do entendimento, dentro de circunstâncias históricas específicas, da relação existente entre as atividades realizadas conscientemente, à luz da convenção, e a reprodução social gerada de forma não intencional.

Em consequência de suas limitações lógicas, o consenso ortodoxo sustentou uma visão primitiva da natureza da "iluminação" que as ciências sociais podem proporcionar aos leigos. O modelo em que se fundou a perspectiva tradicional derivava, mais uma vez, de uma comparação bastante direta com a ciência natural. As ciências naturais, presumia-se, produzem o Iluminismo ao nos mostrar que muitas de nossas crenças preestabelecidas sobre o mundo eram falsas. O Iluminismo nas ciências sociais pode ser equiparado à crítica de crenças falsas.

Essa visão é completamente errônea ao considerarmos as diferenças entre as generalizações dos tipos um e dois. Nas situações em que o comportamento se manifesta normalmente em decorrência do uso consciente da convenção, existe um sentido lógico segundo o qual tal comportamento *não pode* estar baseado em crenças falsas. As pessoas precisam saber não só o que estão fazendo mas também o porquê de o estarem fazendo, para que normalidades dessa natureza ocorram. Assim, não é de surpreender que uma nova descrição pelo cientista social das ações praticadas por essas pessoas seja desinteressante. Tais informações só serão novidade para os que não pertencem ao meio cultural em que a ação observada acontece, sendo claramente distintas da crítica de uma falsa crença.

Lógico, os trabalhos etnográficos da ciência social são importantes. Todos nós vivemos em culturas específicas distintas de outras culturas distribuídas em todo o mundo e de outras recuperáveis por meio da análise histórica. As ciências sociais, além disso, podem demonstrar – isto é, atribuir uma forma discursiva a – aspectos de conhecimento mútuo que os atores sociais leigos empregam de forma não discursiva em sua conduta. O termo "conhecimento mútuo" abrange uma série de técnicas práticas de apreender significados a partir de atividades sociais. Talvez mais do que qualquer autor, Erving Goffman deixou bem claro o quão complicados e sutis são os componentes constitutivos do conhecimento mútuo, mas também o quanto são administrados com base em rotinas. Aqui, o paralelo com a linguística é bem próximo. A linguística estuda o que o usuário da linguagem sabe – e deve saber – para ter condições de falar o idioma em questão, seja ele qual for. No entanto, a maior parte do que sabemos para falar uma língua não é conhecida de forma discursiva. A linguística diz-nos o que já sabemos, mas de uma maneira discursiva bastante distinta dos modos normais em que se expressam tais conhecimentos.

A essas formas potenciais de elucidação, devemos acrescentar as influências das consequências não intencionais. Os atores sociais sempre sabem o que estão fazendo (de acordo com alguma descrição ou potencial descrição), contudo as consequências do que fazem tipicamente fogem às suas pretensões. Encontramos aqui um conjunto interessante de problemas e impasses.

A irrefutabilidade de versões naturalistas da ciência social depende justamente da observação de que não há intenção deliberada dos participantes envolvidos na ocorrência de muitos dos eventos e processos da vida social. É no desvio das instituições sociais em relação aos propósitos dos atores individuais que, segundo o naturalismo, devem ser identificadas as tarefas das ciências sociais.

A penetrabilidade das consequências não intencionais é sinal de que devemos continuar a defender a versão da ciência social propagada pelo "cânone sociológico" contra concepções mais "interpretativas". Todavia, não há como dedicar o devido tratamento a esta questão de acordo com os termos da ciência social naturalista. Para os sociólogos naturalistas, o caráter não intencional dos processos sociais sustenta a visão de que a vida social é gerida por influências ignoradas pelos atores sociais. Contudo, uma coisa é argumentar que alguns aspectos da vida ou instituições sociais não decorrem de ações intencionais de seus participantes; outra, bastante diferente, é partir da premissa de que, como resultado, os agentes individuais são levados a agir por "causas sociais" que de algum modo determinam o curso de suas ações. Longe de reiterar tal conclusão, um exame das consequências não intencionais da ação conduzir-nos-ia a assinalar a importância de uma abordagem muito bem elaborada da natureza proposital da conduta humana. O que não é intencional não pode nem mesmo ser caracterizado, a menos que sejamos claros acerca da natureza do que é intencional. E isso, eu diria, também presume uma análise dos motivos dos agentes.

Há muitos tipos diferentes de questionamento que aludem ao papel das consequências não intencionais da ação humana. Por exemplo, podemos nos interessar em indagar por que um determinado evento ocorreu, a despeito do fato de ninguém ter tido a intenção de que ocorresse. Assim, um historiador poderia levantar a questão: por que a Primeira Guerra Mundial eclodiu em um momento em que nenhuma das principais partes envolvidas agiu intencionalmente para produzir tal resultado?

No entanto, o tipo de pergunta que tradicionalmente preocupa os cientistas sociais naturalistas diz respeito às condições da reprodução social. Em outras palavras, eles têm procurado demonstrar que as instituições sociais apresentam características que vão além dos contextos específicos de interação nos quais os indivíduos estão envolvidos. Nesse sentido, a conexão entre funcionalismo e naturalismo tem uma aplicação específica. Isso porque o ponto de explicação funcional tem sido normalmente o de demonstrar que há "razões" para a existência e continuidade das instituições sociais, bastante distintas das razões que os atores sociais possam ter para quaisquer atos que pratiquem. (Para discussão mais detalhada, ver Capítulo 4.)

Em parte, como resultado de um exame crítico renovado do funcionalismo, fica aparente que uma análise dos processos de reprodução institucional não pode fazer referência a necessidades sociais, exceto como propriedades "de simulação" postuladas de modo contrafactual. Parece perfeitamente apropriado e, muitas vezes, necessário indagar quais são as condições indispensáveis à permanência de um determinado conjunto de instituições sociais durante um período de tempo específico. Entretanto, tal investigação pressupõe a análise dos mecanismos de reprodução social e, por si só, não fornece explicação para essas condições. Toda reprodução social em larga escala ocorre de acordo com condições de "intencionalidade mista". Em outras palavras, a perpetuação de instituições sociais envolve um tipo de mistura entre resultados intencionais e não intencionais das ações praticadas. Essa mistura, entretanto, tem de ser dissecada com cuidado e apresenta variações de acordo com o momento histórico.

Há uma série de circunstâncias que afastam condições "altamente monitoradas" de reprodução de sistemas daquelas que envolvem uma retroalimentação (*feedback*) das consequências não intencionais. O monitoramento das condições para a reprodução de sistemas reflete, sem dúvida, um fenômeno associado ao surgimento da sociedade moderna e à formação de organizações modernas, de modo geral.

Pode-se levantar uma objeção que atua em dois sentidos diferentes, ao se explicar uma reprodução social em termos de afirmações do tipo "a função de x é...". Primeiro, conforme anteriormente mencionado, tal afirmação não possui valor explicativo e só adquire significado causal inteligível quando aplicada à atividade social na forma de proposição contrafactual. Segundo, a afirmação é ambígua com relação à intencionalidade. Em condições em que a reprodução é altamente monitorada, a ligação entre os propósitos (de alguns agentes) e a continuidade das instituições sociais será direta e penetrante. Nos casos em que uma retroalimentação não intencional entra em ação, a mecânica do processo de reprodução será bastante diferente. Via de regra, faz-se essencial ressaltar tal diferença.

Essas considerações têm implicações significativas e complexas na análise do impacto prático das ciências sociais. A ciência social canônica demonstrou a tendência de trabalhar dentro da visão distorcida da capacidade de correção do senso comum. Por senso comum, refiro-me a crenças proposicionais mantidas pelos atores sociais sobre a vida social e as condições para a reprodução social. Dadas suas premissas naturalistas, os proponentes do consenso ortodoxo partiram do pressuposto que as conotações práticas da ciência social assumem um caráter tecnológico. As ciências sociais corrigiriam as falsas crenças dos agentes a respeito da atividade social ou instituições sociais. À medida que passamos a tomar maior conhecimento do mundo social, da mesma forma que no caso do mundo natural, colocamo-nos em uma posição que nos permite fazer mudanças nesse mundo. Essa visão vem de uma herança profundamente arraigada nas ciências sociais, que remonta, no mínimo, a Montesquieu, tendo sido reiterada por Comte, Durkheim e todas as vertentes naturalistas do marxismo.

Se os argumentos anteriormente expostos forem válidos, contudo, esse ponto de vista não pode ser sustentado, pelo menos não com base em nada parecido com a abordagem desenvolvida por esses autores. A ciência social não envolve a crítica de crenças falsas sobre o mundo social, mantidas por atores sociais leigos. Mas o contexto em que tais ideias e teorias críticas são formuladas, bem como suas implicações práticas, é bastante diferente daquilo que está envolvido nas ciências naturais. A ciência social preocupa-se com os agentes que geram e inventam conceitos, que teorizam sobre o que fazem, bem como sobre as condições nas quais praticam seus atos. A ciência natural, por sua vez, como se tem esclarecido nas correntes mais recentes da filosofia da ciência, envolve um tipo de hermenêutica. A ciência consiste em um esforço interpretativo, em que as teorias compreendem conjuntos estruturados de significados. Ao contrário da ciência natural, contudo, as ciências sociais envolvem uma dupla hermenêutica, visto que os conceitos e as teorias desenvolvidos no âmbito destas se aplicam a um mundo constituído das atividades praticadas por indivíduos que conceituam e teorizam. Não cabe ao cientista social interpretar os significados do mundo social para os atores sociais nele inseridos. Ao contrário, os conceitos técnicos das ciências sociais são – e devem ser – parasitários em relação aos conceitos de origem laica. É exatamente este o sentido em que, como afirma Winch, os conceitos técnicos da ciência social estão atrelados logicamente àqueles do mundo do senso comum. A criação de descrições verídicas da ação humana pressupõe que o observador sociológico tenha acesso aos conhecimentos mútuos por meio dos quais os atores sociais orientam suas ações. A condição de ser capaz de descrever o que os atores sociais estão fazendo, em qualquer contexto de ação, é ser capaz de "seguir adiante" no âmbito da forma de vida em questão.

O que Winch em absoluto não leva em consideração é a absorção recíproca dos conceitos sociocientíficos no mundo social em que são cunhados para efeito de análise. Os conceitos e teorias da ciência natural são completamente isolados do mundo "deles", o mundo objetivo da natureza. Esse processo de absorção contribui para explicar a aparente banalidade das descobertas sociocientíficas, quando comparadas ao que parecem ser as conquistas muito mais inovadoras da ciência natural.

A trivialidade da ciência social foi uma das maiores fontes de preocupação dos praticantes da sociologia canônica. Por que as ciências sociais não produziram descobertas sobre o mundo social à altura das realizadas pelas ciências naturais? Se tais descobertas não existem, tem-se a impressão de que não somos capazes de desenvolver as tecnologias sociais das quais dependem as conotações práticas das ciências sociais (no modelo ortodoxo). Tal visão, porém, constitui um erro. Desde suas origens nos tempos modernos, as ciências sociais causaram e continuam a causar um impacto prático da maior abrangência sobre o mundo social. De fato, poder-se-ia arguir que as consequências transformadoras das ciências sociais para o mundo social têm sido consideravelmente maiores do que as das ciências naturais para o mundo "natural". Contudo, basicamente, o impacto prático da ciência social não é de ordem técnica. Ele se fez sentir pela absorção dos conceitos sociocientíficos no mundo social, do qual tais conceitos passaram a fazer parte constituinte. Uma vez assumidos por atores sociais leigos e incorporados na atividade social, naturalmente se transformam em elementos familiares de rotinas sociais. Sua originalidade se perde, mesmo que, ao serem construídos, logo em suas origens, possam ter sido tão fantasticamente inovadores quanto qualquer coisa que tenha existido no campo das ciências naturais.

A história mais remota das ciências sociais esteve vinculada ao surgimento da teoria política nos séculos XV e XVI. Nos escritos de Maquiavel e de outros autores, despontou um novo discurso político, compreendendo noções como soberania e a própria noção de política. Um cientista social da linha ortodoxa poderia supor que aqueles teóricos estivessem descrevendo apenas mudanças que ocorriam na vida social. Claro que descreviam tais mudanças, porém não era só isso que estavam fazendo. A invenção do discurso da ciência política contribuiu para formar o que hoje chamamos de Estado moderno. Os pensadores não estavam descrevendo um mundo que lhes havia sido dado de modo independente. O Estado moderno é inconcebível, por exemplo, sem a noção de soberania. Além disso, a noção de soberania é algo que, em certo sentido, todos nós aprendemos a dominar atualmente. Sempre que usamos um passaporte para viajar de um país para outro, demonstramos algum domínio prático da noção de soberania, de cidadania e de uma série de outras noções a elas associadas. Não podem ser entendidas apenas como descrições de um mundo de instituições estatais que nos é apresentado de modo independente; passaram a constituir essas instituições.

O discurso das ciências econômicas fornece-nos outro exemplo. Poder-se-ia supor que os primeiros economistas estivessem descrevendo uma série de mudanças que vinham acontecendo na sociedade do século XIX. Claro que era isso que estavam fazendo, mas iam muito além. O discurso econômico ingressou como elemento constitutivo no que se conhece hoje como sociedade industrial. A sociedade industrial não poderia existir se os atores sociais do cotidiano não houvessem dominado os conceitos de investimento, risco, custo e, até mesmo, o próprio significado de economia.

Assim, inevitavelmente, os conceitos introduzidos pelas ciências sociais tornam-se componentes familiares nas teorias e práticas de atores sociais leigos e não permanecem adstritos a um discurso profissional. A ciência social não assume uma posição de neutralidade em relação ao mundo social, como um instrumento de transformação tecnológica; o trabalho crítico não pode se limitar à crítica de falsas crenças leigas. As implicações da dupla hermenêutica residem no fato de que os cientistas sociais não podem deixar de permanecer alertas aos efeitos transformadores que seus conceitos e teorias possam porventura produzir sobre aquilo que se propuseram a analisar.

4
Funcionalismo: *après la lutte*

O debate acerca dos méritos e das limitações do funcionalismo, que por tantos anos ofuscou a maior parte das discussões teóricas na área da sociologia, atualmente parece esgotado. O campo de batalha está, em sua maior parte, vazio, ainda que de tempos em tempos sejam lançadas algumas flechas aqui e ali. Com a poeira já baixada, talvez possamos inventariar o que restou dessa polêmica. Embora se pudesse arguir que a imensa variedade de ataques críticos desferidos contra o funcionalismo, nas suas diversas roupagens, tenha cada vez mais obrigado seus simpatizantes a assumirem uma posição defensiva, seria difícil sustentar que a discussão perdeu a força porque um dos lados da batalha bateu em retirada, derrotado. Em vez disso, novos tipos de abordagem teórica passaram a gozar de uma posição de destaque, fazendo o foco do debate deslocar-se para outro ponto. Que isso deva ter ocorrido é sem dúvida uma bênção: a polêmica do funcionalismo, na melhor das hipóteses, jamais reteve a atenção incondicional de seus debatedores, e – se me permitem abandonar a metáfora marcial em prol de outra de natureza diversa – eventualmente sondou os mais profundos recônditos do formalismo maçante. Contudo, seria um erro supor que todas as questões levantadas podem ser facilmente esquecidas. Isso porque, sejam quais forem as limitações do funcionalismo (e concluirei, na presente discussão, que são irredimíveis), esta corrente sempre colocou em primeiro plano os problemas da organização institucional, oferecendo inabalável oposição ao subjetivismo no âmbito da teoria social. Esses destaques, creio eu, ainda se fazem necessários. Meu propósito não é resgatar o funcionalismo das críticas que lhe foram dirigidas, tampouco revisitar os rumos dos debates como um todo, mas sim desenvolver um esquema teórico que possa substituí-lo, mediante a identificação de algumas das deficiências inerentes ao pensamento funcionalista.

As origens do funcionalismo, tal como o conhecemos em sua forma moderna, encontram-se entremeadas nos avanços conquistados pela biologia do século XIX. Se a mecânica clássica manteve-se como a forma ideal de uma ciência em sua fase madura, a biologia, mais especificamente a teoria da evolução, transformou-se na inspiração mais imediata entre as principais escolas de pensamento social. A obra de Comte, embora tendo antecedido Darwin, ofereceu um arcabouço racional convincente para que se estabelecesse a proximidade da relação entre a biologia e a "sociologia", e sua formulação da "estática social" exerceu uma das mais importantes influências sobre a posterior disseminação de noções funcionalistas, tal como elaboradas primeiramente por Herbert Spencer e em seguida por Durkheim. A ideia de evolução social, sem dúvida, cumpriu um papel fundamental nos escritos de todos esses autores, tal como o fizeram as analogias emprestadas diretamente da biologia para explicar a "anatomia e a fisiologia" da vida social.

Indubitavelmente, as ideias de Durkheim representaram a mais importante fonte única de influência sobre o desenvolvimento do funcionalismo no século atual, apesar de a única discussão explícita significativa sobre "explicação funcional", apresentada pelo referido autor, não ocupar mais do que algumas páginas de seu *The Rules of Sociological Method* [*As regras do método sociológico*]. Contudo, a incorporação dessas ideias ao que veio a se transformar em uma distinta, embora mal amarrada, escola de "estrutural-funcionalismo" na sociologia, somente se concretizou mediante a deslocação do conceito de "função" a partir de "evolução". Em Durkheim, a noção de evolução social já havia sido mitigada. A solidariedade mecânica e orgânica ainda era tratada diante de um amplo pano de fundo evolucionário, entretanto assumiu uma forma mais afeita a um contraste tipológico abstrato do que a um fluxo conexo de transformação evolucionária. A transferência do conceito de função para a antropologia, graças a Radcliffe-Brown e Malinowski, esteve diretamente relacionada ao repúdio às teorias evolucionistas. Ao romper com as preocupações de natureza evolucionária do século XIX, esses autores reagiram especificamente contra a tradição de tentativas especulativas de reconstruir as origens de instituições sociais como a religião, o casamento etc. Reagiram ainda contra a etnologia "recorta e cola" do tipo que, na tentativa de enquadrar os estágios de evolução da sociedade em um esquema linear, fizeram uma colagem de exemplos de inúmeras sociedades diferentes sem a menor consideração ao contexto social em que estavam inseridas. O "funcionalismo" (nome que Malinowski aplicou deliberadamente às suas visões teóricas, mas que não agradou a Radcliffe-Brown) tinha muito a ver com as origens do trabalho de campo moderno realizado pela antropologia, em que o enfoque era dirigido ao estudo de instituições em relação às totalidades sociais.

O funcionalismo reingressou na sociologia ao cruzar o Atlântico. Com suas aulas em Chicago, Radcliffe-Brown contribuiu de forma direta para a influência dessa corrente teórica. Naturalmente, tal influência foi entretanto bastante reforçada pelos trabalhos de Talcott Parsons. Embora Parsons, por um curto período, tenha sido aluno de Malinowski enquanto viveu na Grã-Bretanha, os temas que desenvolveu e continuou a aprofundar ao longo de toda a sua carreira guardavam maior proximidade com as opiniões sustentadas por Radcliffe-Brown. O conceito de "estrutura", na obra de ambos os autores, foi combinado ao de "função". Em vez do "funcionalismo instrumental" de Malinowski, foi o estrutural-funcionalismo que se tornou a principal, se não jamais rivalizada, corrente de teoria social no âmbito da sociologia norte-americana. O estrutural-funcionalismo ofereceu ampla gama de noções funcionalistas de maior coerência e riqueza de detalhes do que qualquer vertente teórica já havia sido capaz de apresentar. A maioria de seus adeptos defendia a tese de que ele era *a* fundamentação teórica que identificava as tarefas distintivas da explicação sociocientífica. Muitos autores ligados ao funcionalismo em sua forma moderna foram, em maior ou menor grau, influenciados por Parsons. Contudo, vem se tornando evidente que o "funcionalismo" é entendido de maneiras distintas por autores diversos, com simpatia ou crítica. Uma vez que os escritos de Parsons trataram de muitos temas não imediatamente pertinentes a uma discussão acerca do funcionalismo, não tentarei abordá-los diretamente aqui. Em vez disso, concentrarei a atenção apenas em três importantes contribuições de outros autores: duas fontes relativamente precoces podem ser chamadas de primeiras, quais sejam, a "codificação" das tarefas da explicação funcional, de R. K. Merton, e a posterior revisão crítica de tal codificação, elaborada por Ernest Nagel.[1] Embora publicado pela primeira vez em 1949, precedendo portanto o *corpus* principal da polêmica funcionalista, para a qual serviu de ponto de referência fundamental, o ensaio de Merton foi posteriormente revisto e ampliado. Ainda

---

1 Merton, R. K. Manifest and latent functions; Nagel, E. A formalization of functionalism with special reference to its application in the social sciences; ambos em Demerath, N. J., Peterson, R. *System, Change, and Conflict*, New York, 1967.

mais importante, ele antecipou e, em certo grau, procurou tratar de críticas do funcionalismo que mais tarde se fizeram centrais no debate, tais como a de que os esquemas funcionalistas não dão qualquer espaço para abordar problemas relacionados a conflito, poder etc. Ademais, o trabalho de Merton também foi da maior relevância para a reincorporação do funcionalismo na sociologia, e a base de sua argumentação residia no fato de que as ideias de Radcliffe-Brown, Malinowski e outros autores da antropologia fornecem um enquadramento teórico para a sociologia, desde que, contudo, passem por alterações substanciais para que se tornem capazes de abarcar problemas particularmente graves, se não específicos, em relação às sociedades mais desenvolvidas.

A esses devo acrescentar o exame de um terceiro trabalho: o de Stinchcombe.[2] A obra do referido autor não representou uma contribuição ao debate funcionalista propriamente dito, porém, colocou frente a frente, de maneira detalhada e muito bem desenvolvidas, várias das mesmas questões ali abordadas, mantendo-se na linha sucessória direta de Merton.

Merton: o funcionalismo sistematizado

Os temas da análise de Merton são muito bem conhecidos, razão pela qual farei uma recapitulação bastante breve dos elementos aplicáveis aos argumentos que desenvolverei adiante.

Merton começa observando justamente o que se tornou motivo de desespero para muitos dos participantes da polêmica a respeito do funcionalismo: a "profusão e variedade da análise funcional" (p.10). Porém, ele faz sua advertência para afastar a desilusão: tal diversidade viabiliza a codificação e a torna necessária. Uma sistematização da análise funcional tem de estabelecer uma conexão entre teoria e método: precisa também, no entanto,

---

2 Stinchcombe, A. *Constructing Social Theories*, New York, 1968.

comprovar sua validade no momento em que trata de materiais empíricos. A esta última necessidade Merton dedica atenção considerável, ao tentar fornecer exemplos detalhados dos frutos produzidos pela orientação funcionalista – nesse sentido ele difere bastante da natureza mais limitada de muitos comentários posteriores. Os principais traços da discussão de Merton podem ser caracterizados conforme exposto a seguir. Para começar, identifica-se a necessidade de aclarar ou sanar certas deficiências identificadas na literatura preexistente:

1 O termo "função" deve ser definido com exatidão. O termo apresenta diversos usos leigos, por exemplo, como equivalente a "reunião pública", ou mesmo uma acepção técnica, tal como na matemática. Como se não bastasse, uma grande variedade de termos leigos são muitas vezes empregados como sinônimos de função: "finalidade" e "consequência", entre outros. Devemos distinguir noções que se referem a "estados subjetivos" de atores sociais daquelas que dizem respeito aos resultados da ação. "Função social", afirma Merton, refere-se a *consequências objetivas passíveis de observação*, e não a *disposições subjetivas* (metas, motivos, propósitos)" (p.14). O que uma pessoa pretende alcançar pode ou não coincidir com o resultado de sua ação.

2 Vários dos pontos tipicamente enfatizados pelo funcionalismo na antropologia têm de ser revisados ou sumariamente rejeitados. A tese segundo a qual a sociedade tem sempre uma "unidade funcional" ou uma harmonia implícita, que Merton associa a Radcliffe-Brown, deve ser abandonada. Ou, ao menos, não pode ser tomada como axioma: o grau de integração de uma sociedade tem de ser tratado como variável do ponto de vista empírico. Isso também se aplica ao "postulado do funcionalismo universal", expresso por Malinowski – a ideia de que toda prática social e item cultural padronizados têm uma função – em virtude de sua longa duração. A afirmação de Malinowski sobre a "indispensabilidade" das necessidades funcionais também é questionada.

Alegar que, por exemplo, "a religião apresenta determinadas funções indispensáveis em todas as sociedades" oculta uma confusão: será a religião, como instituição, necessária à sociedade, ou necessárias serão as funções às quais a religião se presta a satisfazer? Afirmar que a existência da sociedade implica determinados pré-requisitos funcionais não é também dizer que certas instituições são indispensáveis, pois as mesmas funções podem ser exercidas por diferentes instituições.

3 Merton faz o possível para rejeitar a acusação de que o funcionalismo, em essência, é "conservador", visão que, segundo ele, não pode ser sustentada uma vez que as opiniões observadas no parágrafo anterior são descartadas. Ao prover argumentos para defender sua posição, Merton procura demonstrar que um esquema funcionalista revisto, longe de ser intrinsecamente conservador – uma assimilação do existente e do inevitável – é totalmente compatível com o "materialismo dialético" de Marx e Engels – uma demonstração que inúmeros outros autores posteriores a Merton sentiram a necessidade de tentar fazer.

Entre os elementos que, no entender de Merton, se encontram envolvidos nessa revisão, apresentamos os mais relevantes:

4 Funções são definidas como "as consequências observadas [de práticas ou itens padronizados] que viabilizam a adaptação ou ajuste de um determinado sistema" (p.43). Estabelece-se o contraste entre função e disfunção, que por sua vez se refere aos fenômenos que atuam contra a "adaptação ou ajuste" do sistema.

5 A análise funcional envolve a avaliação de um "saldo final de todo um conjunto de consequências": uma determinada prática social pode, por exemplo, ser funcional, em alguns aspectos, ou em certos níveis, para o sistema do qual faz parte, e disfuncional para outros.

6 As funções manifestas, ou seja, "as consequências objetivas que contribuem para o ajuste ou a adaptação do sistema, que são intencionais e reconhecidas pelos participantes do sistema" (p.43), têm de ser distinguidas de funções latentes, que não são intencionais e reconhecidas.

7 A análise das exigências ou dos pré-requisitos funcionais de sistemas sociais precisa ser complementada pelo reconhecimento de que há uma faixa de variação de alternativas funcionais. As possibilidades de mudança que existem em qualquer caso, entretanto, são restritas por "limitações estruturais" oriundas da "interdependência entre os elementos de uma estrutura social" (p.44).

Nagel: uma revisão crítica

Embora o ensaio de Merton tenha sido intensamente discutido, foram poucos os que lhe consagraram uma revisão tão minuciosa quanto a realizada por Nagel, uma crítica favorável que se preocupou em relacionar as visões de Merton aos avanços que vinham sendo obtidos simultaneamente nas ciências biológicas. Nagel começa chamando a atenção para um ponto tradicional (observado, por exemplo, por Comte, que tratava a biologia e a sociologia como disciplinas "sintéticas", nas quais existiria uma "primazia da entidade sobre o elemento", em contraste às ciências "analíticas", como a química, a física etc.): o de que as noções funcionais são raras nas ciências outras que não as biológicas. A diferença parece depender do fato de a biologia estudar entidades que se autorregulam em relação às mudanças que ocorrem à sua volta. A análise funcional aplica-se a tais entidades, tratadas como sistemas, mas não a sistemas que não dispõem de capacidade de autorregulação.

Um dos principais fios condutores da argumentação de Nagel reside na tentativa de esmiuçar ambiguidades que a análise de Merton, embora ela própria estivesse voltada a esclarecer a literatura especializada de períodos anteriores, na opinião de Nagel, ainda deixa em aberto. Para começar, tais ambiguidades referem-se ao sentido de "disposições subjetivas" no ensaio de Merton. Não fica claro, aponta Nagel, por que razões – ao identificar uma classe distinta de "funções manifestas" – Merton seleciona finalidades e motivos de atores sociais e dedica-lhes atenção especial. Por que não deveríamos considerar orientações subjetivas simplesmente como uma variável sistêmica semelhante a qualquer outra? Se a "meta subjetiva em vista" não é apresentada como uma dessas variáveis, então a distinção proposta por Merton entre funções manifestas e funções latentes não se faz necessária, uma vez que não distingue um tipo de função. Se, apesar disso, ela, na verdade, for uma variável, a natureza da distinção será entre "itens" substantivos, no sentido atribuído por Merton, e não entre tipos de função. Aparentemente, Nagel conclui ser mais apropriado tratar estados subjetivos como variáveis funcionais: dessa forma, é possível identificar as consequências funcionais de um resultado "intencional e reconhecido" como potencialmente distintas das circunstâncias em que os envolvidos desconhecem o resultado. A discussão de Merton acerca de consequências funcionais, sustenta Nagel, é por si mesma ambígua. A "função" de um item poderia referir-se simplesmente a uma característica de um sistema que ela se presta a manter, ou ainda à totalidade dos efeitos que produz, os quais contribuem para a "adaptação ou ajuste" do sistema. Contudo, isso dificulta – e talvez impossibilite – o emprego da noção proposta por Merton de um "saldo final de consequências funcionais", posto que não há uma linha basal "definitiva" ou "decisiva" de acordo com a qual isso possa ser considerado um "saldo final". Funções e disfunções são relacionais, com respeito às características definidas do sistema que o analista procura esclarecer.

Nagel conclui tentando demonstrar que as formulações de "alternativas funcionais" e "limitações estruturais" de Merton necessitam de maior elaboração. Neste ponto, Merton deixa de se aprofundar numa implicação gerada a partir de suas próprias distinções. Uma "alternativa funcional" pode se referir a um item alternativo que preenche a mesma função de outro – o único sentido considerado por Merton – ou, então, fazer referência a uma *função* alternativa, que (talvez em conjunto com outras) atende a determinadas "necessidades" de sistema. A diferença é importante para análises funcionais de mudança social potencial: "limitação estrutural", se vinculada apenas ao primeiro sentido, provavelmente será concebida dentro de limites mais estreitos e "conservadores" do que se vinculada também à segunda acepção do termo.

Esses pontos compreendem o que julgo ser o que há de mais importante na perspectiva crítica da discussão de Nagel. Talvez valha a pena acrescentar, para o leitor que não esteja familiarizado com o ensaio propriamente dito, que Nagel aceita a maior parte da análise de Merton, tendo como principal preocupação traduzi-la em uma série de proposições formalizadas.

Stinchcombe: funcionalismo e construção da teoria

A avaliação de Stinchcombe da lógica da análise funcional ocorre no contexto de uma discussão "eclética" sobre método, sendo o funcionalismo representado como uma entre outras estratégias de explicação: será esta a única parte do trabalho de Stinchcombe à qual farei referência no presente volume.

A explicação funcional, para Stinchcombe, é um tipo de explicação causal dentro de esquemas teóricos "com múltiplos componentes". "Por explicação funcional", afirma o autor, "entendemos aquela em que as *consequências* de algum comportamento ou ordenamento social constituem elementos essenciais das *causas* de tal comportamento" (p.80). Três relações interligadas por motivos causais estão envolvidas aqui: uma "estrutura ou atividade estrutural"; "uma variável homeostática"; e "tensões" que geram distúrbios na relação entre os dois primeiros fatores citados. Exemplo disso pode ser encontrado na biologia evolucionária, no que tange à atividade do fígado ao manter o açúcar na corrente sanguínea em níveis constantes. Dadas as diferenças no tipo de alimento ingerido, entre outras, existem enormes variações na taxa de açúcar no sangue que o fígado recebe a partir do sistema digestivo. Assim, os animais ou tipos de animais que desenvolvem fígados eficientes tendem a sobreviver, à custa daqueles que não o fazem. Segundo Stinchcombe, a "tensão" é um elemento necessário nessa relação, pois, se a atividade digestiva fosse constante, não haveria a tendência de sobrevivência seletiva de animais dotados de "fígados funcionais". Nesse exemplo, a armazenagem de açúcar representa a atividade estrutural; o nível de açúcar no sangue, a variável homeostática; e as variações nas necessidades de atuação do sistema digestivo, a tensão gerada entre os dois primeiros fatores.

Análises funcionais, sugere Stinchcombe, são apropriadas em circunstâncias de equifinalidade. Em sistemas fechados, estados finais podem ser explicados, em princípio, em termos de suas condições iniciais. Já em sistemas biológicos ou sociais, pode surgir uma consequência uniforme a partir da recorrência de tipos diferentes de atividade. Assim, normalmente as organizações sociais "procuram atingir suas metas em face da incerteza e variabilidade do meio", porém praticam essas ações de modos diferentes: demonstram-se flexíveis na resposta a mudanças externas, controlam mercados, realizam planejamentos com projeções etc. "Tal padrão equifinal sugere uma explicação funcional de comportamento organizacional em termos de redução do grau de incerteza" (p.81).

Stinchcombe também aborda os temas da natureza "conservadora" do funcionalismo, bem como sua relação com o marxismo. A exemplo de Merton, o autor argumenta que "os moldes conservadores da teoria funcional não são necessários sob o ponto de vista lógico", embora se trate de "uma oportunidade retórica inerente na teoria" (p.91). Tal oportunidade deriva da possibilidade de considerar as variáveis homeostáticas moralmente desejáveis e a frustração dessas variáveis, necessariamente, desafortunada. A análise funcional pode ainda ser colocada a serviço do radicalismo, demonstrando quais estruturas específicas atuam para perpetuar fenômenos que sejam considerados moralmente indesejáveis, ou quais delas atuam em favor de grupos seccionais; "como observado por Marx, certas consequências produzem mais efeitos que outras" (p.99).

O apelo do funcionalismo

Antes de passarmos a uma apreciação crítica dessas versões de análise funcional, valeria indagar o que atraiu tantos estudiosos para noções ou abordagens funcionalistas no campo das ciências sociais.

Até onde se pode falar do desenvolvimento do funcionalismo no século XIX, é claro, conforme assinalei anteriormente, que as noções funcionalistas conquistaram popularidade na esteira da biologia evolucionária. Se a fase moderna do funcionalismo data de um rompimento com o evolucionismo, têm sido poucos os funcionalistas que abandonaram a visão de que a análise funcional nas ciências sociais partilha de importantes uniformidades lógicas com sua correspondente na biologia. Nos três trabalhos resumidos aqui, por exemplo, Merton volta a atenção para os escritos do fisiologista Cannon, buscando ao mesmo tempo "não incorrer no erro de aceitar as analogias e homologias, em sua maioria não pertinentes, que durante tanto tempo têm fascinado os devotos da sociologia organicista" (p.40). Stinchcombe faz uso da obra de Claude Bernard, fisiologista do século XIX, cujos trabalhos imprimiram grande influência sobre Cannon.

Talvez haja três principais fatores que estimularam as tentativas de se estabelecer uma conexão entre as ciências sociais e a biologia. Primeiro, o desejo de demonstrar que existe unidade lógica entre as ciências sociais e as naturais, ao menos na medida em que a última lida com sistemas complexos, "abertos", em vez de sistemas fechados ou conjuntos agregados de elementos. Talvez seja válido observar que a iniciativa não partiu apenas do "lado sociológico do muro". Os escritos de Cannon, por exemplo, apresentam tentativas de estender suas teorias até o ponto de explicar as instituições sociais, empregando analogias orgânicas que notadamente remetem ao "organicismo" presente na teoria social do século XIX. Segundo, é óbvio, a crença de que é proveitoso, na verdade necessário, tratar formas de organização social como unidades integradas de partes que possuem uma relação de interdependência. Claro, a "interdependência" é concebida de diversas maneiras, porém normalmente se concentra em uma noção de efeito recíproco: uma modificação que afeta uma parte tenderá a ter repercussões em outras partes, para finalmente voltar a influenciar a própria fonte geradora da modificação. Enquanto essa situação mantém o equilíbrio, os princípios homeostáticos observados na fisiologia também se aplicam a sistemas sociais. Terceiro, a crença de que os sistemas sociais manifestam uma "teleologia oculta", atuante por meio de consequências não intencionais de ação social. A diferenciação estabelecida por Merton entre funções manifestas e latentes torna explícita uma característica constituinte da teoria funcionalista nas ciências sociais: a de que as instituições sociais demonstram uma teleologia que nem sempre se pode inferir com base nos propósitos dos atores sociais nelas envolvidos. No funcionalismo sociológico, isso *sempre* depende, em última análise, desta tese ou premissa: há "necessidades sociais" que têm de ser atendidas para que a sociedade continue a existir. Normalmente, presume-se que o elemento teleológico aí presente seja semelhante ao que ocorre na adaptação biológica: "necessidades" são definidas em termos de facilitação do "valor de sobrevivência".

Citaria ainda um quarto fator, de natureza distinta: o da persuasão ideológica, questão que jamais se encontra afastada do epicentro dos debates do funcionalismo. Não pretendo dedicar atenção mais aprofundada a este assunto neste momento, embora queira retomá-lo brevemente em um estágio posterior. Mas é preciso destacar que a ideia convencional de que noções funcionais são associadas ao "conservadorismo" na política apenas por uma questão de contingência dificilmente pode ser corroborada diante do histórico dessas noções no âmbito do pensamento social. A bem da verdade, "conservadorismo" não é a palavra mais adequada nesse sentido; porém, desde Comte, passando por Spencer, Durkheim e Parsons, a terminologia do funcionalismo tem aparecido juntamente com a conciliação entre a ordem e o progresso. Tal observação, é claro, conforme assinalado por Merton, não demonstra que o funcionalismo esteja logicamente atrelado a essas visões.

Minha proposta nas seções seguintes é apresentar uma *decodificação* da análise funcional, um exame de certas deficiências básicas no funcionalismo em questão, não com o intuito de rejeitar suas ideias em favor do subjetivismo, mas de inseri-las em um esquema teórico diferente. Para tanto, concentrando-me sobretudo nos três tópicos que escolhi para uma análise mais aprofundada, agruparei as limitações do funcionalismo sob os seguintes títulos: funcionalismo e ação intencional ou proposital, o conteúdo explicativo do funcionalismo e os conceitos de "sistema" e "estrutura".

Funcionalismo e ação intencional

Primeira decodificação: *funcionalismo é uma teoria teleológica que, entretanto, permite apenas uma explicação limitada e deficiente da ação humana proposital.* Toda escola de teoria social de maior peso incorpora um tratamento explícito ou implícito da ação intencional. Essa característica frequente dos esquemas funcionalistas trata os propósitos como a "internalização" de valores sociais: uma visão que revela uma linha direta de continuidade que vai de Comte, passa por Durkheim e atinge seu estágio completo de desenvolvimento com Parsons.

Nagel faz críticas à distinção de Merton entre funções latentes e manifestas, que é, em essência, uma tentativa de dissociar intenção "subjetiva" de consequências "objetivas", com fundamentação na ideia de que "não fica evidente por que ela [a "disposição subjetiva"] deva ser listada em uma categoria especial no que é, ostensivamente, um paradigma *geral* de análise funcional" (p.82). Parece que Stinchcombe concorda com essa afirmação porque, embora não faça referência a Nagel, considera especificamente a "motivação" como prototípica, embora não exaustiva, da análise funcional. Segundo Stinchcombe, dizer que alguém "quer" alguma coisa equivale a afirmar que "as consequências do comportamento são a principal causa dessa vontade" – para ele, a característica básica da explicação funcional. O querer ou vontade, sustenta, é equifinal por definição, embora, naturalmente, a recíproca não seja verdadeira.

Foi exatamente para evitar a dificuldade de, em geral, se tratarem "estados subjetivos" do ato de querer como um caso especial de funções, que Merton definiu a distinção entre funções manifestas e latentes: isto é, para distinguir a teleologia da ação intencional da teleologia oculta de suas consequências. Stinchcombe, sem dúvida, incorre em erro ao tratar o ato de querer como o caso de uma classe geral de situações em que a "conduta é causada por suas consequências". Isso porque, na intenção e na vontade, não será a *circunstância* realizada a causa do comportamento, mas sim o desejo de sua realização. Uma pessoa pode querer alguma coisa, porém não tomar nenhuma providência para obtê-la, e, *em contrapartida*, o objeto da vontade pode ser alcançado mediante uma concorrência de eventos independente da conduta do agente. No entanto, o que parece ser de suma importância para fins da análise funcional é o fato de um curso de ação iniciado com determinadas intenções – ou por motivação específica – poder ter resultados bastante diferentes daqueles previstos pela pessoa que tomou tal curso. A tese segundo a qual a ação apresenta "consequências não intencionais e não reconhecidas", como esclarece Merton, constitui elemento necessário de toda espécie de esquema, mesmo os menos sofisticados, de análise funcional aplicada às ciências sociais, em contraste à análise funcional na fisiologia.

Não obstante, a distinção proposta pelo próprio Merton entre funções manifestas e latentes não resiste a um exame mais pormenorizado, pois ele emprega os termos consequências "não intencionais", por um lado, e consequências "não reconhecidas" ou "não previstas", por outro, como sinônimos. O ponto é que eles não são sinônimos. A diferença entre os termos implica importantes consequências para a elaboração de uma teoria de ação social, no entanto, tal diferença é maquiada na maioria das escolas de teoria social que tendem ao determinismo. Um bom exemplo para ilustrar essa questão é a famosa formulação de Durkheim para o conceito de suicídio, como "todos os casos de morte resultantes direta ou indiretamente de um ato positivo ou negativo da própria vítima, que sabe que produzirá tal resultado".[3] O que Durkheim faz aqui é um ato bastante consciente – talvez alguns prefiram dizer intencional: obliterar a diferença entre fazer algo sabendo que haverá um determinado resultado e fazer alguma coisa com a intenção de que haja um determinado resultado. Não reconhecer essa distinção inevitavelmente leva a tratar como irrelevantes para a explicação causal das ações as intenções, razões, motivos etc., segundo os quais as pessoas praticam seus atos. Pode-se assumir uma determinada conduta sabendo que poderá haver um determinado resultado, mas demonstrar indiferença àquele resultado x porque na verdade se está em busca de outra coisa, y; ou porque se está preparado para procurar alcançar x mesmo sabendo que y, um resultado indesejável, pode surgir. Por um lado, a realização da autodestruição é o que o agente quer e pretende alcançar mediante seu ato; por outro, também é o que este agente está preparado para aceitar, ou arriscar, a fim de conquistar algum outro objetivo em vista.

---

3 Durkheim, E. *Suicide* (Glencoe, Illinois, 1951), London, 1952, p.44.

Embora Merton possa admitir que existe uma diferença entre "pretender" e "prever" que uma consequência da ação ocorra, de nada adianta, pois ele iguala os termos e os emprega intercambiavelmente. Talvez o fato de utilizar *ambos* os termos dessa maneira, contudo, seja responsável por emprestar à distinção entre funções manifestas e latentes um caráter aparentemente mais inovador na literatura funcionalista produzida até então do que realmente se pode evidenciar. Afinal, a diferenciação entre propósito e função já havia sido fortemente marcada por Durkheim em seu *As regras do método sociológico*, bem como de modo mais substantivo em outros trabalhos do autor. Contudo, "função manifesta" significa mais do que isso, implicando que não só (1) a pessoa sabe que a consequência que ela pretende produzir ocorrerá, mas também que (2) a pessoa sabe de que forma aquela consequência é funcional (ou não funcional no caso de "disfunções manifestas") para um dado sistema social. Deve-se observar que, ao tratar como sinônimos os conceitos de "pretender" e "prever" no que diz respeito a (1), a discussão desenvolvida por Merton revela-se ambígua em relação a (2). As mesmas diferenciações, contudo, se aplicam. Será que alguém tem de conduzir uma ação com a intenção (e sabendo) que a determinada *função* deve ser uma consequência, para que uma "função manifesta" possa existir? A questão como um todo complica-se ainda mais ao se tentar relacioná-la ao conceito de Merton de "saldo final de consequências funcionais". Um ator social pode ter a intenção (e saber) de apenas algumas das séries ramificadas de consequências funcionais e disfuncionais dos atos que pratica, portanto, provavelmente misturando todas as quatro possíveis combinações das distinções entre manifesto/latente/funcional/não funcional. Há ainda mais uma ambiguidade importante. Merton não especifica *quem* precisa ter a intenção e saber o que é a função de um item para que esta seja uma função manifesta. Funções manifestas, afirma simplesmente o autor, são aquelas pretendidas e reconhecidas "por participantes do sistema" (p.43) ao qual se relacionam.

Mas que participantes são esses? Alguém poderia replicar: aqueles cuja conduta gera as consequências funcionais em questão. Talvez seja isso que Merton tenha pretendido dizer. Contudo, é fácil imaginar a existência de circunstâncias em que alguns participantes de um sistema social saibam quais são as consequências funcionais do comportamento de *outros*, e em que esses outros ignorem tais consequências. Não é difícil divisar o sentido de uma situação como essa: ela provavelmente contribui para o poder daqueles que detêm tais conhecimentos sobre os que não os possuem e constitui expressão desse poder.

Tudo isso demonstra que o que, em uma primeira análise, parece uma distinção bem estabelecida e abrangente entre funções manifestas e latentes, passa por cima de diversos problemas básicos atinentes à natureza da ação intencional e suas implicações para a teoria social. Retomarei alguns desses problemas mais adiante. O que já disse até aqui, contudo, diz respeito apenas à distinção entre manifesto/latente, não ao conceito de "função" propriamente dito, que abordarei a seguir.

O conteúdo explicativo do funcionalismo

Segunda decodificação: *o funcionalismo é uma teoria social em que a teleologia do termo capital, "função", é redundante ou falsamente aplicada*. A pergunta "a análise funcional é uma análise causal?" surge com frequência no debate funcionalista. A questão está relacionada à divisão tradicional traçada entre "estática" e "dinâmica", para empregar os termos que Comte adotou por empréstimo da teoria física ou, na terminologia de Radcliffe-Brown, estudos "sincrônicos" *versus* "diacrônicos". Durkheim não estava sozinho ao considerar tal diferenciação contígua àquela estabelecida entre função e causa. Trata-se, é claro, precisamente do sabor teleológico da noção de função que está envolvido aqui: pois como pode uma consequência de comportamento ser também sua causa?

Poderia parecer, portanto, que temos de reservar a explicação causal, tal como o fez Durkheim, às análises históricas das origens das coisas, em que os efeitos obedecem às causas em sequência linear, dando um tratamento distinto à explicação funcional.

Prima facie, esta visão pode ser corroborada pelo tipo de exemplo fisiológico favorecido pelos funcionalistas. Quer dizer, poder-se-ia sustentar que as funções de um determinado órgão do corpo humano podem ser examinadas sem fazer muita, talvez até mesmo nenhuma, referência às causas responsáveis pela existência daquele órgão. Mas essa ideia é um engodo. Uma afirmação como "a função do cérebro é coordenar o sistema nervoso" pode, em princípio, ser transposta para afirmações causais acerca dos efeitos típicos de uma gama definida de eventos no cérebro sobre uma gama de eventos no restante do sistema nervoso. Todas as três versões de funcionalismo que tive a oportunidade de comentar acima parecem convergir para a ideia de que "função" pode ser interpretada como "efeito funcional" ou "consequência funcional". Então, qual é a diferença, segundo essas versões, entre explicação funcional e explicação causal?

Stinchcombe oferece a resposta mais explícita a essa questão. A explicação funcional é um *tipo* específico de explicação causal, e o autor não hesita em afirmar que se trata de uma explicação "invertida", na qual as consequências de uma ação são "elementos integrantes de suas causas". Na realidade, isso acaba se referindo à realização de um processo homeostático, justificado em termos de equifinalidade. Stinchcombe afirma então que "não é verdade que estruturas causais equifinais indiquem o ato de querer" (p.82). Essa ideia está em consonância com sua análise, porque, para ele, da mesma forma que explicação funcional é um subtipo de explicação causal em geral, o ato do querer é igualmente um subtipo de explicação funcional em geral. Isso implica, embora Stinchcombe não o diga, que as "vontades", ou as propriedades dos atores sociais, podem ser diferenciadas de "necessidades de sistema", pois a homeostase, se é que devemos fazer dela o exemplar da análise funcional, tem de estar associada a uma noção de sistema. Um processo homeostático representa essencialmente um ajuste, no qual, por meio da realização do que Stinchcombe chama de "encadeamento (*loop*) causal", uma alteração em um elemento implica alteração em outro, o que causa por sua vez um reajustamento da alteração ocorrida no primeiro elemento. Contudo, esse fenômeno não pode ser chamado de "funcional" a menos que esteja, de alguma forma, relacionado à sobrevivência ou continuidade de um sistema mais abrangente dentro do qual existe. Caso contrário, o próprio termo "função" é, mais uma vez, redundante. Um processo homeostático é meramente um conjunto de causas e efeitos, a menos que dele se possa afirmar que esteja atuando com algum "propósito em vista" ou para fins de satisfazer alguma necessidade.

Pretendo defender a tese de que a noção de necessidade de sistema, mesmo na biologia, sempre pressupõe a existência de "vontades" ou "interesses"; e de que nas ciências sociais, disso resulta que a ideia de necessidade de sistema – da qual, como venho tentando demonstrar, depende o uso do conceito de função – caracteriza-se por ser ilegítima ou falsamente aplicada. A análise funcional no contexto da biologia ou da fisiologia normalmente toma a forma de demonstração de que um determinado mecanismo homeostático no organismo envolve ajustes que contribuem para a vida desse organismo como um ser. Isso evidencia, creio eu, que o organismo "quer" ou "tem interesse" na continuação de sua sobrevivência, e é por esse motivo que soa estranho aplicar o termo "função" a sistemas puramente mecânicos, muito embora estes possam envolver processos homeostáticos. Podemos falar sobre a função da mola mestra de um relógio, ou mesmo a do carburador de um motor, mas trata-se de sistemas feitos pelo homem, em que o elemento de necessidade ou interesse existe como um elemento humano latente. Sistemas sociais, ao contrário de organismos, não apresentam nenhuma necessidade ou interesse em relação à própria sobrevivência, e a noção de "necessidade" é aplicada falsamente, caso não haja o reconhecimento de que necessidades de sistemas pressupõem "vontades" dos atores sociais. Claro, muitos funcionalistas vêm reconhecendo que necessidades de sistema dependem de atos do querer e alguns, como Malinowski, têm feito desse aspecto o ponto fulcral de suas análises. Entretanto, se, como vimos, não existem necessidades de sistema independentes, a noção de função é supérflua, porquanto a única teleologia que deve estar envolvida é a dos próprios agentes humanos, em conjunto com o reconhecimento de que os atos que praticam apresentam consequências diferentes das que tencionam, bem como de que tais consequências podem envolver processos homeostáticos.

Tudo isso mantém à parte, contudo, uma outra via pela qual a "sobrevivência" constantemente se incute nas teorias funcionalistas, tendo por fundamento analogias com a biologia evolucionária. Não é por acaso que, embora as origens do estrutural-funcionalismo moderno coincidam com o abandono das ideias da antropologia evolucionária do século XIX, alguns dos mais renomados expoentes dessa corrente teórica têm recentemente retomado modelos evolucionários. Na próxima seção, buscarei demonstrar que leituras funcionalistas de transformações sociais mantêm um vínculo muito estreito com concepções evolucionárias. Neste ponto, considerarei evolução somente do ponto de vista dos possíveis significados de "funções de sobrevivência". Com frequência propõe-se que, embora seja desaconselhável afirmar que sistemas sociais apresentem "necessidades" como tais, podemos assumir que todas as sociedades que usufruíram de uma continuidade em sua existência ao longo do tempo *obrigatoriamente* atenderam a certas exigências. Um ponto de vista correlato sustenta que a introdução de formas ou instituições sociais específicas em determinadas sociedades, ausentes em outras, lhes confere "vantagens adaptativas", promovendo assim sua sobrevivência em detrimento daquelas outras.

A princípio, tal perspectiva pode parecer bastante distinta da que procura enfatizar "pré-requisitos funcionais", porém pode-se demonstrar que não é bem esse o caso. Submetidos a exame mais cuidadoso, o que comumente se identifica como pré-requisitos funcionais revela-se enquadrável em dois tipos. Primeiro, há aqueles verdadeiramente tautológicos: os que estão envolvidos, do ponto de vista lógico, na concepção de "sociedade humana". Dois pré-requisitos funcionais identificados por Aberle et al., por exemplo, são os de "orientações cognitivas compartilhadas" e de "diferenciação de papéis e atribuição de papéis". Em qualquer sociedade, "os membros precisam partilhar de um conjunto de orientações cognitivas" que, entre outras coisas, "tornam estáveis, *significativas* e previsíveis as situações sociais das quais participam"; e, em qualquer sociedade, é preciso haver diferentes papéis desempenhados regularmente, "caso contrário todos estariam fazendo tudo ou nada – um estado de indeterminação que constitui a antítese de uma sociedade".[4] O ponto é que os autores já definiram "sociedade" de forma a tornar os elementos supracitados conceitualmente necessários para tal sociedade. Uma sociedade é definida como um "sistema autossuficiente de ação", em que, implicitamente, se concebem "ação", no sentido parsoniano, como conduta "significativa" orientada por expectativas comuns, e "sistema" como atividades que apresentam conexões estáveis – precisamente as características tratadas mais tarde como se fossem empiricamente independentes. Segundo, há fatores que aprimoram a "capacidade adaptativa" das sociedades, por exemplo, o desenvolvimento de modos de "provisão para uma relação adequada com" o meio ambiente material ou "a determinação de meios para se atingirem as metas socialmente formuladas de uma sociedade e de seus subsistemas".[5] Esses elementos ainda parecem

---

4 Aberle, D. F. et al. The functional prerequisites of a society. In: Demerath & Peterson. *System, Change, and Conflict*, p.324 e 326.
5 Ibidem, p.323 e 327.

estar situados muito próximos da impropriedade de serem envolvidos logicamente no conceito de "sociedade" elaborado por esses autores; contudo, se aceitarmos a hipótese de que eles sejam dissociáveis, então deixam de ser "pré-requisitos", passando para o plano das "vantagens adaptativas" que algumas sociedades tendem a desenvolver com maior eficiência do que outras. Tomemos como exemplo o primeiro deles. Se esse elemento não significar nada além da provisão para uma produção material suficiente para garantir a sobrevivência dos membros da sociedade e permitir que eles se reproduzam, acaba resvalando no tipo anterior de implicação lógica da noção de sociedade: pois os autores sustiveram anteriormente a noção de que uma sociedade implica "um sistema autossuficiente de ação capaz de existir por mais tempo que o período de vida de um indivíduo, sendo o grupo renovado, ao menos em parte, pela reprodução sexual de seus membros".[6] Entretanto, caso signifique algo mais que isso, deve envolver referências a características como a capacidade de uma sociedade que tenha desenvolvido determinada tecnologia para *dominar* seu meio ambiente. Mas isso dará a essa sociedade uma "vantagem adaptativa" sobre as demais.

Os conceitos de "sistema" e "estrutura"

Terceira decodificação: *o funcionalismo, ou mais especificamente o estrutural-funcionalismo, assimila erroneamente as noções de sistema e estrutura*. Ambos os termos, "sistema" e "estrutura", aparecem constantemente na literatura do estrutural-funcionalismo. É claro que nenhum deles é específico a esta corrente: "sistema" é empregado em diversas ramificações da teoria social e biológica contemporânea, bem como na chamada "Teoria de Sistemas Gerais"; "estrutura" aparece praticamente em toda parte, mas o

---

6 Ibidem, p.319.

termo também tem sido empregado para designar determinada tradição de pensamento, o "estruturalismo". No entanto, se existe algo capaz de distinguir este último, é que "estrutura" é utilizado de modo "explicativo", no sentido de que se lança mão de estruturas profundas ou subjacentes para a explicação de aparências da superfície. Não é essa acepção de estrutura que é característica do estrutural-funcionalismo, em que o termo normalmente refere-se a um padrão discernível em aspectos particulares da superfície, quer dizer, em relações sociais em geral, ou na organização de instituições em uma sociedade global. No estrutural-funcionalismo, será a "função", e não a "estrutura", o instrumento ao qual se atribui um papel explicativo quando nossa atenção se volta para além das aparências superficiais.

Uma vez que "estrutura" é empregado de forma difusa para fazer referência a um "padrão discernível", não é de surpreender que na literatura funcionalista o termo seja empregado com frequência como mais ou menos equivalente a "sistema". Se um padrão representa uma organização duradoura de "peças", então tudo o que se tem a fazer é injetar um "funcionamento" em tal padrão para que a "estrutura" se transforme em um sistema. Uma rápida leitura do texto de Merton, por exemplo, logo indica que ele emprega muitas vezes "estrutura" e "sistema" como termos mutuamente substituíveis. Além disso, embora dedique parte significativa de sua discussão à tentativa de corrigir o uso indiscriminado de "função", o autor não nos apresenta uma análise comparável no caso de "estrutura", cujo significado é, em linhas gerais, dado como conhecido no contexto do que ele tem a dizer. Boa parte dessas observações também se aplica à discussão de Stinchcombe. O termo "estrutura" aparece ao longo de todo o livro desse autor, porém não é submetido a uma análise específica como a que é dedicada à função; nas seções que tratam de explicação funcional, "estrutura" é tratada como sinônimo de "comportamento", "padrão de comportamento" e "atividade estrutural". Embora os autores funcionalistas estruturais tendam a assimilar estrutura e sistema em seu uso real, muitas vezes reconhecem formalmente uma distinção entre os dois termos. Trata-se de uma distinção que, em essência, corresponde àquela estabelecida entre anatomia e fisiologia no estudo do organismo. Se "estrutura" refere-se a modelo anatômico, e "função" diz respeito à forma como aquele padrão opera, então "sistema" faz referência às duas coisas tomadas em conjunto. Merton, de modo implícito talvez, aceita algo parecido. Ao desferir um ataque ao "postulado da unidade funcional", por exemplo, ele remete o leitor a citações (p.16) de Radcliffe-Brown, que afirma que um sistema social é "a totalidade da estrutura social de uma sociedade juntamente com a totalidade de usos sociais, nos quais aquela estrutura aparece e dos quais depende para continuar a existir".[7] Merton, no entanto, não tece comentários explícitos sobre tal questão.

Atualmente o emprego de estrutura como "anatomia" possa talvez ser defendido na biologia, em que, digamos, o esqueleto ou órgãos como o coração e o fígado são de certa forma "visíveis", independente de seu "funcionamento". Mesmo nesse caso talvez seja difícil supor que se possa descrever o que eles são independentemente do que fazem, e, em um certo sentido, eles se encontram continuamente "em andamento": isto é, passando por mudanças contínuas, sendo reconstituídos, desgastados etc. De fato, a distinção não se aplica de forma alguma no âmbito da vida social, em que "padrões" existem apenas na medida em que sempre estejam sendo *produzidos e reproduzidos* na ação humana. Não há lugar para os dois termos, "estrutura" e "sistema", pois normalmente são aplicados no "estrutural-funcionalismo": por isso, mesmo nas circunstâncias em que autores se dispõem a empregar tal distinção, tendem a fazer os conceitos recaírem um sobre o outro. Pode haver "estruturas" que "funcionam" de modos específicos, mas, então, não existe a necessidade ou mesmo o cabimento

---

7 A citação é de Radcliffe-Brown, "On the concept of function in social science". In: *Structure and Function in Primitive Society*, London (Glencoe, Illinois), 1952.

de um conceito independente de sistema; pode haver "sistemas" que "funcionam" de modos definidos, mas nesse caso a noção de estrutura é supérflua. Isso porque "estrutura" significa, tal como se emprega o termo no estrutural-funcionalismo, algo semelhante a um "arranjo estável e caracterizado por padrões". Ao aplicar tal significado à vida social, não pode referir-se a nada além de regularidades que são reproduzidas na ação ou interação humanas, isto é, estrutura e função apresentam-se, necessariamente, como pressupostos mútuos. Uma "estrutura de funcionamento" – elementos organizados e que respeitam padrões em interação – adquire um significado que em nada difere de "sistema", uma vez que a noção de interdependência das partes já está claramente inserida na ideia de padrões reproduzidos de modo estável, como elementos inter-relacionados. Nesse caso, estrutura e função não podem ser tratados como fenômenos "observáveis de forma independente", o que permitiria que fossem considerados em conjunto como "sistema". O que faz algum sentido no momento em que se toma por objeto um cadáver, que é observado independentemente de seu "funcionamento", ou um relógio sem corda, que pode ser observado quando não está trabalhando, não faz sentido algum quando se trata da sociedade humana, que somente existe *em* seu "funcionamento". (Com o propósito de evitar mal-entendidos, talvez valha assinalar que nada de importante recai aqui sobre o significado de "observar": o termo poderia ser facilmente substituído por "conceber".)

Faz-se necessário resgatar ambos os conceitos de estrutura e sistema, mas não o de função propriamente dito; porém, cada um desses termos tem de ser compreendido de forma distinta de seu emprego característico no estrutural-funcionalismo. A noção de sistema que, em geral, surge nos trabalhos de cunho funcionalista estrutural demonstra-se inadequada não só por não ser claramente distinguível de estrutura, mas pelo modo particular pelo qual se concebe a ideia de "interdependência das partes". Tanto Merton como Stinchcombe tratam esta última como justificada de modo satisfatório com base no modelo homeostático emprestado da biologia. Mais propriamente Stinchcombe faz do processo homeostático ou do encadeamento causal parte integrante de sua definição de função. O emprego do termo "sistema" e o aparecimento, não raro, de termos como "retroalimentação" (*feedback*) nos trabalhos de caráter funcionalista causam a impressão de que funcionalismo e teoria de sistemas referem-se mais ou menos à mesma coisa: como se o funcionalismo fosse simplesmente um antecedente do que estaria por vir na teoria de sistemas. Contudo, homeostase não é propriamente o mesmo que retroalimentação. A primeira envolve apenas o ajuste às cegas de partes do sistema de forma tal que uma parte em que se inicia a alteração é "reajustada" como resultado do processo que ela desencadeia. Trata-se de um processo mais primitivo do que o envolvido na retroalimentação, que está relacionada à existência de sistemas que se autorregulam, comandados por controles cibernéticos. Nagel é o único dos três autores anteriormente discutidos que relaciona sua análise de modo específico à ideia de autorregulação, mas, na verdade, ele, mais uma vez, só se preocupa com a homeostase ou os "mecanismos de compensação" (p.78).

Vamos supor que a formulação de processo homeostático de Stinchcombe como a operação dos encadeamentos causais seja adequada. Com base nessa premissa, pode-se estabelecer uma distinção entre homeostase e autorregulação em sistemas, já que esta última envolve a filtragem seletiva de "informações", aplicada ao controle de processos mecânicos de "níveis inferiores". Os processos homeostáticos do ajuste mútuo de elementos que guardem relação causal podem ou não, nesse sentido, ser regulados de modo cibernético. Essa distinção é importante, podendo render bons frutos quando aplicada à análise social, e é amplamente negligenciada na literatura funcionalista. Porém, não significa que se possa aceitar a configuração da Teoria de Sistemas Gerais, tal como se apresenta, como apropriada às ciências sociais. Von Bertalanffy contrapõe as visões "mecanicistas" características da ciência física do século XIX à perspectiva da teoria de sistemas desenvolvida no século XX. A primeira representava coisas como o "jogo caótico" dos elementos atômicos, sem qualquer direção ou *telos*. Já a Teoria de Sistemas Gerais reintroduz a teleologia nas ciências naturais, estreitando assim a distância entre natureza e sociedade.[8] Entretanto, não há como apreender a capacidade de praticar atos propostados em assuntos que dizem respeito ao ser humano, nos termos de uma versão de teleologia que envolve meramente um controle cibernético mediante a retroalimentação de informações. Trata-se de um ponto de importância fundamental, que terá de ser mais aprofundado adiante, quando retomarei questões anteriormente formuladas sobre intenções ou propósitos. No momento, permitam-me asseverar que a capacidade de praticar atos propostados na ação humana envolve não apenas autorregulação, mas também autoconsciência ou reflexividade. "Propósito", no tocante a assuntos pertinentes ao ser humano, está inteiramente relacionado com o fato de se possuírem razões para determinada ação, ou com a racionalização da ação em processos de autorreflexão. Nesse aspecto, é bastante diferente de qualquer espécie de teleologia que esteja envolvida em processos de autorregulação presentes na natureza.

Uma versão específica do controle cibernético de informações foi introduzida nas ciências sociais por Parsons. Nesse caso, parte-se da premissa de que as hierarquias de controle podem ser discernidas em sistemas sociais, nos quais os elementos de controle são valores, com as relações sociais, econômicas etc., sendo consideradas os processos de "nível inferior" sujeitos a tal governança. Tal ideia apresenta uma derivação óbvia da ênfase dada por Parsons a "valores compartilhados" na coesão social. Está, portanto, sujeita a toda sorte de objeções que uma série de

---

8 Compare Ludwig von Bertalanffy. General Systems Theory. In: Demerath & Peterson. *System, Change, and Conflict*; cf. também Buckley, W. *Sociology and Modern Systems Theory*. Englewood Cliffs, New Jersey, 1967.

críticos fez acerca daquela teoria. De qualquer forma, "valores" não podem prestar-se como "reguladores de informações", no sentido exigido na teoria de sistemas: como centros de controle que processam informações no intuito de regular a respectiva retroalimentação.

Em suma, podemos identificar três tipos de circunstância pertinentes à "interdependência das partes", tipos progressivamente mais inclusivos. São eles, expressos de forma breve, regulação, autorregulação e autorregulação reflexiva. O primeiro, como processo homeostático, envolve um encadeamento de elementos inter-relacionados por motivos causais; o segundo, um processo homeostático coordenado por meio de um aparelho de controle; o terceiro, a realização deliberada dessa coordenação por parte de atores sociais que buscam fins racionalizados. Um exemplo do primeiro tipo pode ser encontrado no "ciclo vicioso" de circunstâncias por meio das quais pobreza, baixo nível de aproveitamento escolar e desemprego mantêm-se interligados, de modo que qualquer tentativa de modificação, digamos, de assimilação de ensino, tende a ser derrotada pelo encadeamento causal que interliga as três circunstâncias tal como se encontram. Tendo em vista que, por exemplo, o Estado é uma instituição mediante a qual as relações entre todos os três fatores são processadas e estabilizadas, ocorre uma situação que se aproxima da segunda circunstância. A terceira circunstância só passa a existir quando as pessoas controlam propositadamente os processos subjacentes ao conhecimento das condições em que eles ocorrem, subordinando, portanto, a teleologia da retroalimentação ao seu próprio *telos*. Talvez possa ser esta a diferença entre o Estado capitalista do século XIX e o "Estado de planejamento" dos tempos atuais.

Voltemo-nos agora ao conceito de estrutura. O que venho dizendo até aqui carrega a implicação de que, embora se possa, se assim se desejar, continuar falando de "padrões" sociais, isso deve ser feito para se referir à reprodução estável de sistemas de interação social. Caso a noção de estrutura não possa ser utilizada nesse sentido, em que é supérflua, de que outra forma pode ser conceituada? Poderia parecer que uma resposta já pronta reside no próprio conceito tal como empregado no "estruturalismo". Embora este termo tenha sido utilizado de formas muito difusas, "estrutura" aqui refere-se a algo semelhante a uma mensagem ou a um código subjacente capaz de explicar a aparência superficial de mitos, expressões linguísticas etc. A dificuldade específica em relação a esta versão do conceito de estrutura é que ela taxativamente despreza o sujeito ativo. Embora eu tenha argumentado que o funcionalismo demonstra-se incapaz de desenvolver um tratamento satisfatório para a ação intencional, com certeza não a ignora: a distinção de Merton entre funções manifestas e latentes está dirigida precisamente a esse fim. Nenhuma análise correlata faz-se presente na literatura estruturalista, em que, se é que sujeitos humanos aparecem, em geral o fazem somente numa roupagem de formas nebulosas dos chamados, nas palavras de Althusser, "portadores" (*Träger*) de um meio de produção. Muitos estruturalistas admitiram essa limitação. Assim, Lévi-Strauss, ao comentar acerca da caracterização de sua obra por parte de Ricoeur como "kantismo com sujeito ausente", dispôs-se a aceitar tal designação.[9]

Não farei nenhuma defesa da tese de que qualquer abordagem dessa natureza à teoria social seja, na melhor das hipóteses, parcial, nem de que ação e reflexividade têm de ser tratadas como aspectos centrais em qualquer tentativa abrangente de propor uma explicação teórica da vida social humana. Concomitantemente, parece-me de suma importância evitar recair no subjetivismo que o abandono do conceito de estrutura implicaria. De que maneira podemos conciliar uma noção de estrutura com a necessária centralidade do sujeito ativo? A resposta reside na introdução de uma série de conceitos que não se encontram nem

---

9 Lévi-Strauss, C. Réponses à quelques questions. *Esprit*, v.11, 1963.

no funcionalismo, tampouco no estruturalismo, acompanhados de uma reformulação do próprio conceito de "estrutura". Esses outros conceitos são os de *produção e reprodução de sociedade*; *estruturação*; e *dualidade de estrutura*. Uma vez derrubadas, em caráter definitivo, analogias que induzem ao erro com a "estrutura anatômica" de organismos que pode ser facilmente representada em termos visuais, seremos capazes de perceber a importância fundamental do fato de sistemas sociais só existirem na medida em que são continuamente criados e recriados em todo encontro, como a realização ativa de sujeitos. Nas escolas de teoria social onde isso foi reconhecido, do ponto de vista teórico, o fato ocorreu invariavelmente em detrimento do reconhecimento de uma dimensão estrutural – como no "interacionismo simbólico". Neste ponto, permitamo-nos refazer o conceito de "estrutura" como aquilo que se refere a regras e recursos gerativos que tanto se aplicam à ação como se constituem a partir dela. Sob o título "regras gerativas", agrupo dois tipos de regras distintas do ponto de vista analítico: semânticas e morais. As regras semânticas englobam as de sintaxe ou gramática, mas também, o que é igualmente importante, a totalidade das regras em geral implícitas, tomadas como postulados, que estruturam o discurso do cotidiano e entendimentos mútuos de ação como "significativos". As regras morais compreendem qualquer tipo de regra (ou estatuto legal formalizado), gerando avaliações de atos aos quais são atribuídos qualificativos de "certo" ou "errado". Por "recursos" entendo quaisquer que sejam as posses (materiais ou outras) que os atores são capazes de vir a deter no intuito de facilitar a realização de seus propósitos durante a interação social: que portanto servem como um meio para o uso do *poder*. Regras e recursos devem ser considerados os meios pelos quais a vida social se produz e reproduz, como atividade contínua, e, ao mesmo tempo, algo que é produzido e reproduzido por esta atividade: esse é o sentido fulcral da "dualidade da estrutura". Estrutura é a fonte gerativa de interação social, contudo, reconstitui-se somente nesta interação: da mesma forma que uma frase falada é gerada por regras sintáticas e, no entanto, graças a isso, presta-se a participar da reprodução dessas regras.

Examinar a estruturação de um sistema social consiste em demonstrar como esse sistema, mediante a aplicação de regras e recursos gerativos, se produz e reproduz na interação social. Sistemas sociais, que são sistemas de interação social, não são estruturas, embora necessariamente *tenham* estruturas. Não há estrutura, na vida social humana, alheia à continuidade dos processos de estruturação – o que difere do caso dos organismos em que, de certa maneira, conforme observei anteriormente, "estrutura" pode ser tratada como independente de "função".

Na presente conclusão desta seção, gostaria de ater-me a uma breve consideração acerca de observações funcionalistas referentes à mudança social. Muitas vezes os críticos do funcionalismo afirmaram que a corrente não poderia oferecer uma teoria de conflito ou de mudança social. Parece bem claro que tais observações são incorretas. Se o "postulado de unidade funcional" é rejeitado, tal como faz Merton, e se um papel central é consensualmente atribuído ao conceito de disfunção do mesmo modo que o de função, tem-se como resultado um enfoque bastante sofisticado em relação a fontes de pressão ou atrito social que podem ser importantes para estimular mudanças. Porém, tudo o que já disse sobre o conceito de função também se aplica ao de disfunção: se o primeiro é redundante, da mesma forma devemos desconsiderar o segundo. Sugiro, de modo bem sucinto, uma terminologia para análise de fontes de atrito que, conceitualmente, demonstram-se capazes de lidar com a natureza dos problemas aos quais Merton aplica a oposição função/disfunção, de modo que, em vez de considerar esta questão de forma mais pormenorizada aqui, volto-me à análise funcionalista prototípica de mudança: a teoria da evolução social. A análise de Merton pertence à época em que noções de evolução social, como consequência dos aspectos destacados por Radcliffe-Brown e Malinowski, encontravam-se temporariamente sob uma penumbra. Seu posterior ressurgimento, pelas mãos de Parsons e outros autores, só faz atestar sua relação com o funcionalismo de modo geral.

Não há dificuldade em se apontar a natureza dessa relação, embora seja óbvio que as versões da teoria evolucionista adotada pelos referidos autores apresentaram diferenças consideráveis. Talvez existam dois níveis nos quais a dependência implícita ou explícita de modelos biológicos tenha produzido efeitos nítidos sobre a teoria funcionalista no âmbito das ciências sociais. O primeiro envolve uma analogia com o crescimento do organismo individual, e não com a evolução das espécies como um todo. Em organismos mais complexos, como o corpo humano, o crescimento implica diferenciação progressiva e não uma transformação radical e intermitente. Assim, *uma* das consequências relaciona-se ao fato de que modelos de mudança social que envolvam a diferenciação de partes de um sistema de forma contínua e progressiva muitas vezes conquistam a admiração de autores funcionalistas, e a imagem de tal diferenciação progressiva em direção a uma complexidade cada vez maior é *um* significado mormente atribuído ao termo "evolução" no campo das ciências sociais. Entretanto, a visão de mudança social como diferenciação progressiva pode se desdobrar, de pronto, em um tratamento mais amplo dado à evolução como algo que envolve descontinuidades, com base em um paralelo com o surgimento de novas espécies na evolução biológica. A mudança equipara-se à diferenciação, exceto quando interrompida por importantes fases de transformação que envolvem o aparecimento de novos "tipos de espécies sociais". Atualmente, há muitas objeções que podem ser feitas contra o uso de modelos evolucionários nas ciências sociais, mesmo nas circunstâncias em que estes não englobam premissas de desenvolvimento unilateral. Uma delas encontra-se na dificuldade de se definir tipos de espécies: espécies animais, em sua maioria, possuem características definidas e de fácil identificação, e normalmente há um número muito grande de membros de uma mesma espécie. No caso de sociedades humanas, é bem mais difícil traçar distinções precisas entre "tipos". Além disso, nenhum tipo conta com mais do que um número limitado de representantes conhecidos. Devo dizer, porém, que não me preocuparei especificamente com esse tipo de objeção, que pode ser conclusiva ou não se especulada a fundo. Em vez disso, pretendo concentrar-me na dependência dos modelos evolucionários em relação à noção de "adaptação" a um determinado "ambiente" externo e às suas respectivas consequências para o tipo de teoria de mudança social que tende a surgir. A ideia de adaptação a ambientes é de fundamental importância para a maioria dos modelos evolucionários nas ciências sociais, pois, tal como ocorre na evolução biológica, sustenta-se a tese de que a sobrevivência e, por conseguinte, o desenvolvimento global de diferentes formas de sociedade humana podem ser explicados nos termos de diferenciais de capacidade de adaptação a exigências externas. Da mesma forma que surgem problemas na designação de "tipos de espécies sociais", nesse caso existem dificuldades para precisar, de alguma maneira, os termos-chave "adaptação" e "ambiente", visto que o último nem sempre apresenta o significado, em teorias funcionalistas de evolução, de "ambiente físico". Ignorando também esse aspecto, pretendo indicar três formas mediante as quais, mesmo aventando a hipótese de que as dificuldades apontadas acima possam ser solucionadas satisfatoriamente, a teoria evolucionista em ciências sociais que envolve a noção de adaptação demonstra-se deficiente. (Ao fazer tal afirmação, estou deixando em aberto a possibilidade de que possa haver modelos evolucionários passíveis de serem gerados a partir de escolas de pensamento social não funcionalistas.)

Os três problemas em questão são os seguintes: 1. O "sucesso adaptativo" na luta pela sobrevivência é tratado como o elemento explicativo na teoria de mudança social, portanto, as fontes de estímulo à mudança tendem a ser consideradas exógenas. Passa-se a encontrar obstáculos em conciliar tal perspectiva evolucionária com, digamos, o esquema traçado por Merton de funções *versus* disfunções em um "saldo final de consequências funcionais", isto é, com uma mudança gerada internamente que se origina a partir de embates entre classes ou grupos de interesse. 2. A evolução no mundo animal ocorre às cegas, como resultado de uma mutação "bem-sucedida". Quando transposto à sociedade humana, tal modelo não resiste à característica distintiva desta sociedade: intervenção propositada no curso do desenvolvimento social na tentativa de controlá-lo ou conduzi-lo de modo consciente. 3. Um ponto relacionado: a relação da sociedade humana com seu ambiente material é malconcebida como uma relação de simples adaptação. Os animais, como assinalou Marx há muito, simplesmente "se adaptam" ao ambiente, aceitando as exigências impostas por este; nas situações em que os animais produzem, o fazem mecanicamente, e sua produção não representa intervenção significativa na natureza. Já os seres humanos transformam ativamente a natureza, subordinando-a a seus fins.

Uma recodificação dos conceitos básicos para a análise social

Tendo decodificado "explicação funcional", permitam-me recodificar uma série de conceitos básicos que poderiam extrapolar o funcionalismo sem abandonar os tipos de tarefa teórica que Kingsley Davis afirmou, certa vez, serem parte tão integrante da sociologia que esta e o funcionalismo são uma coisa só.[10]

---

10 Davis, K. The myth of functional analysis as a special method in sociology and anthropology. In: Demerath & Peterson. *System, Change, and Conflict.*

Teoria (estrutural-)funcionalista	Teoria da estruturação
Conceitos básicos:	*Conceitos básicos:*
A Sistema	A Sistema
B Estrutura	B Estrutura
C Função/disfunção	C Estruturação
D Funções manifestas/latentes	D Produção e reprodução da sociedade
Explicação:	*Explicação:*
A Sistema = interdependência de ação, concebida como encadeamentos causais homeostáticos	A Sistema = interdependência de ação, concebida como (i) encadeamentos causais homeostáticos; (ii) autorregulação viabilizada pela retroalimentação; (iii) autorregulação reflexiva
B Estrutura = padrão estável de ação	B Estrutura = regras e recursos gerativos
C Função = contribuição de "parte" do sistema no sentido da integração do sistema	C Estruturação = geração de sistemas de interação mediante "dualidade de estrutura"
Disfunção = contribuição de "parte" do sistema no sentido da desintegração do sistema	
D Função manifesta = contribuição intencional (premeditada) da ação para a integração do sistema	D Produção e reprodução da sociedade = realização da interação sob condições delimitadas da racionalização da ação
Função latente = contribuição não intencional (não premeditada) da ação para a integração do sistema	
Em princípio, a distinção aplica-se também a disfunção	
	Conceitos adicionais:
	E Integração social/integração de sistemas
	F Conflito social/contradição de sistemas

Em defesa da sociologia

O funcionalismo e as tradições de amplo alcance do pensamento social por ele influenciadas tiveram suas origens em uma visão de atividade social humana que se tornou um componente tão intrínseco à "sociologia" – o termo cunhado pelo próprio Comte – que se pode ter como absolutamente plausível a tese de Davis de que os dois conceitos são idênticos. Trata-se de uma visão que procura descobrir as causas da ação humana em certas características referentes à organização social e, por via de consequência, despreza insistentemente as intenções e os motivos dos agentes – em suma, o que chamo de racionalização da ação – tratando-os como se mantivessem apenas um tênue envolvimento na explicação do que fazem esses agentes. Em Comte, o que nominalmente se apresenta como um projeto direcionado à conquista da liberdade humana, a fuga dos laços mistificadores da religião, acaba revelando-se na descoberta de uma nova forma de aprisionamento: à "razão mais elevada" da própria sociedade. Assim, a "sociologia" de Comte fez uma redescoberta da religião, tendo inicialmente proclamado a chegada da emancipação do ser humano de seus grilhões. Se a penumbra teológica do funcionalismo, ainda claramente passível de discernimento em Durkheim, vem sendo progressivamente desbastada no estrutural-funcionalismo moderno, algum resíduo do tema de "progresso com ordem" formulado por Comte ainda permanece. Na medida em que permanece, a tese de que o funcionalismo é ideologicamente neutro, de que pode ser aplicado da mesma forma para fins "conservadores" ou "radicais", não procede. Parece bastante claro que a análise de Merton é uma das versões mais liberais do funcionalismo. Sua versão das "limitações estruturais" sobre as possibilidades de mudança social engendradas de modo deliberado pode ser facilmente dissociada do funcionalismo propriamente dito – e em momento algum o autor propõe uma especificação genérica de quais sejam essas possibilidades.

Como substituta do conceito básico de determinação social (funcional) da ação, a teoria da estruturação parte dos conceitos de produção e reprodução da sociedade. Quer dizer, a interação social é tratada, onde quer que ocorra e em quaisquer circunstâncias, como uma realização contingente de atores sociais e também como uma hábil produção que se sustenta sob as condições da racionalização reflexiva da ação. O componente proposital da ação humana não encontra equivalente na natureza, visto que a teleologia da conduta humana se realiza no contexto de uma consciência reflexiva de razões que está íntima e completamente entremeada de "responsabilidade moral" pela atividade. Já apontei anteriormente que as escolas de teoria social que vêm reconhecendo características distintivas da conduta humana, tais como o "interacionismo simbólico", refutaram a análise de estruturas – talvez porque estas apareçam, em sua conotação no âmbito do funcionalismo, basicamente como influências "limitativas" sobre o comportamento. Uma outra forma de colocar essa questão seria afirmar que os interacionistas simbólicos têm se preocupado com a produção da sociedade, como hábil realização de atores sociais, mas não com sua reprodução. A teoria da estruturação trata a reprodução de sistemas de interação em termos da dualidade da estrutura, pela qual a geração estrutural da interação também representa o meio de sua reprodução. Essa abordagem rompe por completo com a dicotomia abstrata de "estática" e "dinâmica", ou de explicação "funcional" *versus* explicação histórica, típica do funcionalismo. As mudanças são consideradas inerentes a qualquer circunstância de reprodução de um sistema de interação, porquanto todo ato de reprodução é, *ipso facto*, um ato de produção, em que a sociedade se recria em um novo conjunto de circunstâncias. Elas também fazem do poder uma característica fundamental de toda e qualquer interação social, uma vez que a reprodução invariavelmente envolve o uso de recursos (generalizados) que os atores sociais trazem para qualquer encontro social.

Embora a noção de função seja redundante para a teoria da estruturação, a de "integração social" ainda pode ser considerada básica – acompanhada da noção adicional de "integração de sistemas". Se a primeira diz respeito à integração dentro de sistemas de interação, a segunda refere-se à integração *de* sistemas de interação, ou "entre" tais sistemas. Faz-se necessário dedicar alguma atenção à noção de integração. A integração, como tal, não deve ser tratada como equivalente a "coesão", esta última referindo-se ao grau de "sistemização" das partes, expresso em termos de qualquer um dos três níveis de interdependência, ou de todos eles. Integração parece ser mais propriamente empregada para referir-se ao grau em que cada uma das partes de um sistema social possui vínculos ou intercâmbios diretos com as demais partes. A integração de sistemas sociais está sempre e crucialmente relacionada à distribuição de poder que neles ocorre. Isso pode ser esclarecido com facilidade, ao menos no plano conceptual. "Vínculos" e "intercâmbios" na frase acima não devem ser considerados termos mutuamente equivalentes: isto é, esses vínculos normalmente envolvem intercâmbios não balanceados em termos de recursos aplicados à interação.

A dissociação entre "integração social" e "integração de sistemas" está diretamente relacionada com dificuldades que há muito têm sido associadas ao funcionalismo. Boa parte dessas dificuldades deriva da tendência de os autores pertencentes a esta corrente concentrarem sua atenção na integração do "indivíduo" na "sociedade" como o maior problema para efeito de análise funcional, tratando "sociedade" como toda e qualquer forma de interação social, desde um evento único até a própria ordem social global. Disso resultam três consequências: 1. Para esses autores, a integração social, que corresponde à conjunção dos comportamentos de atores sociais individuais inseridos em sistemas de interação reproduzidos, depende sobretudo da coordenação moral de seus atos. Visto que isso se aplica como um teorema para a "sociedade" em geral, conclui-se que a própria integração da ordem global (integração de sistemas) depende de um *consensus universel* – uma visão notoriamente suspeita da qual Merton, sem sombra de dúvida, se distancia. 2. Uma vez que se atribui ênfase, sobretudo, à integração do "indivíduo" na "sociedade", por meio de processos de socialização moral, existe grande dificuldade em lidar, do ponto de vista conceptual, com interesses e conflitos de grupos seccionais. O único caminho teórico para a explicação de conflito apresenta-se em termos de falta de regulação moral de indivíduos por parte da comunidade como um todo: em outras palavras, a teoria da anomia. 3. Como os únicos "interesses" que tendem a desempenhar um papel significativo nesse tipo de perspectiva são os do "indivíduo" ou da "sociedade" (sendo os desta última conceituados como necessidades funcionais), passa a haver muito pouco espaço conceptual para interpretações *divergentes* de "elementos normativos" fundamentados em conflitos de interesses de grupos (tais como interesses de classe), ou então para adesão a obrigações morais embasadas na "aceitação pragmática", em vez de fundadas na "convicção moral internalizada".

Uma distinção entre integração social e de sistemas contribui para superar tais deficiências, pois podemos afirmar que modos de integração social são bastante diferentes daqueles encontrados na integração de sistemas. A teoria da estruturação sugere um tratamento de integração social que imprime profundo contraste com aquele característico do "funcionalismo normativo" de Durkheim, Parsons e outros. Esses autores concentraram-se na "internalização", basicamente em sua acepção de "internalização de valores", ao explicarem a reprodução de formas de interação mediante uma conduta propositada: os valores que ensejam o consenso moral coerente também figuram como elementos internalizados e motivadores na personalidade dos atores sociais. A teoria da estruturação difere desse ponto de vista sob dois principais aspectos: 1. o esquema explicativo de internalização possui um caráter determinista, em que, para toda a ênfase dada por Parsons a uma concepção "voluntarista" de ação, a interação não aparece como algo negociado e contingente. Substituímos esse raciocínio pela visão de que a interação é uma hábil realização, negociada de modo reflexivo, tendo como pano de fundo a racionalização da conduta. 2. Por oposição à tese de "internalização", que tende a trabalhar com uma noção de motivação, *grosso modo*, como o "componente subjetivo" da ação, estabelece-se uma diferenciação entre *motivos, razões* e *intenções ou propósitos* na ação. Motivos referem-se a tipos de vontade (conscientes ou não) envolvidos no ímpeto da conduta. Supor que isso é tudo o que há para a "subjetividade" da ação, contudo, é o mesmo que ignorar o monitoramento reflexivo da conduta que distingue, especificamente, o comportamento humano do demonstrado pelos animais. Entendo por racionalização da ação a capacidade de todos os atores sociais humanos ("competentes") controlarem sua atividade por meio de uma consciência constante das condições e consequências que tal atividade implica, relacionando assim manifestações da vontade a intenções, ao que eles procuram conquistar, ativamente, em interação com outros.

Na integração social, as "partes" são atores imbuídos de propósito. Na integração de sistemas, as "partes" são coletividades ou sistemas de sistemas sociais. Não parece fácil explicar o sentido de "parte" em qualquer um dos casos aqui citados, embora neste trabalho eu não vá tratar em detalhe das questões envolvidas, que têm sido muito discutidas na literatura especializada em "individualismo metodológico" e sua crítica. O que tenho de dizer aqui, bem como nos parágrafos seguintes, pressupõe uma posição definida em relação a tais questões. Aqueles que têm defendido o individualismo metodológico, em uma ou outra de suas versões, muitas vezes consideraram o funcionalismo um de seus mais importantes alvos de crítica. Até o ponto em que apresentam objeções a noções como "necessidade de sistema", julgo suas críticas inteiramente justificadas. Já até o ponto em que se opõem sumariamente ao emprego de noções como "coletividade" ou coisa que o valha, ou tratam-nas como descrições simplificadas da ação individual, creio que sua posição seja insustentável. Os componentes estruturais da ação social não são propriedade de indivíduos, mas sim de coletividades ou sistemas sociais. Podemos ilustrar essa ideia fazendo referência a atos discursivos e linguagem. Atos discursivos são sempre os produtos situados de certos atores sociais e pressupõem, por exemplo, o conhecimento de regras sintáticas (ou a capacidade de empregá-las), por meio das quais tais atos são gerados, porém essas regras, como tais, são propriedade da comunidade falante do idioma ao qual são pertinentes. De modo a evitar o potencial de reificação em frases como "propriedade da coletividade", contudo, é mister dizer que essas propriedades existem somente *em* sua reprodução em atos concretos e *mediante* tal reprodução.

Parece oportuno esclarecer que a distinção entre integração social e de sistemas não pressupõe que a primeira envolve elementos "subjetivos" (propósitos etc.), ao passo que a segunda refere-se às consequências "objetivas" da ação. Deve-se ainda separar essa diferenciação daquela entre conflito social e contradição de sistemas. Ao discutir conflito social, devemos ter o cuidado de reconhecer a diferença entre "conflito de interesses", ou divisão de interesse, e conflito ou luta ativos. Por "conflito", entenda-se o segundo dos elementos acima citados. O conflito pode envolver o confronto entre indivíduos ou coletividades, porém, obrigatoriamente implica uma luta consciente, na qual esse confronto se insere na racionalização da conduta de, pelo menos, uma das partes envolvidas – normalmente ambas ou todas. Neste momento, não parece relevante mencionar nada acerca das fontes de conflito social, salvo destacar que o conflito, ao contrário do poder (a aplicação de recursos em uma ação propositada), não constitui parte integrante de toda e qualquer relação social. Embora todos os casos de conflito envolvam o uso do poder, a recíproca não é verdadeira.

Agora sabemos que conflito, nesse sentido, não é a mesma coisa que Merton entende por "disfunção", muito embora atribua a esta última posição de destaque, tendo por objetivo romper com o "postulado da unidade funcional", bem como demonstrar que uma esquematização funcionalista pode prestar-se à análise das tensões e dos atritos presentes na sociedade. Naturalmente, "disfunção" não equivale a "conflito", pois o primeiro conceito está relacionado à mesma exigência explicativa encontrada em função: necessidades de sistema ou a adaptação bem-sucedida do sistema. A ideia de disfunção também é tratada por Merton para servir de base ao trabalho conceptual com a complexidade das sociedades mais avançadas: o objetivo da análise funcional é obter um "saldo final das consequências funcionais" que se originam de um dado item social. A princípio, essa visão parece atraente, sobretudo quando lançada contra o "funcionalismo normativo" de Durkheim e Parsons. Um exame mais detalhado, contudo, logo revela os pontos fracos de tal ideia. A dificuldade de se aplicar a noção de um "conjunto final de resultados funcionais" definitivamente reflete uma deficiência lógica. Entretanto, abandonando-se essa noção, surgem novos problemas. Embora pareça um emparelhamento direto de conceitos, a relação entre função/disfunção é na realidade assimétrica, nos termos da lógica da explicação funcional. Sem a noção de necessidade de sistema, o encadeamento causal homeostático envolvido em "função" fornece uma (forma de) explicação das razões pelas quais uma determinada prática social continua a existir. No entanto, isenta de qualquer relação com "necessidade de sistema" ou "pré-requisito funcional", a noção de disfunção não explica absolutamente nada. Ou seja: torna-se equivalente a conflito – ou acaba por abranger também este último, bem como o que agora passarei a caracterizar como contradição de sistemas.

Entendo por "contradição de sistemas" uma disjunção entre dois ou mais "princípios de organização" ou "princípios estruturais" que regem as conexões entre sistemas sociais inseridos em uma grande coletividade. Dois desses princípios estruturais poderiam ser, por exemplo, o da alocação estratificada de mão de obra, característica do feudalismo, e o da livre mobilidade da mão de obra estimulada pelos mercados capitalistas emergentes, ambos coexistindo na sociedade pós-feudal europeia. Colocada dessa forma, a contradição de sistemas soa idêntica à "incompatibilidade funcional" no âmbito da linguagem do funcionalismo. Para esclarecer a distinção entre esses conceitos, faz-se necessário destacar que a existência de um princípio estrutural *sempre* pressupõe uma distribuição de interesses explícita ou implicitamente reconhecida no âmbito da integração social. Uma vez descartada qualquer noção de necessidade de sistema, fica evidente que não há que se falar de contradição de sistemas sem a premissa (da parte do teórico) de uma divisão identificável de interesses (que, por sua vez, pressupõe "vontades" mutuamente excludentes) entre atores sociais ou categorias de atores sociais. É isso, e apenas isso, que torna contraditórios princípios estruturais tais como os mencionados anteriormente: o exemplo parte da premissa de que determinados atores sociais (empreendedores) têm interesse em promover a mobilidade livre da mão de obra, ao passo que outros (senhores feudais) não possuem tal interesse. O importante é que a existência de contradição de sistemas não necessariamente implica a ocorrência de conflito social, conforme especifiquei na última noção aqui apresentada; a relação pode ser entendida como contingente.

Este é um bom momento para voltar à questão da ação proposital. Embora o funcionalismo, em suas várias edições, sempre envolva alguma referência à ação intencional, que é colocada em contraste com a teleologia oculta de função, não dedicou nenhuma análise à *capacidade transformacional* da autorreflexão no contexto das questões humanas. A teoria da estruturação, contudo, pressupõe justamente tal análise. A produção e a reprodução da sociedade encontram-se em toda parte e são sempre uma hábil criação de atores sociais situados, fundamentada na racionalização reflexiva da ação. No entanto, a racionalização da ação é delimitada. Há três aspectos básicos mediante os quais podemos explicar o aforismo de que, "embora os seres humanos façam história", não o fazem, universalmente, "sob condições de sua própria escolha": em relação a fatores de motivação não reconhecidos (desejos reprimidos/inconscientes); em relação às condições estruturais da ação; e em relação a consequências não intencionais da ação. Os últimos dois aspectos citados são os que nos interessam aqui, porquanto as condições estruturais da ação constituem elementos limitativos na conduta humana apenas na medida em que representam, elas próprias, consequências não intencionais, em vez do instrumento pretendido da realização dos fins. Por isso, é importante distinguir as consequências "reconhecidas" ou "previstas" da ação de suas consequências "intencionais". Até porque a liberdade humana consiste não apenas no conhecimento das consequências da ação, mas também na aplicação desse conhecimento no contexto da racionalização reflexiva da conduta.

5
A "britanidade" e as ciências sociais

"Tão britânico quanto uma boa xícara de chá"; "tão britânico quanto peixe com batatas fritas". Muitas das características sociais que consideramos distintivamente britânicas não resistem bem quando sujeitas a um exame mais pormenorizado. O chá, afinal de contas, não teve sua origem na Grã-Bretanha e somente foi adotado como uma bebida comum no século XIX. O primeiro país em que se pensou em preparar batatas fritas foi a França, e mais uma vez os britânicos adotaram o peixe como um prato das classes trabalhadoras em algum ponto do século XIX.

Como um cientista social que se debruça sobre a questão da britanidade nas ciências sociais, tenho uma inclinação natural a, antes de tudo, mudar um pouco o curso da pergunta: O que as ciências sociais têm a dizer acerca da "britanidade"? Britanidade, obviamente, significa a identidade de uma pessoa na nação: a nação britânica é, nos termos do teórico político Benedict Anderson, uma "comunidade imaginada". A "Grã-Bretanha" foi uma invenção retrospectiva, um conjunto de símbolos destinado a criar uma unidade onde, na verdade, pouco disso existia. A "britanidade" constituiu uma forma, se assim prefere o leitor, de tapar as rachaduras de um Estado nacional formado pelas conquistas no plano interno e que veio a atingir o ápice de um império no plano externo.

Não há um só "britânico" que não tenha também outra identidade – a inglesa, a escocesa, a galesa ou, na Irlanda do Norte, a "legalista",[1] ou ainda, por um longo período, a irlandesa, a australiana, a sul-africana, e assim por diante. A britanidade sempre foi uma ideia inerentemente ambígua. Portanto, ao perguntarmos até que ponto as ciências sociais possuem um caráter britânico, temos de problematizar a natureza da própria britanidade. Minha tese sobre o tema será a de que a história das ciências sociais reflete a própria natureza tensa da britanidade, que também é matéria de análise das ciências sociais.

Os primórdios da história da ciência social na Grã-Bretanha carregam a marca de duas ondas de transformação que instituíram o Estado britânico. Thomas Hobbes e John Locke, autores do século XVII, são reconhecidos internacionalmente nos dias de hoje como os principais fundadores da ciência política moderna. Cada um deles, de maneira diferente, respondeu às questões envolvidas na consolidação do poder governamental britânico – problemas de controle político, soberania e legitimidade. Escreveram como cidadãos ingleses, enfrentando os processos de centralização política que deram origem ao *Act of Union*.

Mesmo nesses primeiros estágios, contudo, o pensamento sociopolítico na Inglaterra esteve intensamente permeado de influências do continente europeu – poucos estudiosos, se é que existem, eram completamente "ingleses" em suas perspectivas. Hobbes, por exemplo, fez várias visitas a Paris, tendo recebido a influência de um grupo de filósofos centrados em torno da figura

---

1 No original, *loyalist*: protestante na Irlanda do Norte que defende a ideia de que o país deve permanecer parte integrante do Reino Unido. (N. T.)

de Marin Mersenne. O grupo incluía o celebrado autor René Descartes, cujo tratado *Discurso sobre o método* representou uma das principais influências sobre a teoria política que Hobbes viria a elaborar.

No século XVIII, o centro intelectual e prático da inovação tecnológica deslocou-se para o domínio da indústria. O elemento político conservou sua importância, porém, o fez nos moldes da economia política – ou no que foi simplesmente denominado economia – em que se passou a dar ênfase às condições subjacentes ao desenvolvimento industrial. Nessa época, algumas das figuras de maior destaque eram escocesas, mais notadamente Adam Ferguson, John Millar e Adam Smith. A "escocidade" presente em suas opiniões não foi mero acaso: eles escreveram partindo da perspectiva de uma sociedade comercial avançada que se estabelecera nas terras baixas da Escócia. Em suas obras, não se preocupavam particularmente com a Escócia como uma entidade política e cultural distinta. Bem ao contrário: a perspectiva privilegiada que detinham a partir de sua posição escocesa permitiu que tecessem livremente generalizações acerca de novos processos de desenvolvimento econômico e organização econômica que, a seu ver, afetariam todos. E isso, de fato, ocorreu.

As demais ciências sociais de maior importância, a antropologia e a sociologia, igualmente têm origens outras – e bem mais recentes. Segundo minhas estimativas, a antropologia ocupou, durante um século ou mais, posição central no cenário cultural e intelectual britânico. Isso porque a antropologia é a ciência da alteridade, do estranho; e, ao longo de sua expansão global, o Império Britânico obviamente deparava a todo momento com a alteridade, procurando domesticá-la. A antropologia esteve bem longe de servir de lacaio do imperialismo. Os grandes antropólogos do século XIX, viajantes e autores, tais como James Frazer ou Edward Tylor, tentaram no mais das vezes defender e proteger a autenticidade de culturas não ocidentais contra o provincianismo anglo-saxão ingênuo ou hostil. Entretanto, ao contrário de seus colegas norte-americanos, os antropólogos britânicos não realizaram estudos sobre o "colonialismo interno" presente em seu próprio Estado. Em outras palavras, deixaram de estudar os irlandeses, os escoceses ou os galeses; concentraram a atenção em lugares bem distantes dali.

A exemplo de outras ciências sociais em desenvolvimento no período compreendido entre meados e o fim do século XIX, a antropologia na Grã-Bretanha sofreu forte influência tanto de correntes de pensamento europeias como norte-americanas. No entanto, sem sombra de dúvida, existiu uma escola – ou escolas – notadamente britânica(s). Frazer e Tylor, em especial, elaboraram versões de antropologia evolucionista e comparativa que reconheceram a profusa variedade de culturas e as seriaram em um padrão interpretativo dotado de coerência.

A sociologia – o estudo justamente do tipo de sociedade da qual, à época, a Grã-Bretanha era o exemplo máximo, a saber, a sociedade industrial moderna – era a parte ausente desse festim intelectual. A disciplina logrou obter algum reconhecimento no final do século XIX. Contudo, seu mais proeminente representante naquela época, Herbert Spencer, viveu o próprio tempo no cenário internacional, revelando-se efêmera fonte de influência na cultura da ciência social. Durante muitos anos, a sociologia esteve marginalizada no âmbito da vida intelectual britânica e somente se estabeleceu de forma consolidada como matéria do currículo acadêmico muito depois das outras ciências sociais. "Oxbridge"[2] foi o batismo de fogo nesse sentido. Na condição de universidades predominantes da Grã-Bretanha, Oxford e Cambridge há muito têm exercido enorme influência sobre a vida cultural e intelectual do país. Ao contrário das demais áreas pertinentes à ciência social, a sociologia só se tornou peça importante da grade curricular dessas universidades na década de 1960. A matéria

---

2 Oxford + Cambridge, isto é, as mais famosas universidades da Grã-Bretanha. (N. T.)

dispunha de um ponto de apoio na Faculdade de Economia de Londres, Universidade de Londres. A versão da sociologia distintivamente britânica, contudo, seria a relacionada ao socialismo fabiano,[3] que não imprimiu grande influência no âmbito internacional.

A ausência de imaginação fértil no plano da sociologia na vida intelectual britânica foi consequência desse processo. *Grosso modo*, até o período que sucedeu à Segunda Guerra Mundial, o papel desempenhado pela sociologia nos EUA e nos principais países do continente europeu foi usurpado pela antropologia na Grã-Bretanha. De maneira geral, a cultura intelectual britânica careceu das noções de autorreflexão e autocrítica, que a sociologia desenvolvida em outras paragens estimulou, ou para as quais contribuiu efetivamente. Parecia perfeito conduzir investigações sobre os aspectos referentes a povos estrangeiros, sem submeter as características mais marcantes da cultura britânica ao mesmo tipo de escrutínio. A maior parte das investigações esteve restrita a estrangeiros que vivem na Grã-Bretanha – por exemplo, os moradores de áreas urbanas de baixa renda.

Permitamo-nos trazer à baila o que demonstra ser, inevitavelmente, uma história complexa e intrincada – muito mais do que as limitações de tempo nos habilitam a retratar aqui – até o período da Segunda Guerra Mundial. A geração pós-guerra de intelectuais britânicos compreendia grande diversidade de cientistas sociais de renome internacional – pessoas cujas teorias e ideias imprimiram uma marca decisiva nos campos de estudo pelos quais optaram. Na economia, a influência de J. M. Keynes (que morreu em 1946) ainda era sólida – e naturalmente não constituía apenas uma força intelectual, tendo em vista seus profundos efeitos nas práticas políticas e econômicas no Reino Unido

---

3 O qualificativo diz respeito à Sociedade Fabiana (Fabian Society), uma organização britânica de pensadores de esquerda estabelecida no final do século XIX e que exerceu importante influência no Partido Trabalhista Britânico. (N. T.)

e na maior parte dos países do mundo industrializado. Vários economistas, que ou foram discípulos diretos de Keynes – como Joan Robinson ou Richard Kahn – ou tinham para com ele enorme dívida, conquistaram posições de destaque na disciplina. O que veio a ser chamado de "keynesianismo" pode ou não ter sido fiel ao pensamento do próprio Keynes, mas definitivamente impôs-se como uma tradição do pensamento econômico à frente da teoria e política econômica em boa parte do globo.

Será que esses pensadores da disciplina econômica eram distintamente britânicos? Bem, sim e não. Robinson era inglês e também o era, a despeito do nome, Kahn. No entanto, outros grandes economistas da época que trabalhavam na Grã-Bretanha, como Nikolas Kaldor ou Thomas Balogh, vinham do exterior (Hungria). Pietro Sraffa, que por um bom tempo exerceu bastante influência sobre determinados setores da prática profissional da economia na Grã-Bretanha, era italiano. De modo geral, o período imediatamente posterior à guerra caracterizou-se pelo fato de boa parte do que, por determinado prisma, poderia ser chamado de "britânico" ou "inglês" ter ficado marcado pelo impacto do pensamento e da cultura imigrantes. Muitos dos que haviam escapado dos nazistas nos anos 30 conheceram a maturidade durante os primeiros tempos do pós-guerra, ou suas ideias tiveram influência naquela época. Alguns dos autores que desenvolveram trabalhos sobretudo na filosofia – como Ludwig Wittgenstein ou Karl Popper – causaram importante impacto nas ciências sociais. Todavia, muitos dos mais renomados cientistas sociais eram, eles próprios, imigrantes, como Bronislaw Malinowski na antropologia, que chegou à Grã-Bretanha pouco antes da época aqui referida.

Até onde se pode discutir a questão da britanidade, Malinowski é uma figura interessante e também emblemática. Malinowski nasceu em 1884 na Cracóvia, em uma região da Polônia que pertencia politicamente ao Império Austro-Húngaro. Tinha formação bastante cosmopolita e falava sete idiomas fluentemente. Passou duas temporadas nas Ilhas Trobriand, no Pacífico Sul, que então faziam parte do Império Britânico. Como resultado, sua obra foi muito difundida no campo da própria antropologia, mas alguns de seus trabalhos e ensinamentos também atingiram um bom público no Reino Unido e nos EUA. Malinowski jamais escreveu diretamente a respeito dos britânicos – e tinha seus próprios conflitos pessoais com sua identidade nesta sociedade que adotou, na qual jamais se sentiu inteiramente aceito. Ao mesmo tempo, viu-se combatendo o isolamento britânico em nome daquela mesma sociedade, em que a cidadania limitava-se à própria Grã-Bretanha e a alguns de seus domínios de etnia branca.

A antropologia na Grã-Bretanha mantinha uma complexa relação com o império, porém, sem sombra de dúvida, encontrava-se irredimivelmente vinculada a ele. Todos os principais antropólogos britânicos da geração do pós-guerra fizeram a carreira com base no estudo de culturas colonizadas. Ao lado da economia, a antropologia dessa época poderia arrogar-se uma posição de vanguarda no campo das ciências sociais em âmbito internacional. De fato, os antropólogos britânicos formaram uma verdadeira constelação, com a qual nenhum outro país podia comparar-se – não obstante o fato de muitos deles haverem nascido na África do Sul, e não no Reino Unido. Após Malinowski, vieram figuras do porte de E. E. Evans-Pritchard, Meyer Fortes, Audrey Richards, Edmund Leach, Gregory Bateson, Max Gluckman e Raymond Firth. Tanto Evans-Pritchard como Fortes e Richards realizaram importantes estudos com base em trabalhos desenvolvidos na África Ocidental britânica, enquanto Leach dedicou-se à Índia e ao que era, à época, o Ceilão.

Intelectuais imigrantes e antropólogos: será que é isso que efetivamente podemos chamar de britanidade nas ciências sociais durante as duas primeiras décadas que sucederam a Segunda Guerra Mundial? Em termos bem sucintos, diria que "sim". Deslocada e marcada por tensões desde seus primórdios, a britanidade tomou novos rumos nos estertores do poderio imperial. O estado de transformações em que mergulhava o país em relação ao seu império global encontrou uma expressão bem opaca no alvorecer dessas áreas da ciência social. Em que, verdadeiramente, consistia a britanidade, apresentava-se como uma questão raramente abordada – e, comparada às outras ciências sociais mencionadas, a sociologia em especial mantinha-se no marasmo. No campo da sociologia durante o período que logo se seguiu à guerra, a Grã-Bretanha produziu um único pensador de alguma projeção internacional – T. H. Marshall, e, ainda assim, seu trabalho estava voltado à política social em igual medida, ou talvez mais, que propriamente à sociologia.

Durante mais ou menos os últimos trinta anos, o equilíbrio se alterou consideravelmente, e a composição da vida intelectual, até onde se pode falar de ciências sociais, também passou por modificações. Diria que, de modo geral, a ciência social na Grã-Bretanha vem sofrendo relativo declínio em termos de *status* internacional, o que provavelmente vem ocorrendo com a maioria das outras ramificações da cultura intelectual britânica, inclusive as ciências naturais, nesse período. O declínio geral relativo nas ciências sociais tem sido acompanhado de um novo alinhamento entre as diversas disciplinas das ciências sociais. A economia e a antropologia não mais roubam a cena tal como já fizeram em outros tempos. A queda registrada na área da antropologia tem sido vertiginosa. Qualquer um estaria em maus lençóis se tivesse de citar um só nome de antropólogo de igual estatura em relação às principais figuras da geração que o precedeu que atualmente esteja trabalhando nas universidades britânicas. Sob alguns aspectos, isso não traz grandes surpresas. Não mais existem domínios coloniais a serem explorados pelos antropólogos. E, de fato, o mote da antropologia como um todo – isto é, sociedades pré-modernas ou tradicionais – praticamente desapareceu da face da Terra como consequência do avanço generalizado da industrialização.

Ao contrário da antropologia, a economia é uma matéria que floresce em termos numéricos. Praticamente todas as universidades do Reino Unido dispõem de um departamento de ciências econômicas, alguns deles de porte considerável. Entretanto, se avaliados em termos internacionais, economistas renomados à altura dos que obtiveram destaque na geração anterior parecem poucos e bastante isolados. Tudo indica que o centro de gravidade na área econômica deslocou-se decisivamente para os EUA. Na Grã-Bretanha, a economia apresenta-se como a mais isolada das outras ciências sociais e a mais americanizada de todas. O pensamento dos outros países europeus certamente causou impacto, e verifica-se a existência de diversas faculdades de economia institucional e a denominada pós-keynesiana. Contudo, a perspectiva predominante no campo da economia na Grã-Bretanha – o enfoque neoclássico – é a que domina o cenário norte-americano. Tal situação não parece tender a mudar substancialmente no futuro imediato. Tanto na Grã-Bretanha como em outros países, há rumores de descontentamento na disciplina da economia – algumas formas de teorização econômica demonstram-se abstratas a ponto de se distanciarem demasiado do mundo de assuntos econômicos reais que, supostamente, contribuiriam para esclarecer. Além disso, o pensamento econômico em sua versão ortodoxa não parece ter auxiliado de forma sensível a abordagem de problemas como o desemprego em massa e o aumento da desigualdade social. Todavia, em vista do fracasso da economia marxista, as opções existentes às perspectivas neoclássicas parecem, no momento, de alcance bastante limitado.

E, assim, retornamos à sociologia e à teoria política, em que o quadro é bem diferente. A sociologia e, em menor medida, a teoria política e a ciência política buscaram novos rumos na Grã--Bretanha dos anos 60. Claro que a sociologia foi, na opinião de muitos observadores externos, a criança travessa da década de 1960, nascida da retórica radical e da efervescência coletiva da época. Alunos dirigiram-se em massa para essa matéria recém-

-nascida em busca da verdade dos confrontos revolucionários com o estado de coisas então vigente. Poderia parecer que, após esse breve lampejo de glória, a sociologia teria caído no obscurantismo.

O quadro real mostra-se tanto mais prosaico quanto mais positivo, até onde podemos falar de história da sociologia, pois a disciplina caminhou a passos largos desde os projetos da década de 1960. Naquela época, embora tenha sido inegável a atenção dedicada a tradições autóctones, predominaram influências norte-americanas. Tais influências conservaram sua importância, contudo a história da sociologia na Grã-Bretanha ao longo dos últimos trinta anos tem sido caracterizada pela criação de novas ideias, sem dúvida, marcadas por uma certa britanidade.

No que tange particularmente ao pensamento teórico, identifica-se o pensamento advindo do continente europeu, e não o norte-americano, como o de maior impacto sobre a sociologia nos últimos anos. A afirmação vale ainda para o restante das ciências sociais, salvo a economia. As ciências sociais sempre mantiveram laços bem fortes com a filosofia, tendo sido afetadas pelas polêmicas suscitadas pelos filósofos e, ao mesmo tempo, contribuído para o desenvolvimento de tais discussões – questões como o relativismo, a natureza da explicação científica ou a interpretação da linguagem e do simbolismo. Estruturalismo, pós-estruturalismo, hermenêutica e fenomenologia – todas essas tradições intelectuais de cunho muito diversificado, que tiveram suas origens no continente europeu, imprimiram sua marca na Grã-Bretanha.

Cada um deles contou com seus admiradores incondicionais. Mas os sociólogos e teóricos políticos britânicos no país tiveram também uma audiência simpática, porém crítica e habilitada a fazer os discernimentos necessários. Ao longo dos anos, figuram como traços distintivos da cultura intelectual britânica o pragmatismo e o empirismo. Acredita-se que, via de regra, os intelectuais britânicos repudiaram teorias generalizantes, bem como aquilo que críticos anglo-saxões cépticos consideram incursões retóricas da imaginação de alguns de seus colegas nos países do continente europeu. Tais observações não se aplicam à sociologia na Grã-Bretanha de hoje. A sociologia britânica mostrou-se capaz de criar uma combinação interessante entre as tradições de pensamento norte-americanas e europeias, sem sucumbir aos seus adereços. A matéria se diversificou e, a exemplo das demais ciências sociais, pode-se talvez afirmar que não dispõe de um epicentro intelectual. Entretanto, na obra de um autor como John Goldthorpe, por exemplo, tem-se a oportunidade de observar uma mistura formidável de rigor empírico e inovação teórica.

Tal como em todas as outras áreas de cultura intelectual, o pensamento sociológico vem se internacionalizando. O incansável acadêmico, em viagem pelo mundo para participar de conferências acerca deste ou daquele tema, pode acabar descobrindo que, em essência, os mesmos tópicos e teorias estão sendo discutidos por toda parte. Será que o mundo social está se fragmentando? Quais são as prováveis consequências das transformações ocorridas na Europa Oriental? O que está acontecendo com a família, o casamento e a vida sexual? Vivemos atualmente em uma era pós-moderna? Os sociólogos britânicos não abordam tais temas como perguntas formuladas por outros. Eles contribuíram bastante para fixar a pauta desses debates travados em todo o mundo.

De nada adianta concluirmos com conjecturas demasiado otimistas. Nem a sociologia em particular, nem as ciências sociais em geral estão em boa forma na Grã-Bretanha, e isso não ocorre apenas porque as verbas para pesquisa social vêm sendo reduzidas durante os últimos anos. Há que se considerar também que o mundo pegou as ciências sociais de surpresa. Por exemplo, poucos observadores das ciências sociais, se é que algum deles o fez, anteviram os acontecimentos do ano de 1989 e subsequentes na União Soviética. Poucos previram que o avanço progressivo do Estado do bem-estar social passaria a andar em marcha à ré. Por um prisma mais positivo, poucos supuseram que pudesse ocorrer uma transição pacífica do regime do *apartheid* na África do

Sul, ou que se iniciariam negociações sérias pela paz no Oriente Médio ou na Irlanda do Norte.

    O mundo transformou-se em um lugar enigmático e cientistas sociais no exercício da profissão até agora não se demonstraram mais habilitados que ninguém para lançar luzes sobre o que vem acontecendo. O que *está* ocorrendo é um processo complexo de globalização, que vem afetando profundamente tanto a cultura intelectual na Grã-Bretanha como a textura da própria sociedade britânica. Por via de consequência, as ciências sociais e a britanidade passam a interagir de novas formas. A natureza frágil e controversa de "ser britânico" costumava refletir as ambiguidades do império, mas agora, mais uma vez, tem chegado mais próximo do plano interno. Nas mudanças na atitude do povo em relação à monarquia, ao governo e a outras instituições nacionais, a britanidade tornou-se, novamente, de todo problemática. Quem seria capaz de asseverar que ela não vai esvaecer por completo? O presente desafio para as ciências sociais é abordar com novo ânimo a identidade nacional, ou identidades nacionais, da Grã-Bretanha, no contexto das novas mudanças sociais que permeiam nossa vida com uma rapidez sem precedentes.

6
O futuro da antropologia

Será que deveríamos decretar o fim da antropologia, na esteira de todos esses "fins" dos quais se fala tão abertamente nos dias de hoje? Isso porque praticamente todas as sociedades e culturas que, em algum momento, constituíram o "campo de estudo" especializado da antropologia desapareceram ou foram alteradas de tal forma que ficaram quase irreconhecíveis. A antropologia enfrenta dois conjuntos de problemas. Alguns deles também são comuns às demais ciências sociais. Juntamente com todas as disciplinas das ciências sociais, à exceção da economia, a antropologia sofreu o impacto do pós-modernismo, o aparente colapso do fundacionalismo na epistemologia e a ascensão de uma cultura intelectual organizada de forma bem mais reflexiva. Jornais, revistas e a televisão bebem das mesmas fontes e ideias que os autores acadêmicos, com a diferença de que têm um poder de alcance de milhões de pessoas em vez de algumas centenas ou milhares.

Ademais, a antropologia tem ainda de enfrentar sua ladainha de problemas, velhos conhecidos de qualquer profissional da matéria. A questão aqui não é apenas o desaparecimento do exótico, dos lugares ermos que um dia já foram praticamente inacessíveis. Os antropólogos costumavam lidar com indivíduos e grupos que normalmente nada lhes respondiam. O antropólogo viajava até um ponto distante do planeta, realizava o trabalho de campo obrigatório e, algum tempo depois, retornava ao seu lugar de origem para escrever tudo o que observara na forma de monografia. O livro era guardado em várias bibliotecas universitárias, a maioria situada em países do Ocidente, para ser solenemente ignorado por todos, à exceção de alguns especialistas atuando no campo antropológico. Em um mundo marcado por alto grau de reflexividade, esse tipo de situação raramente se aplica. Hoje, é bem provável que os próprios sujeitos sobre os quais versam os tratados antropológicos os leiam, a eles reajam e talvez os utilizem em embates políticos locais e até mesmo globais. Além disso, a antropologia é encarada pelo grande público como algo contaminado por sua associação não apenas com o Ocidente, mas especificamente com o colonialismo. Não há dúvida de que as relações entre antropologia e colonialismo foram complexas. Dificilmente se poderia afirmar, tal como sustentam alguns dos mais duros ataques à antropologia, que os antropólogos foram cúmplices da expansão e administração coloniais. Em especial, no momento em que se voltou contra o evolucionismo e a ideia do "primitivo", a antropologia tornou-se, em parte, defensora de culturas não modernas diante do massacre do Ocidente. É natural, entretanto, que a antropologia tenha extraído da relação colonial boa parte de sua base de sustentação.

Que justificativa há (se é que existe), então, para um papel contínuo para a antropologia? Caso haja de fato tal justificativa, que forma poderia assumir a disciplina daqui em diante? Onde estariam seus traços distintivos?

No passado, via de regra, interpretou-se a autonomia da antropologia de várias maneiras. A especificidade da antropologia podia ser vista em termos substantivos, metodológicos ou teóricos, ou ainda como algum tipo de combinação entre estes. Substantivamente, em geral pensou-se em um traço distintivo para caracterizar a antropologia, especialmente em relação à sociologia, como diretamente vinculado à preocupação da primeira com o não moderno. A sociologia, por sua vez, estaria ocupada com a natureza e o impacto da modernidade. Hoje, contudo, a modernidade está em toda parte. Talvez os sociólogos possam entender como seus domínios, basicamente, o Primeiro Mundo, enquanto os antropólogos se concentrariam no Terceiro Mundo. Entretanto, à medida que a globalização avança, caem por terra as divisões entre sociedades de Primeiro e Terceiro Mundos; e, em qualquer hipótese, o Terceiro Mundo é uma criação da modernidade, não um elemento simplesmente alheio a ela. Insistir em uma definição substantiva da antropologia como algo acerca de sociedades e culturas não modernas implicaria transformar a matéria em uma versão de estudos de museu. O antropólogo seria um tipo de curador de um museu histórico do passado da humanidade.

Sob o aspecto metodológico, por vezes acredita-se que o caráter distintivo da antropologia reside em sua dedicação ao trabalho de campo intensivo – isto é, à etnografia. Contudo, poder-se-ia levantar o argumento de que um trabalho de campo intensivo tenha sido desenvolvido na área da sociologia anteriormente ao da antropologia. De qualquer modo, trata-se de uma forma de método de pesquisa empregado nas ciências sociais como um todo, não caracterizando, portanto, um traço distintivo de nenhuma delas. A mística do trabalho de campo na antropologia esteve intimamente relacionada à ideia de que a antropologia investiga o exótico, pois quanto mais estranho pareça um grupo ou uma comunidade, mais necessária será a imersão em suas práticas e costumes para compreendê-los. Porém, com a dissolução do esotérico, a assertiva de que o que distingue a antropologia é o método empregado não se revela muito convincente.

Resta, assim, o aspecto da teoria. Como todas as matérias acadêmicas, a antropologia possui suas próprias tradições teóricas.

Tanto sociólogos como antropólogos podem apontar Durkheim como seu representante, por exemplo, mas nos demais casos os ancestrais intelectuais aos quais se referem tendem a divergir. Quanto de horizonte intelectual contínuo existe nas tradições teóricas que têm dominado a antropologia? A resposta a essa indagação parece apontar para apenas uma amplitude limitada. Com toda a certeza, a antropologia evolucionária conta com poucos simpatizantes nos dias de hoje. Reconhece-se, de modo geral, que versões da teoria antropológica provenientes de períodos subsequentes, inclusive o estrutural-funcionalismo e a antropologia cultural norte-americana, revelam limitações bem evidentes. Cada uma delas tendeu a retratar como objeto teórico da antropologia a comunidade local contida em seus próprios limites. Nenhuma delas desenvolve concepções bem elaboradas de poder, ideologia ou dominação cultural.

Uma disciplina que lida com um tema evanescente, arrogando direitos a um método compartilhado com as demais ciências sociais e deficiente em suas principais tradições teóricas – não se pode exatamente afirmar que tais elementos contribuam para uma identidade defensável para a antropologia. De forma alguma, no entanto, as coisas se apresentam tão sombrias para a antropologia tal como essa avaliação parece sugerir. Não podemos simplesmente nos deslocar da antropologia para a sociologia, pois as tradições sociológicas ortodoxas enfrentam tantas dificuldades em apreender as mudanças que vêm transformando a ordem social no âmbito local e global quantas as encontradas nas mudanças que ocorrem na antropologia. Em parte graças às diferenças em suas áreas de concentração substantiva, os antropólogos têm abordado, muito frequentemente, questões que passaram ao largo da sociologia, e algumas dessas questões voltaram a ocupar posição de destaque. Elas incluem, entre outras, o ressurgimento da etnicidade, a aparente revitalização do "tribalismo", de uma forma ou de outra, e a importância contínua da religião e do ritual. Boa parte dos antropólogos e sociólogos precisa se concentrar atualmente em áreas de interesse comum. Ao discuti-las, contudo, esses dois grupos tendem a recorrer a literaturas que, ao menos em parte, diferem entre si. E os *insights* que podem surgir com base em contextos do pensamento antropológico muitas vezes revelam ser ao menos tão úteis quanto aqueles que derivam da sociologia. A recusa em declarar o fim da antropologia, portanto, não reflete apenas a inércia inerente à empresa acadêmica estabelecida. A antropologia *efetivamente* conta com um passado que, até certo ponto, tem de ser afastado, porém esse mesmo passado encerra ideias que conservam a mesma importância de sempre, ou tornaram-se ainda mais significativas nos dias de hoje.

Se a antropologia não é uma empresa morta, de que formas poderia deixar sua marca novamente, sob o ponto de vista intelectual e prático? Não creio que, nesse aspecto, a antropologia esteja em posição distinta daquela em que se encontram as demais ciências sociais. Há que se enfrentar uma série de questões. Será que a antropologia deveria remodelar-se em relação à queda da epistemologia e à chegada do pós-modernismo? Como o discurso acadêmico da antropologia se relaciona, ou deveria relacionar-se, com outras formas de produção de conhecimento em um mundo no qual a reflexividade torna-se mais e mais aguçada? Que implicações as respostas a essas duas perguntas apresentam em termos de conotações práticas da antropologia?

De algumas coisas podemos ter certeza. Um reflorescimento da teoria e da pesquisa antropológicas não surgirá da rendição ao pós-modernismo, ou ainda de uma prolongada preocupação com a teoria do conhecimento. Certa feita, um artigo de jornal sobre o pensamento social contemporâneo apresentou a seguinte definição de pós-modernismo: "pós-modernismo: essa palavra não quer dizer nada: use-a com frequência". A ironia aplicava-se muito bem. Trata-se, com efeito, de uma palavra que faríamos bem em esquecer, ao mesmo tempo reconhecendo que alguns que a empregaram chamaram-nos a atenção para importantes transformações sociais e dilemas intelectuais. Na minha opinião, muito do que passa por pós-modernismo padece de sua associação com um outro "pós" – o pós-estruturalismo. Na maioria de suas versões, o pós-estruturalismo, creio eu, apresenta uma teoria viciosa de significados e, portanto, de representações, que podem ser remontadas diretamente às origens da linguística estruturalista de Saussure. Compreende-se "significado" em relação ao jogo de significantes, e não, como deveria, no contexto da experiência prática. Embora não vá desenvolver esse argumento aqui, quer me parecer que os que falam de crise de representação na antropologia, ou têm o trabalho antropológico meramente como uma espécie de obra de ficção criativa, são as vítimas dessa falsa teoria de significado.

Este ponto possui estreita relação com questões atinentes à epistemologia. Não se deve confundir uma intensificação da reflexividade social com o colapso das reivindicações ao conhecimento que são defensáveis. A reflexividade é um fenômeno social ou institucional: não se refere, ou não deveria referir-se à posição particular do observador antropológico. Um universo reflexivo de ação social, para colocarmos de uma forma simples, é aquele em que ninguém está de fora. Todos, mais ou menos em todas as partes do mundo, têm de filtrar e reagir a muitas fontes de informação que recebem sobre as circunstâncias que cercam a vida de cada um. Tais informações não fazem parte simplesmente do "mundo externo"; em sua reação às informações, bem como às formas de utilizá-las, os agentes sociais constroem, reconstroem e desconstroem os ambientes de ação que tais informações procuraram, em um primeiro momento, descrever ou interpretar.

Em um mundo reflexivo, somos todos produtores de conhecimento, e o fato de grupos tribais produzirem vídeos sobre suas comunidades, ou jornalistas a serviço de redes de televisão fazerem programas altamente elaborados, mediante o emprego dos mesmos tipos de recursos dos quais acadêmicos lançam mão ao escreverem seus livros, torna-se lugar-comum. Será que o profissional acadêmico é capaz de competir em tais circunstâncias?

Existe ainda, de fato, algum papel para o intelectual no qual ele é, na melhor das hipóteses, um "especialista" entre tantos outros? Os acadêmicos e demais intelectuais terão de se acostumar com a rotina de que suas assertivas e descobertas estarão muito provavelmente sujeitas a questionamentos por parte de quem está de fora das searas acadêmicas. Eles não podem mais agir como grandes sacerdotes – os generosos distribuidores de conhecimentos secretos a um, em geral, ignorante populacho. Tudo isso, entretanto, não descarta a utilidade do acadêmico. As diferenças mais comuns entre especialistas acadêmicos e leigos continuarão a existir. Normalmente os profissionais acadêmicos envolvem-se com um determinado tema de forma mais meticulosa e eclética; além disso, as pesquisas e inovações teóricas das ciências sociais revelam-se recursos necessários que formas mais abrangentes de reflexão pública pressupõem.

É provável que as conotações práticas da antropologia dependam mais de um novo ânimo a ser insuflado na imaginação antropológica do que do estreitamento da matéria a questões restritas de política social. A meu ver, isso não significa necessariamente que a antropologia tenha de ser uma "disciplina desalentadora". A antropologia precisa estar pronta para contestar sistemas de dominação injustos e, nesse sentido, procurar o real significado de "injustiça", além de estar preparada para trazer à tona questões potencialmente controversas. Entretanto, há um limite para o desmascaramento do poder, além de existirem problemas e questões sobre os quais importa buscar promover um consenso coletivo, até mesmo global. Formas preestabelecidas da empresa antropológica, inclusive o clássico estudo intensivo da arena social local, muitas vezes revelam importância prática. Há uma miríade de exemplos, tanto em países desenvolvidos como nos menos desenvolvidos, nos quais políticas empreendidas com a melhor das intenções fracassaram, ou mostraram-se destrutivas, por haverem sido baseadas em conhecimentos errôneos sobre os grupos para os quais foram instituídas. A antropologia dos dias de hoje, no entanto, precisa ser desenvolvida, sobretudo, com o objetivo de compreender as mudanças extraordinárias provocadas por uma série de transformações em nossa vida. O que possui importância prática na antropologia depende não apenas, ou mesmo basicamente, de encontrar soluções "tecnológicas" para problemas distintos, mas, antes, de engendrar novas perspectivas, novos modos de olhar para as coisas. A antropologia deve contribuir para os esforços coletivos de que necessitam as ciências sociais como um todo, para enfrentar um mundo social que sofreu grandes mudanças, tornando-se praticamente irreconhecível em muito poucos anos. Será que, assim, surgirá então uma nova geração de pensadores antropológicos à altura da anterior?

7
Quatro mitos na história do pensamento social

Na presente discussão, pretendo questionar quatro interpretações predominantes da história do pensamento social – interpretações estas que derivam principalmente da exegese da obra de Émile Durkheim. Tenciono partir do argumento de que, embora gozem de ampla aceitação, tais interpretações são falsas ou errôneas. Na condição de mitos populares criados em torno dos escritos de um dos mais influentes autores que contribuíram para a formação da sociologia moderna, eles exerceram enorme influência sobre análises e avaliações do posterior desenvolvimento da matéria.

Tais interpretações são as seguintes: 1. O mito do *problema de ordem*. Segundo essa linha interpretativa, o pensamento de certos autores, cuja obra teve importância notável para a sociologia moderna – sobretudo o desenvolvido por Durkheim –, pode ser entendido como uma tentativa de solucionar um "problema de ordem" abstrato que deita raízes profundas na filosofia social do

Ocidente. 2. O mito das *origens conservadoras da sociologia*. A referida tese sustenta que os parâmetros intelectuais mais significativos subjacentes à sociologia moderna – e aqui, mais uma vez, os escritos de Durkheim são citados e recebem destaque especial – decorrem de várias formas de ideologia conservadora que passaram a existir como uma reação às mudanças produzidas por "duas grandes revoluções" ocorridas no final do século XVIII na Europa: a Revolução Francesa de 1789 e a Revolução Industrial. 3. O que pode ser denominado mito da *grande cisão*: a concepção de que uma ruptura decisiva ocorreu no desenvolvimento do pensamento social mediante as obras da geração de autores (estendendo-se, *grosso modo*, ao longo do período compreendido entre 1860 e 1920) à qual pertenceu Durkheim. De acordo com essa visão, enquanto os principais pensadores das primeiras décadas do século XIX dedicaram-se a criar teorias grandiosas e especulativas de caráter "pré-científico", os da geração seguinte as abandonaram em favor de um enfoque mais modesto, científico, rejeitando filosofias da história. 4. O quarto mito originou-se na verdade a partir de tentativas de criticar o primeiro dos mitos aqui mencionados, isto é, o do problema de ordem. O problema de ordem, sustenta-se, estaria ocupando apenas uma tradição de pensamento social; há uma contratendência que toma como ponto de partida uma tentativa de examinar problemas de conflito e mudança na sociedade. Segundo essa visão – que compartilha da maioria das premissas encontradas naquela que, nominalmente, procura tornar alvo de crítica – a história do pensamento social desde o fim do século XIX pode ser compreendida, de maneira bastante conveniente, como algo que envolve um debate recorrente entre o que se tem chamado de teoria de "consenso", "integração" ou "ordem", por um lado (da qual Durkheim é considerado um dos principais expoentes) e o que se denomina teoria de "conflito" ou "coerção", por outro (representada sobretudo por Marx).

Tal como acontece com todos os mitos, essas quatro interpretações do desenvolvimento do pensamento social contêm elementos verdadeiros e, de fato, lançam luzes sobre aspectos encontrados na obra de Durkheim em particular e na formação da sociologia moderna em geral. Contudo, se cada uma delas tem certa validade, igualmente cada uma delas representa uma distorção. Também, como em outros mitos, essas interpretações do desenvolvimento do pensamento social resultam dos esforços coletivos de vários autores. Na análise apresentada nas próximas páginas, limitar-me-ei a algumas das mais proeminentes exposições dos referidos pontos de vista.

O problema de ordem

O mito do problema de ordem conheceu nos trabalhos de Talcott Parsons sua formulação mais contundente e bem fundamentada. Ela constitui um dos mais importantes temas do que talvez tenha sido o mais influente estudo já realizado sobre o desenvolvimento da teoria social – *The Structure of Social Action* [*A estrutura da ação social*], que também contribuiu para divulgar o mito da grande cisão.[1] Na obra, Parsons refere as origens das preocupações com o problema de ordem no pensamento social do Ocidente ao *Leviatã* de Hobbes. O "problema hobbesiano de ordem", tal como Parsons o apresenta, possui, em essência, um caráter muito simples. De acordo com Hobbes, os desejos dos indivíduos (em um estado natural) tendem a ser mutuamente incompatíveis. Assim, eles estão envolvidos em uma guerra de todos contra todos – ou assim estariam, caso não cedessem sua liberdade natural a um poder soberano em troca de segurança contra potenciais ataques de terceiros. A solução de Hobbes para o problema de ordem, contudo, demonstrou-se insatisfatória, por não explicar *por que* as pessoas aceitam a autoridade soberana, assumindo-a como uma questão de contrato individual. Não obstante,

---

[1] Parsons, T. *The Structure of Social Action*. New York, 1937 (2.ed., 1949).

argumenta Parsons, os elementos essenciais da solução de Hobbes mantiveram-se, de maneira geral, incontestados, na medida em que o utilitarismo conservou uma posição predominante no campo da teoria social. Somente ao final do século XIX, quando o utilitarismo ficou sob fogo cerrado, os pensadores sociais lograram aproximar-se de uma solução satisfatória para a questão hobbesiana – e Durkheim ocupou uma posição de liderança nesse processo.

Não é possível discutir, dentro de um escopo relativamente limitado, todas as questões levantadas pela análise de Parsons. Há contudo dubiedade, em primeiro lugar, em saber até que ponto o tratamento dado por Parsons ao problema de ordem, mesmo em Hobbes, é aceitável. Tal como formulado por Parsons, o "problema hobbesiano" gira em torno do contraste entre "indivíduos na natureza" e "indivíduos na sociedade". Porém, embora isso tenha sido tradicionalmente atribuído a Hobbes, tal antinomia concebida de modo tão estático demonstra-se alheia ao próprio pensamento do autor, marcado por uma orientação bem mais histórica. Uma pergunta importante que cabe aqui é até onde o problema hobbesiano de ordem, tal como o expõe Parsons, contribui para produzir um entendimento mais preciso da principal linha de argumentação dos interesses sociológicos de Durkheim.

Com efeito, a exposição apresentada por Parsons das preocupações sociológicas de Durkheim leva a conclusões errôneas sob diversos aspectos:

1 Não expressa a verdade em relação às influências intelectuais que Durkheim procurou combater. O problema de ordem, esclarece Parsons, está condicionado a postulados implícitos na teoria utilitarista, segundo a qual se parte da premissa de que a sociedade é resultado de relações contratuais. Logo, ele toma a crítica ao utilitarismo como praticamente o único ponto polêmico e de alguma relevância nos trabalhos de Durkheim. Contudo, sua avaliação crítica de idealismo produz efeito idêntico, embora menos explícito, no pensamento de Durkheim, sob duas formas: primeiro, o idealismo "holístico"; e, segundo, a filosofia kantiana.

2 Leva a uma representação errônea dos principais temas abordados no primeiro e mais básico trabalho de Durkheim, *The Division of Labour in Society* [*Da divisão do trabalho social*]. Segundo Parsons, esse estudo encerra uma ambiguidade fundamental: embora Durkheim argumente que a solução do problema de ordem seja inadequada, diante do fato de que há de existir um "elemento não contratual no contrato", o autor peca em não demonstrar que relação existe entre esse "elemento não contratual" e o aumento da solidariedade orgânica. A substituição da solidariedade mecânica pela orgânica pareceria pressupor a erradicação da *conscience collective*; mas isso não pode ser verdade se tudo ainda indica que existem valores consensuais que regem a formação de contratos. A "ambiguidade" identificada por Parsons desaparece se é compreendida a ideia de que *Da divisão do trabalho* também envolve uma crítica da visão de que "ordem" na sociedade sempre pressupõe a existência de códigos morais precisos e solidamente definidos do tipo peculiar a sociedades tradicionais. O que Durkheim mostra é que o surgimento da solidariedade orgânica implica o desenvolvimento de uma *forma* de vida moral ("individualismo moral") distinta daquela que caracteriza a solidariedade mecânica.

3 Uma vez que Parsons trata *Da divisão do trabalho* como representante de uma fase inicial e transitória do pensamento durkheimiano, a discussão do autor tende a dissociar essa obra dos trabalhos produzidos mais tarde por Durkheim. Assim, *The Elementary Forms of the Religious Life* [*As formas elementares da vida religiosa*] é tratada meramente como uma tentativa posterior – e mais elaborada – de solucionar o problema de ordem. No entanto, se o esquema evolucionário descrito em *Da divisão do trabalho* não for tratado como uma solução um tanto inadequada do problema de ordem, mas sim como uma estrutura na qual deve ser enquadrada a totalidade dos trabalhos produzidos mais tarde por Durkheim, então, mais uma vez, surge um quadro bastante diferente em relação àquele retratado por Parsons. O tema predominante na sociologia de Durkheim transforma-se, assim, no da definição de continuidades e *contrastes* entre a sociedade "tradicional" e a "moderna". A teoria desenvolvida em *As formas elementares*

da vida religiosa demonstra que mesmo os ideais aparentemente seculares embutidos no individualismo moral assumem um caráter "sagrado": o declínio da religião (teísta) não implica necessariamente o desaparecimento do sagrado, muito embora seu conteúdo passe por uma transformação radical.

4 O componente institucional da análise de Durkheim perde-se de vista quase que por completo. Boa parte da obra de Durkheim atém-se à estrutura de autoridade do Estado moderno, estabelecendo um contraste entre este e as características das formas menos desenvolvidas de sociedade. O que desaparece da discussão de Parsons é a ênfase constante dada por Durkheim ao fato de que a revitalização moral da sociedade contemporânea, necessária à redução da anomia, somente pode ocorrer em virtude de importantes transformações institucionais. A "divisão anômica do trabalho" somente pode ser atenuada se a "divisão forçada do trabalho" for abolida, o que exige que a estrutura de classes passe por um processo sistemático de reorganização.

5 Embora o próprio Parsons não discuta o pano de fundo político da obra de Durkheim, sua análise dessa obra prestou-se a reiterar uma falsa interpretação, não incomum, da fundamentação política da sociologia de Durkheim. De acordo com essa visão, o tema que corre paralelamente ao problema de ordem nos textos de sociologia de Durkheim é o seu compromisso político de restaurar a "ordem" na sociedade francesa, na esteira das catástrofes que se verificaram quando da queda da Segunda República. No entanto, caso isso seja interpretado como um desejo de reconstruir a sociedade tal como era na época anterior a 1871, trata-se de uma representação equivocada das visões políticas de Durkheim. Assim como outros intelectuais de tendência republicana com quem o autor mantinha laços estreitos (como Jaurès), Durkheim tratou a derrocada da Segunda República como uma possibilidade – e, com efeito, como uma demonstração da necessidade – de se implantarem profundas mudanças sociais e políticas na França: mudanças estas que foram proclamadas, porém não concretizadas, na Revolução de 1789. Ele considerou essas transformações a condição necessária para a conquista da unidade no contexto da Terceira República.

O termo "ordem", naturalmente, apresenta diversas conotações possíveis, mas a perspectiva vislumbrada no "problema de ordem hobbesiano" foi na realidade rejeitada por Durkheim, logo no alvorecer de sua carreira intelectual. Longe de ter-se constituído o tema predominante da sociologia de Durkheim, tal perspectiva certamente não foi, nos termos formulados por Parsons, um problema para Durkheim.

As origens conservadoras da sociologia

A tese de que os escritos de Durkheim constituem uma investigação prolongada do problema de ordem está intimamente relacionada àquela que atesta sua dívida à ideologia "conservadora". Essa tese tem sido formulada em maiores ou menores graus de sutileza. É desnecessário discutir a opinião de que Durkheim assumia uma postura política conservadora. Durkheim empreendeu muito poucas incursões à esfera da política prática, e parece impossível avaliar as características específicas de suas atitudes em relação às questões políticas concretas de seu tempo. Contudo, a tendência revelada por alguns observadores, de vincular Durkheim a movimentos nacionalistas de direita em sua época, é totalmente incorreta. Durkheim sempre esteve afiliado politicamente ao Republicanismo liberal, e sua participação no caso Dreyfus, mantendo-se ao lado daqueles que defendiam a inocência deste, deram provas irrefutáveis de suas tendências políticas.

A maioria dos que destacam a sólida confiança de Durkheim no conservadorismo ideológico, no entanto, tem reconhecido o caráter liberal do autor no campo da política. A argumentação gira em torno de que, não obstante o liberalismo político de Durkheim, no âmbito intelectual ele adotou os principais teoremas conceituais que fizeram parte da "revolta" contra o legado dos filósofos racionalistas do século XVIII – conforme manifestado nos escritos de autores como de Maistre, Bonald e Chateaubriand:

Os conservadores do início do século XIX representam um anti-Iluminismo. Na renascença conservadora, não há um só trabalho, nem mesmo uma só ideia fundamental, que não procure refutar as ideias dos *philosophes*. Alguns autores, como Chateaubriand, deleitavam-se em parecer por vezes alinhar-se a um dos iluministas como meio de engendrar ataques contra outros iluministas – desferidos via de regra contra Voltaire, cujas críticas brilhantes sobre o cristianismo foram demasiado virulentas para os conservadores de profundas convicções cristãs. Mesmo Burke emprega palavras gentis aqui e ali em momentos em que se prestam a propagar uma noção de inconsistência e divisão no âmbito do Iluminismo. Mas o ódio ao Iluminismo e especialmente a Rousseau reveste-se de um caráter fundamental no conservadorismo filosófico ... E, no final do século, na obra de Durkheim, não religioso e politicamente liberal, encontramos ideias do conservadorismo francês convertidas em algumas das teorias mais essenciais de sua sociologia sistemática: a consciência coletiva, o caráter funcional de instituições e ideias, associações intermediárias, bem como seu desbragado ataque ao individualismo.[2]

Ao avaliarmos tal visão, vale separar duas proposições nela inseridas: a primeira diz respeito às origens intelectuais do pensamento de Durkheim, e a segunda está relacionada às teorias incorporadas na própria sociologia do autor. Isso porque alguns podem inclinar-se sensivelmente no sentido de uma determinada fonte intelectual e, no entanto, empregar as ideias por ela compreendidas de forma bem diferente do uso corrente até aquele momento. Daí não decorre que o simples fato de um pensador lançar mão de noções extraídas da filosofia social conservadora necessariamente fará suas próprias teorias assumirem um caráter conservador. Argumentaria, no entanto, que não está correto referir-se a Durkheim como um conservador em qualquer um desses sentidos.

---

2 Nisbet, R. A. *The Sociological Tradition*. London, 1967. p.12-3.

Na discussão que propõe acerca da importância do conservadorismo para o desenvolvimento do pensamento social moderno, Nisbet divisa três principais "correntes ideológicas" no século XIX. Além do conservadorismo, existiam, na luta pela supremacia, as poderosas influências do "radicalismo" e do "liberalismo". Cada uma dessas influências também contribuiu para traçar as perspectivas sociológicas de alguns dos mais importantes pensadores do século XIX, por exemplo, Marx ("radicalismo") ou John Stuart Mill e Spencer ("liberalismo"). Entretanto, mesmo um exame superficial demonstra que nenhuma dessas correntes de pensamento foi, nem de longe, tão definida ou distinta como Nisbet procura sugerir. Em primeiro lugar, "conservadorismo", bem como os outros rótulos apostos por Nisbet à composição ideológica do pensamento social, apresenta um escopo demasiado amplo, em que Nisbet inclui autores cujas ideias, na realidade, evidenciavam divergências fundamentais. Em segundo lugar e, talvez, mais importante nesse sentido, é difícil encontrar uma figura significativa no pensamento social do século XIX cujas ideias não envolvam, de forma mais ou menos bem-sucedida, algum tipo de síntese de todas essas três correntes ideológicas. Marx é um desses casos. Praticamente não há como negar que Marx tenha sido bastante influenciado, e não só de modo negativo, pelo "conservadorismo", na forma da filosofia de Hegel. Porém, claro, ele procurou integrar esse aspecto com ideias advindas das outras duas "correntes" – da economia política e da filosofia social "radical" francesa – ao mesmo tempo rejeitando *todas* as anteriores como formas adequadas de representação dos processos sociais que procurou analisar. Aí está a importância da distinção acima mencionada: o que um pensador faz de ideias adquiridas não está simplesmente contido naquelas ideias propriamente ditas – contudo, pode ser complicado escapar dos grilhões de conceitos e teorias herdadas.

A obra de Durkheim, embora não tão abrangente em termos de dívida intelectual como a de Marx, incorpora ideias cujas origens remontam a diversas tradições anteriormente estabelecidas. Nisbet distingue apenas duas fontes intelectuais dessa obra: uma, metodológica, e a outra, substantiva:

> O positivismo (em seu sentido amplo – ou seja, de uma metodologia fundada na aplicação vigorosa de valores científicos ao estudo da natureza e sociedade humanas) e o conservadorismo ... Coube a Durkheim o feito de traduzir para a rigorosa metodologia científica ideias e valores que apareceram pela primeira vez nas polêmicas suscitadas por Bonald, Maistre, Haller e outros que se opuseram à razão e ao racionalismo, bem como à revolução e à reforma.[3]

Contudo, classificar as principais fontes da obra de Durkheim não é assim tão fácil. Para começar, a dívida de Durkheim em relação ao racionalismo do século XVIII não se limitava, tal como afirma Nisbet, a uma essência metodológica. Da mesma forma, os escritos de Durkheim, notadamente sobre Estado e política, foram marcados por um confronto com a filosofia social de Rousseau – não tendo sido apenas uma influência negativa. É evidente que a obra de Saint-Simon e Comte, no entanto, teve importância bem maior para ajudar a traçar as linhas gerais do pensamento de Durkheim. Certamente cabe afirmar que Comte bebeu das fontes dos apologistas católicos conservadores. Isso é verdade sobretudo em relação às ideias manifestas em *Positive Polity* [*Sistema de política positiva*]. Porém, foi a obra *Positive Philosophy* [*A filosofia positiva*] de Comte que exerceu importante influência sobre Durkheim; além disso, ao elaborar suas ideias substantivas acerca da tendência de desenvolvimento da sociedade moderna, Durkheim debruçou-se com maior afinco sobre a versão da sociedade hierocrática emergente proposta por Saint-Simon do que a formulada por Comte em *Positive Polity*. A avaliação da importância de Saint-Simon como um dos precursores da sociologia de Durkheim tem, naturalmente, uma certa validade, visto que os

---

3 Nisbet, R. A. *Emile Durkheim*. Englewood Cliffs, New Jersey, 1965. p.23-5.

trabalhos de Saint-Simon representam uma fonte comum tanto para o positivismo de Comte como para o socialismo de Marx. Conforme indicaremos a seguir, de forma alguma Durkheim fecha os olhos aos aspectos "radicais" da interpretação da sociedade industrial, de autoria de Saint-Simon, tendo incorporado partes dessa leitura à sua própria teoria.

Caso se queira compreender por completo o histórico intelectual que permeia a obra de Durkheim, há ainda que se relacionar seu pensamento a fontes mais diretas. Dois conjuntos de influências ocupam um papel bastante relevante a esse respeito. Um deles encontra-se nas obras da velha-guarda dos "socialistas acadêmicos" da Alemanha. Nos primeiros anos de sua carreira, ao longo de um período de estudos na Alemanha, Durkheim familiarizou-se com as obras de autores como Schmoller, Wagner e Schäffle, discutindo a contribuição destes em diversos artigos bastante extensos.[4] Embora a medida exata do débito de Durkheim a estes pensadores seja objeto de debate, não resta dúvida de que algumas das ideias ali contidas contribuíram para filtrar o uso do legado deixado pelo positivismo francês. A "ciência da moralidade", da qual Durkheim dispôs-se a lançar as bases em *Da divisão do trabalho,* tomou como ponto de partida algumas das ideias dos socialistas reformistas germânicos. O segundo conjunto de influências, bem mais velado, contudo importantíssimo para a obra de Durkheim, advém de Kant e dos neokantianos franceses, como Renouvier. Se é que de fato existe um "problema" isolado subjacente à obra de Durkheim, em vez do "problema de ordem" hobbesiano, é o "problema kantiano" do imperativo moral. As formulações kantianas são uma constante nos trabalhos de Durkheim, muito embora não sejam sempre por ele reconhecidas como tais; e desde o início de sua carreira intelectual ele procurou

---

4 Les études de science sociale, *Revue philosophique,* v.22, 1886; La science positive de la morale en Allemagne, ibidem, 1887 (em três partes); Le programme économique de M. Schäffle, *Revue d'économie politique,* v.2, 1888.

tecer uma crítica bastante fértil dessas ideias, inserindo-as em um contexto social, mediante o uso, particularmente, das concepções de Renouvier.

Se, por via de consequência, o conservadorismo tal como definido por Nisbet e outros autores representou uma influência na herança intelectual de Durkheim, essa influência foi muito menos inequívoca e direta do que se costuma afirmar. Porém, até que ponto é verdadeira a ideia de que a edificação teórica construída por Durkheim com base nessas várias fontes apresenta um molde conservador por excelência? Argumenta-se que a sociologia de Durkheim constitui uma ofensiva total contra o individualismo: daí sua ênfase na primazia da sociedade sobre o indivíduo e sobre a necessidade de autoridade. O erro, aqui, reside na não distinção de duas acepções do termo "individualismo". Durkheim não era irredimivelmente hostil a todas as formas de individualismo. Propôs-se a criticar o "individualismo" imbricado nos trabalhos dos utilitaristas ingleses, contudo, aceitou, comprometendo-se a estudar de modo sistemático, uma forma de "individualismo" que julgou ser o alicerce necessário à organização da sociedade moderna. Ele procurou demonstrar justamente que esta última não pode ser compreendida de maneira adequada em vista dos postulados ontológicos do primeiro. A distinção entre as duas acepções de individualismo foi expressamente reconhecida pelo próprio Durkheim (embora nos estágios primeiros de sua obra não estivesse ciente de todas as suas implicações). Durkheim identifica o individualismo em sua primeira acepção com "o egoísmo utilitarista de Spencer e dos economistas": este deve ser rejeitado como algo que possa incluir qualquer tipo de ponto de partida válido para a sociologia. Porém, o individualismo na segunda acepção é completamente diferente: trata-se "daquele individualismo de Kant e Rousseau, dos idealistas, daquele a que a Declaração dos Direitos do Homem procurou, com maior ou menor sucesso, dar voz". Falamos do *individualismo moral*, algo que, conforme expresso pelo autor, "penetrou em nossas instituições e costumes e permeia toda nossa vida".[5] O individualismo, nesse sentido, é uma criação *da* sociedade, o resultado de um processo de desenvolvimento social de longo prazo.

Muitas das tensões e ambiguidades verificadas na obra de Durkheim, assim como boa parte do que se pode distinguir como original em suas contribuições, derivam de sua tentativa de dissociar a forma metodológica do individualismo sociológico. A ampla gama de conceitos conservadores de Durkheim, tais como supostamente envolvidos no sentido que atribui a "sociedade" (leia-se: "comunidade moral"), *"conscience collective"*, "autoridade" e "disciplina", só pode ser compreendida adequadamente nesses termos. Aqueles que assinalam a natureza conservadora do pensamento de Durkheim, em conjunto com os que dão ênfase ao significado do problema de ordem, negligenciaram a importância da dimensão histórica na sociologia do referido autor. Consequentemente, o funcionalismo de Durkheim é apresentado *in abstracto*, é como se esses conceitos fossem aplicados para reforçar uma teoria de controle social francamente autoritária.

Assim, parece que Durkheim assume uma posição muito semelhante à de Freud, segundo a qual há (como no "problema hobbesiano") uma antinomia inerente entre indivíduo e sociedade, o que necessariamente implica que a existência de "sociedade" está condicionada à repressão de faculdades e a propensões individuais. Com efeito, a visão de Durkheim afasta-se bastante disso. Nas sociedades tradicionais, os indivíduos estão sujeitos ao que Durkheim chama de "tirania do grupo". Não só praticamente inexiste a tolerância ao desvio dos códigos morais incorporados à *conscience collective*, mas também verifica-se um baixo desenvolvimento das capacidades e faculdades individuais. A complexidade crescente da sociedade produz tanto um alcance mais amplo das liberdades humanas como um crescimento na riqueza da perso-

---

5 L' individualisme et les intellectuels. *Revue bleue*, v.10, p.9, 1898.

nalidade individual. Diante desse quadro, as formas de autoridade moral características de tipos tradicionais de sociedade tornam-se obsoletas. Contrariamente aos pensadores sociais conservadores, Durkheim argumentou com consistência que não há como haver um regresso ao tipo de disciplina moral registrada em épocas passadas. "Os velhos deuses estão mortos", e não há que falar em reanimá-los.

É certo que ele não logrou resolver, de maneira bem-sucedida, todas as questões suscitadas pelo fato de haver adotado esse ponto de vista. Os aspectos mais relevantes da postura que assumiu, no entanto, são suficientemente claros. Ao criticar o utilitarismo, Durkheim optou pela visão kantiana de que a moralidade jamais pode ser reduzida aos desejos do ator social individual. Assim, não há fenômeno moral que não apresente um aspecto "limitativo" a ele relacionado. O importante, contudo, é que limitação ou obrigação não podem ser identificadas com repressão pura e simples, porquanto a conduta moral, segundo Durkheim, jamais envolve meramente limitação, tomada de forma isolada: também carrega uma valência positiva. Esta é a base de sua tentativa de síntese do utilitarismo e da filosofia moral de Kant: a conduta moral não está fundamentada nem só na capacidade de desejo, nem só nos deveres, mas sim em uma fusão desses dois elementos. Nesses termos, Durkheim procurou transcender as antigas dicotomias filosóficas. Embora "autoridade" e "disciplina" sejam componentes de todas as formas de organização social, é um engano, na visão de Durkheim, colocá-las em oposição à "liberdade". É precisamente esta a substância da discussão sociológica de Durkheim sobre o desenvolvimento do individualismo: o individualismo moral conserva um caráter limitativo, contudo, a aceitação dessa forma de autoridade moral representa exatamente a condição necessária para se evadir da "submissão servil" característica de tipos tradicionais de sociedade. "Liberdade" e "autoridade", afirma Durkheim, foram conceitos muitas vezes tratados como opostos: "Tal oposição, contudo, é espúria. Na realidade, esses termos se implicam, e não se excluem, mutuamente. A liberdade é a filha da autoridade compreendida de modo apropriado".⁶

A grande cisão

O mito da grande cisão foi construído de formas quase que diametralmente opostas. A versão predominante no âmbito da sociologia acadêmica ocidental é a anteriormente mencionada no presente capítulo, que rejeita o caráter pré-científico do pensamento social anterior ao último quarto do século XIX. Em geral, o contraste aqui apresenta-se entre teorias "filosóficas" e sociologia "científica" ou "fundada em bases empíricas". A outra versão do mito da grande cisão mostra a perspectiva inversa, embora a natureza do suposto contraste em questão seja diferente. Trata-se da visão apresentada por alguns marxistas. A tese, nesse caso, reside no fato de que, muito embora a obra de Marx tenha lançado uma base científica para a teoria social, os trabalhos da geração de pensadores sociais do período compreendido entre 1860 e 1920 representam pouco mais que uma defesa ideológica do capitalismo burguês diante da ameaça do socialismo revolucionário.

Parece que esta última versão, encontrada somente nas variantes mais simples do marxismo, não merece ser discutida em detalhes. Ela não se demonstra consistente com o próprio ponto de vista de Marx: ainda que a economia política burguesa tenha sido "ideológica", não há como negar que continha elementos básicos que atestavam sua validade. Para compreender a estrutura da sociologia de Durkheim, não há a menor dúvida quanto à importância de se observar o contexto sociopolítico em que escreveu – e, com certeza, existe uma estreita relação entre suas visões políticas e sociológicas, como procurei assinalar acima.

---

6 *Education and Sociology*, Glencoe, Illinois, 1956, p.89 (o autor efetuou alterações nas traduções com que trabalhou).

Mas, embora isso nos auxilie a deslindar as origens de alguns de seus erros, essa observação, *per se*, não logra efetivamente demonstrá-los como tais.

A outra tese denota maiores complicações e, assim nos parece, maior probabilidade de defesa. Durkheim é muitas vezes considerado, em especial por sociólogos norte-americanos, o fundador da sociologia empírica – o primeiro autor a aplicar o método empírico sistemático ao exame de questões sociológicas definidas. Toma-se como modelo aqui o tema do suicídio. Tal visão, contudo, é explicitamente falsa, criada em razão de se ignorar a história pregressa da pesquisa empírica do século XIX. O uso sistemático de estatísticas oficiais para se examinar, de modo supostamente objetivo, a distribuição de "fenômenos morais" começou muito antes nesse século, sob a tutela de "estatísticos morais", como Quételet. De fato, em geral não se percebe hoje até que ponto do passado remonta a tradição da pesquisa quantitativa em relação a fenômenos sociais. Durkheim debruçou-se sobre copiosos estudos anteriormente realizados que haviam relacionado a distribuição do suicídio a fatores sociais, e, em seus estudos, pouco havia de original no método estatístico ou nas generalizações empíricas que empregou. (Assim, por exemplo, a correlação entre índices de suicídio e grupo religioso já havia sido bem demonstrada em pesquisas anteriores.) A originalidade da obra de Durkheim reside muito menos nos métodos que empregou em *Suicide* [*O suicídio*] do que na teoria para a qual contribuiu com inovações; e esta última foi elaborada no contexto consideravelmente mais amplo dos problemas que o preocupavam em *Da divisão do trabalho* e seus outros escritos. (Ver Capítulo 9.)

Evidentemente, não parece suficiente tratar desse assunto nesses termos. A verdadeira questão diz respeito a até onde Durkheim logrou sucesso em dissociar "sociologia" de "filosofia especulativa". Certamente era essa a perspectiva na qual ele via seu próprio trabalho. Mesmo reconhecendo que Comte, na tentativa de estabelecer uma ciência sociológica autônoma, concebeu-se como um "cientista positivo" da conduta humana, Durkheim recusou a validade daquela descrição. Comte jamais foi capaz de se desvencilhar das armadilhas da filosofia especulativa. O fato manifesta-se, segundo Durkheim, "na lei dos três estágios", que se impõe sobre a história em vez de derivar do estudo empírico do desenvolvimento social. Isso também se aplica a Spencer, que "fez sociologia como um filósofo", pois "dispôs-se não a estudar fatos sociais em e por si próprios, mas a demonstrar como se pode comprovar a hipótese evolucionária no mundo social".[7]

A ênfase dada pelo próprio Durkheim à questão do caráter parcial do trabalho científico, da maneira penosa pela qual se conquistam avanços científicos e da necessidade de se definir de modo preciso o principal tema de estudo da sociologia, foi concebida com o objetivo de preencher a lacuna em relação à filosofia, que autores como Comte e Spencer defenderam, mas que não conseguiram realizar. Contudo, as afirmações abstratas formuladas por Durkheim sobre essa questão, bem como as dos autores que ele criticou, não podem ser simplesmente admitidas tal como se apresentam. Embora possa ser aceita a tese de que *O suicídio* e, talvez, até mesmo a obra de Durkheim sobre religião transmitam a ideia de que, para estabelecer-se em uma base "científica", a sociologia precisa ocupar-se com problemas restritos, claramente delimitados, fica difícil divisar de que modo se poderia defender esse argumento para a teoria desenvolvida em *Da divisão do trabalho*. Se não é uma "filosofia da história", pode ser entendida, entretanto, como um modelo exaustivo e totalmente abrangente que de forma alguma se mantém alheia por completo aos tipos de esquema que os pensadores do século XIX que lhe antecederam haviam produzido. Além disso, o próprio Durkheim ressaltou que ele se viu incapaz de escapar de problemas filosóficos e constantemente se surpreendeu ao retomá-los: "Tendo partido da filosofia, inclino-me a retornar a ela; ou melhor, tenho sido naturalmente

---

7 Sociologie et sciences sociales. *Revue philosophique*, p.469, 1886.

conduzido a ela pela natureza das indagações com as quais deparo em minhas incursões".[8] Com efeito, ele procurou demonstrar que questões filosóficas de longa data poderiam ser tratadas sob uma nova ótica, mediante a aplicação de uma perspectiva sociológica; contudo, isso foi nada mais, nada menos do que já havia sido afirmado por vários de seus precursores, até mesmo Marx e Comte.

Durkheim também compartilhou com a maioria dos pensadores sociais que o precederam no século XIX de ainda mais um interesse: a tentativa de empregar observações "científicas" para chegar a instruções avaliatórias. Com frequência enfatizou, claro, a noção de que a sociologia somente demonstra-se válida se, em última análise, for capaz de render alguma aplicação prática. Contudo, bem mais que isso, ele tentou estabelecer exatamente como a teoria poderia estar relacionada com a prática – em sua concepção do "normal" e do "patológico". Poucos aspectos atinentes à obra de Durkheim foram mais universalmente rejeitados do que este, no entanto, também nenhum caracteriza-se como mais fundamental a seu pensamento. O papel do sociólogo aproxima-se daquele desempenhado pelo clínico: diagnosticar e sugerir remédios para os males do organismo social. Isso demonstra-se especialmente relevante, esclareceu Durkheim, em situações de transição ou "crise" na sociedade, em que novas formas sociais aparecem, enquanto outras tornam-se obsoletas. Em tais circunstâncias, apenas a investigação social é capaz de diagnosticar, no fluxo de valores e padrões concorrentes entre si, o que pertence ao passado – e deve ser descartado – e o que pode ser visto como o padrão emergente do futuro. É a essa tarefa – de identificar as raízes da "crise moderna" – que Durkheim dedicou sua sociologia, e isso retoma as questões sobre as quais se haviam debruçado Saint-Simon e Comte meio século antes.

---

8 Carta a Davy, citada em George Davy, Émile Durkheim. *Revue Française de Sociologie*, v.1, p.10, 1960.

Integração e teoria da coerção

A exposição mais famosa da teoria da integração e da coerção é a originalmente apresentada por Dahrendorf. Segundo esse autor, desde os primórdios da filosofia social ocidental, duas concepções de sociedade mantiveram-se em constante oposição entre si. Cada uma delas representa uma resposta ao problema de ordem e cada qual "aumentou sua intensidade" com o desenvolvimento do pensamento social moderno:

> Uma dessas, a *teoria da integração da sociedade*, concebe a estrutura social nos termos de um sistema funcionalmente integrado que tem seu equilíbrio preservado por meio de determinados processos padronizados e recorrentes. A outra, a *teoria da coerção da sociedade*, trata a estrutura social como uma forma de organização mantida pela força e pela restrição e que continuamente ultrapassa os próprios limites no sentido de produzir, em si mesma, as forças que a mantêm em um processo de mudança interminável.[9]

A origem da teoria da coerção, segundo Dahrendorf, deve ser buscada nos escritos de Marx. Ao estabelecer o contraste entre teoria da integração e da coerção, ele compara os trabalhos de Marx diretamente com os de Parsons; muitos outros escritores, contudo, referiram-se a Durkheim como o principal fundador moderno da teoria da integração. As diferenças que separam as visões de Marx e Durkheim, sustenta-se, residem em concepções divergentes do estado natural do indivíduo. De acordo com Horton e outros autores, tais divergências são enfocadas, respectivamente, mediante os conceitos de alienação e anomia. O modelo concebido por Durkheim do indivíduo em um estado de natureza, afirma-se, deve muito a Hobbes; Marx construiu o seu

---

9 Dahrendorf, R. *Class and Class Conflict in Industrial Society*. Stanford, 1959, p.159. Cumpre observar, contudo, que o "problema de ordem" é definido aqui de forma menos específica e mais ambígua do que o modo como é compreendido por Parsons.

modelo a partir daquele retratado por Rousseau. Enquanto neste último parte-se da concepção de que os males da condição humana contemporânea decorrem dos efeitos repressivos da sociedade – dos quais devemos nos libertar – no primeiro, esses males são vistos como resultado justamente de um estado de coisas diametralmente oposto: originar-se-iam da falta de regulamentação social. O modelo marxista inevitavelmente concentra-se na coerção e no poder, ao menos no que concerne ao caráter das sociedades existentes, e, uma vez que se encontra voltado a transformações futuras, atribui ênfase à mudança e não à ordem; o modelo durkheimiano concentra-se no consenso e apresenta um caráter essencialmente estático.

Vale distinguir aqui duas questões, em parte, dissociáveis: as supostas discrepâncias entre a obra de Marx e a de Durkheim e o papel da coerção *versus* consenso nas análises de cunho mais concreto dos dois pensadores.

A primeira dessas questões pode ser descartada com certa facilidade. A comparação convencional entre as concepções de alienação e anomia nos escritos de Marx e Durkheim simplesmente não se demonstra verdadeira diante dos respectivos pontos de vista de ambos autores. Com certeza, os erros residem na interpretação do pensamento de Marx e, em igual medida, na do pensamento de Durkheim. Ao valer-se da concepção de alienação, Marx *não* trabalhou na linha de um contraste abstrato entre o "indivíduo na natureza" (não alienado, livre) e o "indivíduo na sociedade" (alienado, não livre). Um indivíduo não se torna "humano", na concepção de Marx, evadindo-se da sociedade: como bem percebeu logo no início de sua carreira, essa visão é praticamente insustentável, posto que a maior parte das faculdades humanas é desenvolvida por meio da sociedade. Tanto os filósofos do século XVIII como os utilitaristas partiram da concepção do "indivíduo isolado", mas o indivíduo humano é, em primeiro lugar e sobretudo, um ser social, e a simples noção do indivíduo isolado é criada como parte da ideologia de uma forma específica de sociedade (sendo, ela própria, uma expressão de consciência alienada). Seres primitivos não estão em condições de autoalienação, mas sim em condição de alienação da natureza; à medida que aumenta nosso domínio da natureza, nossa alienação com respeito a ela passa a ser transcendida – mas somente à custa da alienação de nós mesmos. Expresso em termos menos genéricos: o progresso tecnológico criado pelo capitalismo permitiu-nos conquistar a natureza, porém foi justamente esse processo que ramificou e maximizou nossa autoalienação. O ponto é que os dois elementos da equação possuem um caráter social: a alienação não se refere a um processo pelo qual nossas necessidades naturais são negadas por nossa participação como membros da sociedade, mas sim a um processo em que capacidades geradas socialmente são negadas por formas sociais específicas.

Isso também vale para o uso que faz Durkheim do conceito de anomia. É óbvio que os mesmos dois lados da equação também entram aqui: quer dizer, a condição da anomia também envolve um deslocamento entre dois conjuntos de fenômenos gerados socialmente (necessidades e possibilidades de sua realização). Como Marx, Durkheim aponta que a maioria das faculdades e necessidades humanas são moldadas pela sociedade. Em um estado de natureza não seríamos anômicos, pois nossas necessidades, tal como as dos animais, seriam basicamente orgânicas e, portanto, ajustadas a níveis relativamente fixos de sociedade. "Todo instinto é delimitado porque responde a necessidades puramente orgânicas e porque essas necessidades orgânicas são definidas com rigor."[10] Indivíduos socializados, contudo, encontram-se em posição bastante diferente. Como nossas necessidades são socialmente criadas, daí decorre, segundo Durkheim, que também os *limites* dessas necessidades devem ser fixados pela sociedade. O problema da anomia não reside apenas na limitação social de necessidades (o que já é dado), mas na penetração social *tanto* das necessidades *como* dos meios de saciedade.

---

10 *Socialism*, New York, 1962, p.240.

Nem Marx, nem Durkheim lograram esclarecer todas as dificuldades suscitadas a partir de seus pontos de vista; contudo, parece por demais simplista defender a ideia de que, embora o conceito de alienação pressuponha que indivíduos sejam, em certo sentido, naturalmente "bons", passando a degradar-se ao viverem em sociedade, o conceito de anomia parte da premissa de que as pessoas são, por natureza, refratárias à organização social, devendo, portanto, estar sujeitas a limitações. As divergências entre os conceitos de alienação e anomia, em outras palavras, dependem de diferenças presentes nas respectivas análises elaboradas por Marx e Durkheim do desenvolvimento da sociedade desde estágios primitivos até formas mais complexas. A questão diz respeito a até que ponto tais diferenças estão expressas com exatidão na oposição estabelecida entre a teoria da integração e a da coerção. Dahrendorf dissocia a teoria da integração de Durkheim da teoria da coerção de Marx com base no argumento de que a primeira dá ênfase ao "consenso", ao passo que a segunda destaca o "poder"; afirma, ainda, que a primeira negligencia a importância do "conflito" na sociedade, enquanto a segunda acentua essa importância.

"Consenso", tal como empregado por Comte, por sua vez, foi um termo não utilizado por Marx, que nem sequer pensaria na hipótese de usá-lo. Durkheim o emprega com bastante frequência – embora faça uso muito mais frequente das expressões *"conscience collective"* ou *"conscience commune"*. Porém, é importante não ser induzido ao erro em virtude de diferenças terminológicas. O lugar ocupado pelo conceito de "ideologia" na teoria de Marx não é de todo pejorativo. Sem dúvida, é verdadeira a ideia de que "ideologia" refere-se ao que Engels chamou de consciência "falsa", e de que esta é uma concepção completamente desprovida da noção de consenso. Contudo, embora a ideologia seja ontologicamente falsa, não é falsa em termos sociológicos. Quer dizer, ideias morais, tais como expressas, por exemplo, em sistemas-ideários religiosos, são de importância fundamental para estabilizar sistemas sociais existentes, bem como para legitimar as relações de classe que neles prevaleçam. A hostilidade declarada de Marx à religião, assim como a tentativa, durante toda a sua vida, de desenvolver uma crítica da economia política como elemento da maior importância na ideologia da sociedade burguesa, somente faz sentido se este aspecto passar a ser reconhecido.

Não é nenhuma surpresa que, enquanto Marx tinha a sociedade como um sistema instável de grupos (classes) em conflito, Durkheim a concebia como um todo unificado – uma entidade "maior que a soma de suas partes", motivo pelo qual o autor não fez nenhuma análise das origens do conflito social. O fator que induz a erros nisso é o uso do termo genérico "sociedade". Para tecer um julgamento acerca da validade do contraste, a única comparação adequada parece ser entre as respectivas análises de Marx e Durkheim de *formas* específicas de sociedade e, especialmente, daquele tipo de sociedade que Marx chamou de "sociedade burguesa" ou "capitalismo". Isso porque, se o conflito, ou a luta de classes, desempenha um papel essencial na análise marxista de sociedades ainda existentes, sem dúvida o autor, afinal de contas, vislumbra o surgimento de um tipo de sociedade em que esse conflito desapareceria. Expresso nos termos dessa comparação mais tangível, o contraste entre teoria da integração e teoria da coerção novamente demonstra-se inadequado como forma de apontar diferenças entre os dois pensadores. As diferenças não residem no fato de que um reconheceu a existência de conflito entre classes na Europa do século XIX, enquanto o outro ignorou tal circunstância, mas sim em seus diagnósticos das origens daquele conflito e, por via de consequência, das medidas para solucioná-lo. Tal como Marx, Durkheim previu o aparecimento de uma sociedade "desprovida de classes", contudo, essa viria a ser a sociedade "de uma classe" de Saint-Simon, conservando um alto grau de diferenciação econômica, diferente da forma marxista.

Marx tratou a luta de classes como a principal força motriz da história, um teorema negado expressamente por Durkheim; pode-se naturalmente arguir, ainda, que há em Marx algum tipo de configuração geral de "teoria" de mudança social (em sociedades de classes) ausente nos trabalhos de Durkheim, ressalvando-se o fragmento sobre as causas da expansão da divisão do trabalho no livro que levou esse título. Mas de forma alguma isso implica dizer que Durkheim tenha se mantido indiferente à questão da mudança social. O que Dahrendorf afirma acerca da teoria da integração, que ela "concebe a estrutura social em termos de sistema funcionalmente integrado e que mantém o equilíbrio por meio de determinados processos padronizados e recorrentes", é flexível o suficiente para se aplicar tanto ao modelo de capitalismo proposto por Marx como ao modelo de sociedade industrial formulado por Durkheim. É óbvio que o primeiro não se refere a um equilíbrio estático entre as classes, mas sim a um modelo móvel e transitório por excelência. No entanto, pode-se dizer a mesma coisa sobre a análise durkheimiana da "fase de transição" entre o feudalismo e o industrialismo. Além disso, Durkheim, tal como Marx, destacou que a sociedade se encontra, nas palavras de Dahrendorf, "em interminável processo de mudança", e que cabe ao sociólogo traçar as linhas de desenvolvimento dessa sociedade.

Mito e realidade

Os quatro mitos da história do pensamento social não representam uma concepção unitária do desenvolvimento da sociologia. Aqueles que aceitaram o mito das origens conservadoras da sociologia não necessariamente aceitaram o mito da grande cisão; já aqueles que promulgaram o mito do problema de ordem nem sempre endossaram a dicotomia entre teoria da integração e teoria da coerção. No entanto, tal como se aplica à interpretação dos escritos de Durkheim, existem ligações muito próximas entre essas diversas visões.

A noção do problema de ordem como a preocupação predominante de Durkheim, bem como da inclinação conservadora de sua sociologia, estimulou a ideia de que há uma clara discrepância entre as visões e os interesses políticos de Durkheim, de um lado, e o caráter geral de sua obra sociológica, de outro. Nisbet faz a seguinte declaração: "Ele (Durkheim) era um liberal por opção e atividade política, porém, sua sociologia constitui-se em um violento ataque contra as fundações filosóficas do liberalismo ... a substância de seu pensamento compõe-se quase que exclusivamente de perspectivas e *insights* que mantêm uma relação umbilical com ... conservadorismo do início do século XIX".[11] Caso essa interpretação seja rejeitada, a discrepância se esvai; o liberalismo político de Durkheim depara com um contraponto direto em sua tentativa, em sua análise sociológica mais geral, de identificar a estrutura de autoridade característica do Estado-nação moderno.

Afirmei que cada um dos quatro mitos mencionados possui elementos válidos. Creio que seja oportuno apresentar em seguida uma tentativa de desenvolver esses elementos.

Poderíamos partir da questão do "conservadorismo". O elemento de verdade que une a sociologia da geração de Durkheim a uma reação conservadora às "duas grandes Revoluções" apenas pode ser compreendido de maneira mais apropriada se essa sociologia estiver relacionada ao desenvolvimento sociopolítico dos principais países da Europa Ocidental do século XIX. Tal observação parece lugar-comum, contudo trata-se de uma perspectiva cuja ausência nas análises que buscam demonstrar o débito da sociologia com o conservadorismo não pode deixar de ser notada. O "conservadorismo" de Bonald e de seus contemporâneos na França constituiu, acima de tudo, uma resposta às aparentes consequências dos acontecimentos de 1789. Conforme se tem escrito com propriedade acerca de Bonald, "desdenhoso das comunidades

---

11 Émile Durkheim, p.28.

e manufaturas urbanas, que ele nem sequer discute, parece que quis fechar os olhos às realidades econômicas de seu tempo ... Bonald não escreveu um tratado de economia: lutou contra a Revolução".[12] Ao longo de todo o século XIX, na França, o pensamento social continuou sendo dominado, de uma maneira ou de outra, pelo legado da Revolução de 1789. O advento da revolução, naturalmente, ensejou ondas de temor e ansiedade entre os grupos dominantes tanto na Grã-Bretanha como na Alemanha, propiciando o cenário global para o surgimento do mais elaborado sistema teórico produzido neste último país: a filosofia de Hegel. No entanto, embora o temor da revolução continuasse a assombrar as camadas dominantes nesses dois países durante décadas, outras tendências de desenvolvimento os desviaram de forma decisiva da experiência francesa. Na Grã-Bretanha, uma taxa acelerada de desenvolvimento industrial foi acompanhada de um processo único de acomodação e interpenetração mútuas da aristocracia proprietária de terras e da elite comercial e industrial emergente. O resultado foi o surgimento de uma sociedade sem paralelo em nenhuma outra parte do mundo no tocante ao teor relativamente uniforme de seu desenvolvimento, que não produziu nem um movimento socialista revolucionário de grande escala, tampouco seu contraponto, um conservadorismo agressivo e irracional. Sob determinados aspectos, a Grã-Bretanha foi na realidade contundentemente "conservadora"; porém, tal conservadorismo, marcado em especial na esfera política, revelou-se compatível com importantes e progressivas mudanças na infraestrutura social. Em suas famosas palestras sobre *Law and Public Opinion in England* [*A lei e a opinião pública na Inglaterra*], Dicey demonstrou de que forma esse fenômeno podia ser identificado mediante a natureza mutável do ordenamento jurídico:

---

12 Colette Captain, "Avant-propos" a Bonald, *Théorie du pouvoir politique et religieux*, Paris, 1966, p.10.

A França é o país da revolução, a Inglaterra é famosa pelo seu conservadorismo, porém um breve exame no histórico jurídico de cada país sugere a existência de um certo erro no contraste popularmente estabelecido entre a mutabilidade francesa e a imutabilidade inglesa. Apesar das revoluções em Paris, as disposições fundamentais do Código Napoleônico permaneceram, em grande medida, inalteradas desde sua publicação em 1804, e até 1900 o Código passou a ser investido de um tipo de aura jurídica que o protegeu contra mudanças repentinas e avassaladoras. Em 1804, George III estava no trono, e na ocasião a opinião pública inglesa mantinha-se inerte a toda e qualquer mudança legal ou política; no entanto, atualmente, é difícil encontrar alguma parte da legislação inglesa que entre 1804 e os dias de hoje não tenha sofrido alterações na forma ou no conteúdo.[13]

Portanto, o conteúdo interno do conceito de "conservadorismo", bem como as inter-relações entre ideologia conservadora e teoria social, apresentou diferenças entre as três principais sociedades europeias. Na Grã-Bretanha, o utilitarismo, embora tenha passado por transformações significativas desde Bentham a Spencer, sustentou-se como a forma predominante de teoria social ao longo da maior parte do século XIX. Embora finalmente contestado por T. H. Green e os filósofos de Oxford, a crítica à referida teoria permaneceu enfronhada na metafísica idealista. Em nenhum dos outros dois países mencionados o utilitarismo gozou de nada que fosse parecido com o papel preeminente que ocupou (mesmo em sua versão de economia política) na Grã-Bretanha. Tem-se verificado uma tendência comum nos autores britânicos e norte-americanos, ao discutirem o pensamento social europeu do século XIX, de atribuir demasiada importância ao significado do individualismo utilitarista. Na França, essa corrente foi desde o início suplantada pelas obras dos filósofos do século

---

13 Dicey, A. V. *Law and Public Opinion in England*. London, 1962. p.7. Para uma análise de alguns dos "conservadores" ingleses do século XIX, ver Lippincott, B. E. *Victorian Critics of Democracy*. Minneapolis, 1938.

XVIII; na Alemanha, a inclinação fortemente histórica para a filosofia e as ciências econômicas limitou de fato sua penetração. O desenvolvimento da sociedade alemã no século XIX foi sobretudo condicionado por três conjuntos de fatores: o fracasso em se concretizar uma "revolução burguesa" em 1848 e o consequente prolongamento da dominação de uma elite autocrática proprietária de terras que se estendeu até o século XX; o fato de a unificação alemã ter sido conquistada mediante o papel hegemônico ocupado pela Prússia, cujo poder se estabeleceu com base na posição dessa elite; e o advento de um período de desenvolvimento industrial tardio, porém muito rápido, cujos efeitos se concentraram no período que se seguiu imediatamente à unificação do país. Esses fatores produziram diversas correntes de pensamento social, algumas bastante peculiares à Alemanha, envolvendo antigas fusões entre filosofias "conservadoras" e "progressistas", como encontrado nos trabalhos de autores como Oldenberg, Wagner e Schäffle. "Conservadorismo" aqui, contudo, representa primordialmente uma ligação nostálgica e romântica à comunidade (idealizada) da aldeia pré-industrial.

A história da França do século XIX, como bem indica a observação de Dicey, foi marcada por uma volatilidade política superficial, que mascarou um conjunto profundamente enraizado de divisões socioeconômicas que sobreviveram à Revolução de 1789 ou foram por ela engendradas. A nação mais revolucionária da Europa revelou-se tudo exceto revolucionária no que tange à efetiva criação da sociedade burguesa proclamada em seus *slogans*. O "conservadorismo" na França esteve sempre relacionado com o catolicismo e com as reivindicações de proprietários de terra enfraquecidos, porém dotados de tenacidade militante, de arrendatários – e do campesinato independente. Embora para os pensadores alemães da geração de Max Weber o problema maior fosse o dos antecedentes e das consequências do "capitalismo" (analisado aqui, basicamente, em termos de destruição de valores tradicionais por meio da disseminação da "racionalização" da cultura), na França o debate girou em torno do problema do "individualismo" em face das reivindicações da hierocracia católica. A teoria do Estado de Durkheim foi concebida como uma tentativa de solucionar o "legado da revolução": a distância entre os ideais de liberdade e igualdade de oportunidade, proclamados em 1789, e a realidade da contínua estagnação da infraestrutura social. Na França, desde o início do século XIX, observou Durkheim: "Mudanças se sucedem a mudanças em uma velocidade sem paralelo ... Ao mesmo tempo, essas mudanças superficiais marcam uma estagnação habitual ... todas essas mudanças superficiais que prosseguem em várias direções anulam-se mutuamente".[14] Tal fenômeno deve ser explicado nos termos da ausência de diferenciação entre Estado e sociedade. Nessas circunstâncias, o Estado não dispõe de independência suficiente para assumir uma postura firme para iniciar e realizar políticas, simplesmente é levado ao sabor das tendências da massa, em mudança constante. Segundo concluiu Durkheim, o que teve de ser estabelecido foi uma forma de Estado sólida o suficiente para resistir aos impulsos voláteis da massa (que, caso se permita que detenha poder, simplesmente garante o domínio de um "tradicionalismo implacável" subjacente), mas que não perde contato com a vontade da maioria e, portanto, cria uma autocracia coerciva.

Trata-se esta, efetivamente, de uma teoria do Estado republicano, tal como Durkheim viu emergir, e que tentou ajudar a criar, na esteira da catástrofe da guerra de 1870 e da Comuna de Paris. O Estado moderno não se opõe ao avanço do individualismo moral incorporado aos ideais da Revolução do século XVIII, ao contrário, passa a ser o principal agente fomentador desse avanço. Como Durkheim procurou demonstrar em *Da divisão do trabalho*, "individualismo moral" e "utilitarismo" não devem se identificar mutuamente. Embora em 1893 tenha julgado necessário dedicar uma longa seção da obra aqui mencionada ao repúdio crítico do utili-

---

14 *Professional Ethics and Civic Morals*. London: Routledge, 1957. p.99.

tarismo, particularmente em sua versão spenceriana, por volta de 1898, estava certo de que "dificilmente a filosofia prática de Spencer ... ainda conta com defensores", e de que praticamente inexistia a necessidade de se "combater um inimigo que rumava em silêncio para a morte natural".[15] O individualismo moral é uma criação da sociedade – e, mais especificamente, da efervescência coletiva da Revolução de 1789 e seus desdobramentos imediatos – e, portanto, extrai sua força da autoridade da sociedade; como tal, é bastante distinto do "egoísmo" do indivíduo "isolado" ou "pré-social" da teoria utilitarista.

Nesses termos, Durkheim tentou manter distância de três correntes de pensamento – "individualismo" (na forma do utilitarismo), "socialismo" revolucionário *e* "conservadorismo". *Da divisão do trabalho* de pronto expõe a falha essencial do conservadorismo dos apologistas católicos: o individualismo moral é a forma emergente de ideal moral na sociedade moderna, e não há como retornar ao tipo de ordem moral característica da *Positive Polity*, de Comte. Contudo, Durkheim recorreu a importantes elementos dessa tradição de pensamento, exatamente como o fez em relação a cada uma das correntes acima referidas. O autor deve alguns de seus principais conceitos a essa fonte, da mesma forma que Marx deve alguns dos seus conceitos a Hegel; porém, como Marx, ele procurou aplicá-los de tal modo que produzisse uma crítica logo da corrente de pensamento do qual originalmente derivaram. Em outras palavras, a obra de Durkheim tem sua origem na tentativa de sintetizar e de, portanto, transcender cada uma dessas três tradições herdadas das primeiras décadas do século XIX; e por esse motivo é mais propriamente considerada como uma tentativa de repensar os alicerces do liberalismo em circunstâncias nas quais o individualismo liberal desenvolvido no "caso" britânico (ou seja, o utilitarismo) demonstrou-se expressamente inapropriado.

---

15 "L' individualisme et les intellectuels", p.8.

Consequentemente, a sociologia de Durkheim não pode mais ser entendida, de forma adequada, como uma mera crítica do utilitarismo, tampouco como uma crítica do socialismo revolucionário. A questão notadamente problemática não dizia respeito a "ordem", mas sim, se é que devemos empregar o termo, à conciliação entre "ordem" e "mudança". Durkheim aceitou o que considerou ser o componente essencial do socialismo: a necessidade de regulamentar as relações desenfreadas de mercado. Naturalmente, não obstante ele rejeitou a possibilidade de reestruturação radical da sociedade por meios revolucionários, bem como a premissa correlacionada de que a luta de classes era o meio pelo qual esse objetivo poderia ser alcançado. Abstratamente, Durkheim negou a ideia de que os preceitos básicos do socialismo apresentam algum tipo de ligação necessária com a luta de classes. Em poucas palavras, a teoria da anomia é de importância fundamental para compreender a rejeição por parte de Durkheim tanto do utilitarismo como do socialismo. Porém, o antídoto para a anomia, como fez questão de esclarecer o referido autor, não consiste na reaplicação de formas tradicionais de disciplina moral, tal como se sugere no pensamento conservador. A anomia, em outras palavras, é uma condição social que depende do caráter transitório da era contemporânea: resulta do fato de que as mudanças necessárias à conclusão do individualismo moral ainda não se tornaram realidade. Este é o contraponto teórico geral da interpretação mais concreta do autor dos fatores responsáveis pelo retardo no desenvolvimento de uma "sociedade burguesa" completamente estabelecida na França nos três primeiros quartos do século XIX.

Se a ideia de considerar as preocupações de Durkheim oriundas de um interesse irresistível pelo problema da ordem não parece de grande utilidade, dificilmente se poderá atribuir validade à aplicação dessa noção a Marx, considerando-se que "ordem" aqui decorre da aplicação de "coerção". Uma vez que a noção de "ordem" é ambígua e pode abranger um número tão extenso de conjuntos possivelmente bastante distintos de circunstâncias (ausência de conflito, ausência de mudanças, prevalência de normas culturais mutuamente compatíveis etc.), pouco se tem a ganhar com o emprego desse termo, a menos que se refira ao "problema hobbesiano", definido de maneira mais restrita, que está implícito em pelo menos algumas versões do utilitarismo. Desde os primeiros estágios de sua carreira intelectual, Marx repudiou o utilitarismo, tratando-o como uma expressão ideológica que mascara as relações sociais inerentes à divisão do trabalho no capitalismo.

A sociologia de Durkheim fundamentou-se na tentativa de examinar as condições pelas quais a França seria capaz de tornar-se uma "sociedade burguesa" completamente desenvolvida. Contudo, foi mais que a defesa de um determinado *status quo* em face da ameaça do socialismo revolucionário. Se as reflexões sobre a "questão social" foram um fator importante que contribuiu para a formação do pensamento de Durkheim, não menos importante foi a ansiedade do autor em refutar o ressurgimento de forças conservadoras no âmbito da estrutura social. A exemplo de seu famoso contemporâneo na Alemanha, Max Weber, ao aproveitar ideias tanto do socialismo como do conservadorismo e recombiná-las em uma nova configuração, Durkheim procurou apresentar um conjunto de princípios lógicos sistemáticos para um Estado burguês que tinha necessariamente de divergir dos princípios "clássicos" do liberalismo, quer dizer, os que haviam encontrado sua expressão no contexto britânico, bastante distinto. Uma vez que o quadro de desenvolvimento na Alemanha foi muito diferente do verificado na França – e a posição ocupada pela burguesia liberal, bem mais frágil –, a tentativa de síntese elaborada por Weber foi bastante divergente da criada por Durkheim.

A fórmula de Durkheim para o surgimento de uma disciplina autônoma de sociologia foi imediatamente relacionada à sua tentativa de avaliar e combinar ideias contidas na tradição de pensamento socialista e na conservadora, tendo sido por ele lapidada, de maneira bastante consciente, com esse objetivo. Segundo Durkheim, o principal pré-requisito intelectual para a instituição de uma sociologia científica foi o abandono completo da filosofia especulativa que ainda permaneceu desempenhando importante papel nos escritos de pensadores de gerações anteriores como Saint-Simon e Comte. Porém, o resíduo mais significativo da filosofia especulativa nos trabalhos desses autores, segundo Durkheim, foi de dois tipos relacionados entre si, cada um intimamente ligado aos impulsos sociais que geraram a própria sociologia. O primeiro foi o impulso no sentido de reforma social ou reorganização social; o outro, o que visou à revitalização da religião. O primeiro encontra sua expressão mais característica nas doutrinas do socialismo; o segundo, na conclamação conservadora por uma revivificação religiosa. Durante os três primeiros quartos do século XIX, argumentava Durkheim, mas especialmente nas épocas de levantes sociais, surge o ímpeto desses três conjuntos de ideias – socialismo, religião e sociologia. Nos trabalhos de Saint-Simon, são encontrados em uma mistura quase que inextricável. Comte foi além de Saint-Simon, não por dar o nome à "sociologia" (que Durkheim julgou ser "um neologismo barbaresco"), mas também por fazer uma contribuição substancial no sentido da segregação desta disciplina das demais formas de pensamento em que estava embutida; contudo, ele não conseguiu concluir essa separação e, no final da carreira, sacrificou boa parte de sua sociologia ao impulso religioso.

A ênfase de Durkheim na necessidade de se traçar um limite bem definido da matéria de que trata a sociologia, suas metas e objetivos, precisa, portanto, ser compreendida em termos do que foi percebido por esse autor como uma pressão por se diluir a sociologia no contexto dos impulsos mais diretamente práticos envolvidos no socialismo e na revivência religiosa. Só uma ciência da sociologia autônoma e estabelecida em bases sólidas tem condições de efetivamente discernir e analisar o que o socialismo e a revivência religiosa têm em comum, podendo assim diagnosticar com precisão as soluções para os problemas sociais para os quais cada uma dessas tendências dá expressão. Isso porque, embora o socialismo, especialmente o marxista, identifique-se como científico, as proposições nele contidas, que brotam de uma premente consciência da necessidade de reorganização social, vão muito além do que se pode afirmar ser verificado, ou mesmo verificável, sob o ponto de vista empírico. Daí se explica a ênfase bastante frequente dada por Durkheim à natureza modesta e cautelosa da investigação sociológica, bem como sua tentativa de conservar o caráter "positivo" da sociologia de Comte em uma nova roupagem. Apesar – ou, como a presente análise tem buscado demonstrar, por causa – de seu caráter restrito e científico, a sociologia realmente detém a chave para o entendimento prático da "crise moderna".

Assim, Durkheim foi levado a estabelecer uma definição precisa do campo da sociologia e a insistir na limitação das investigações sociológicas a problemas restritos e claramente delimitados. Porém, justamente a amplitude do contexto que levou o autor a erigir essa nova perspectiva sociológica pôs a sociologia em uma posição inevitavelmente paradoxal, pois nenhuma disciplina de sociologia "neutra" e circunscrita seria capaz de fazer uma abordagem adequada dos problemas que estimularam a obra de Durkheim, e a maioria de seus trabalhos, antes de manter consistência com sua doutrina metodológica, apresenta um grau de variação muito mais vasto. Nos termos da dissociação da sociologia da filosofia social ("especulativa"), a obra de Durkheim está longe de observar a linha demarcatória definida com exatidão, tal como sugerida por seu autor. Com efeito, parece ter sido uma característica de cada geração sucessiva de pensadores sociais do século XIX sustentar a tese de que, embora os trabalhos de seus predecessores tivessem cunho especulativo ou ideológico, ou ambos, seus próprios trabalhos estavam fundamentados na realidade empírica, assumindo portanto um caráter científico. Tal afirmação foi feita por Saint-Simon sobre os filósofos do século XVIII; por Comte e Marx acerca de Saint-Simon (entre outros); e por Durkheim, em relação a todos os anteriores.

Assim, que validade pode ainda residir na noção da grande cisão? Uma discussão exaustiva dessa questão exigiria avaliar até que ponto, na sociologia, são viáveis avanços intelectuais comparáveis àqueles obtidos nas ciências naturais. O programa sociológico que Durkheim criou para si mesmo abriu-lhe a possibilidade de lançar luzes sobre uma série de problemas das mais diversas naturezas no campo da sociologia e da filosofia social. Entretanto, isso não é o mesmo que romper com as estruturas gerais de pensamento e análise que guiaram seus precursores. Talvez haja dois aspectos sob os quais a sociologia de Durkheim representa um marco como novo ponto de partida do pensamento social cultivado por seus antecessores. O primeiro diz respeito ao abandono por parte do autor do evolucionismo unilinear e a utilização de materiais extraídos de culturas alheias à Europa. Todos os pensadores de outras gerações cujas obras constituíram parte importante do horizonte intelectual de Durkheim estavam, de modo geral, presos à experiência europeia. De fato, sua disposição de fixar esquemas "universais" é testemunha disso. Embora Durkheim não tenha abandonado por completo o evolucionismo, sua utilização de estudos antropológicos inseridos em uma estrutura metodológica comparativa marca o início da era moderna no pensamento social do Ocidente, tendo viabilizado a realização da ampla gama de pesquisas conduzidas sob a égide da escola do *Année sociologique* por estudiosos de várias disciplinas diferentes. O sucesso e o prestígio desse grupo foram justamente as indicações dos progressos alcançados na institucionalização efetiva da sociologia como uma disciplina acadêmica reconhecida. É este o segundo e, talvez, o mais básico elemento válido na noção da grande cisão. Bastante significativo o fato de que foi a sociologia de Durkheim, e não a de outros potenciais concorrentes (por exemplo, a de Le Play e seus discípulos), a que obteve maior sucesso nesse sentido. Isso porque os trabalhos de Durkheim proporcionaram uma combinação singular de uma sólida defesa à respeitabilidade científica das obras com uma explicação persuasiva dos problemas encontrados no surgimento tardio de um Estado industrial maduro.

8
Auguste Comte e o positivismo

Há poucos trabalhos cuja forma e estilo parecem exibir um contraste tão radical em relação ao temperamento e as experiências do autor durante o período de sua elaboração como o *Cours de philosophie positive* [*Curso de filosofia positiva*], de Comte. O primeiro volume do *Curso* foi escrito em 1830; Comte completou mais cinco volumes em apenas uma década a partir daquele ano. Os seis volumes fornecem uma visão enciclopédica do desenvolvimento das ciências, começando com matemática, passando por física, química e biologia, e culminando com uma exposição da incipiente ciência da "física social" nos três volumes que encerram a série.

O tom do trabalho é sóbrio, o estilo é pesado, e seu tema, a evolução da ordem social e intelectual. Contudo, o autor, antigo protegido de Saint-Simon, levava uma vida apenas pouco menos extravagante e desregrada do que a de seu mentor. De 1817 em diante, Comte trabalhou em parceria direta, porém cada vez mais acrimoniosa, com Saint-Simon, o que terminou com uma briga pública em 1824 (criando uma acirrada polêmica sobre a verdadeira originalidade do *Curso*, de Comte, que, segundo este, não devia nada àquele "trapaceiro depravado", Saint-Simon). A história da vida de Comte a partir desse ano mostra uma série de discussões mordazes com vários estudiosos, uma busca desesperadora e frustrada por reconhecimento e emprego acadêmico na França, pontuada por períodos de loucura. Ele conhecera uma mulher anteriormente fichada na polícia como prostituta e casou-se com ela; na cerimônia, realizada por insistência da mãe de Comte, um funcionário do hospital psiquiátrico montava guarda, e o noivo discutiu com o padre durante todo o ritual. A união foi tensa desde o princípio, com separações periódicas e rompimento definitivo em 1824; não raras vezes seus violentos acessos de cólera redundaram em agressão física à mulher.

Nada dessa miséria emocional aparece no *Curso*, que constitui uma prova do equilíbrio da natureza e da sociedade. Sem dúvida, trata-se de um dos trabalhos mais importantes da época, contribuindo para colocar Comte no mesmo nível de Marx como figura predominante no pensamento social do século XIX. Da influência de ambos originam-se duas tradições opostas, embora inter-relacionadas, que talvez até hoje sirvam de enfoque contínuo de debate nas ciências sociais. Os trabalhos de Comte, filtrados pelos de Durkheim uma geração depois, vinculam-se diretamente ao funcionalismo moderno, a perspectiva mais importante da sociologia, antropologia e teoria política ortodoxas há muitos anos. O marxismo há muito vem sendo o principal veículo de oposição crítica a essa ortodoxia. Por mais fundamentais que sejam suas diferenças, Comte e Marx compartilharam as preocupações do século XIX com as crises desencadeadas pela revolução política e pelo advento do industrialismo. E cada um voltou-se para as conquistas da ciência natural ao procurar desenvolver o entendimento social que permitiria aos seres humanos utilizarem com sucesso as forças assim liberadas para o autoaprimoramento.

Tanto para Comte como para Marx, o desenvolvimento dessa autocompreensão surge como extensão lógica do sucesso da ciência natural, em que a desmistificação do mundo físico pela primeira vez torna possível e, na verdade, necessária a compreensão científica das fontes da própria conduta humana.

A "hierarquia das ciências" apresentada por Comte, documentada com riqueza de detalhes em seu *Curso*, expressou essa ideia de forma muito mais direta que qualquer coisa encontrada em Marx. Demonstra-se que a relação entre as ciências é hierárquica, tanto no sentido analítico como no histórico, sendo este último explicado em termos da famosa "lei dos três estágios" do desenvolvimento intelectual. Analiticamente, esclarece Comte, as ciências formam uma hierarquia de generalidade decrescente, mas de progressiva complexidade; cada ciência mantém dependência lógica das outras abaixo dela na hierarquia e, apesar disso, lida simultaneamente com uma ordem emergente de propriedades que não podem ser reduzidas àquelas com as quais as outras ciências estão envolvidas. Assim, a biologia, por exemplo, pressupõe as leis da física e da química, tendo em vista que todos os organismos são entidades físicas sob as leis que regem a composição da matéria. Entretanto, o comportamento dos organismos, como seres complexos, não pode derivar-se simples e diretamente dessas leis.

A relação lógica entre as ciências, segundo Comte, ajuda-nos a entender sua formação progressiva como disciplinas distintas na evolução intelectual da humanidade. As ciências que se desenvolvem primeiro – matemática e depois física – são aquelas que lidam com as leis mais gerais da natureza, as que regem os fenômenos mais afastados do envolvimento e do controle humano. A partir daí, a ciência introduz-se de forma cada vez mais direta na humanidade e acaba por criar em física social uma ciência da própria conduta humana. O processo não é realizado sem esforços; a compreensão científica situa-se no fim da progressão da vida intelectual por meio dos estágios teológicos e metafísicos característicos de todos os ramos do pensamento. O "estágio teológico", no qual se entende que o universo é determinado pela intervenção de seres espirituais, alcança o clímax no cristianismo com seu reconhecimento de uma divindade todo-poderosa: esse estágio, a que Comte chamava de "o estado fictício", representa "o ponto de partida necessário da inteligência humana".

A fase metafísica substitui esses espíritos em movimento por forças e entidades abstratas, com isso preparando o terreno para o advento da ciência, estado fixo e definitivo do pensamento humano. A enunciação da lei dos três estágios, afirma Comte, é suficiente "para que sua exatidão seja imediatamente verificada por todos os que têm conhecimento aprofundado da história geral das ciências".[1] (Mais tarde, o próprio Comte afirmou ter comprovado a lei dos três estágios em seus períodos de insanidade, vivenciados, segundo ele, como uma regressão do positivismo, passando pela metafísica, chegando à teologia na esfera da própria personalidade e, em sua recuperação, reconstituindo a evolução desses estágios.)

A tarefa do *Curso* não é apenas analisar a transmutação do pensamento humano pela ciência, mas, em essência, *completá-la*. Até porque, esclarece Comte, a compreensão humana de nós mesmos ainda se encontra na fase pré-científica:

> Tudo se reduz, pois, a uma simples questão de fato: será que a filosofia positiva, que nos dois últimos séculos ganhou gradualmente uma extensão tão grande, abrange hoje todas as categorias de fenômeno? Não, é claro, e consequentemente ainda falta executar uma grande operação científica para dar à filosofia positiva esse caráter de universalidade indispensável à sua formação definitiva ... Agora que o espírito humano estabeleceu a física celeste, a física terrestre, seja mecânica, seja química, e a física orgânica,

---

1 Citação original: *"pour que la justesse en soit immédiatement vérifiée par tous ceux qui ont quelque connaissance approfondie de l'histoire générale des sciences."* (N.T.)

seja vegetal, seja animal, falta-lhe ultimar o sistema das ciências, criando a física social. Hoje, sob diversos aspectos capitais, essa é a necessidade maior e mais premente da nossa inteligência.²

A física social devia acima de tudo ser direcionada para fins práticos. Mesmo sendo verdade que os estranhos excessos do imanente futuro social vislumbrado no *Système de politique positive* [*Sistema de política positiva*] não estão presentes nos primeiros trabalhos de Comte, ainda se pode afirmar que os principais elementos de seu programa político já se encontram lá. De fato, estes são expostos com maior clareza no *Curso* do que nos trabalhos posteriores. O tema central é a necessidade de conciliar a ordem com o progresso. Na visão de Comte, sua insistência na conjunção dessas duas condições sociais distinguia a filosofia positiva, tanto da "metafísica revolucionária", que inspirara os eventos de 1789, quanto da teoria política da "escola retrógrada" do conservadorismo católico, que se formara em reação ao tumulto resultante da Revolução. Esta última escola queria ordem, mas era contra o progresso; a primeira buscava o progresso à custa da ordem. Em consequência, argumentava Comte, as duas ideias parecem dissociadas, até mesmo antitéticas: "Não se pode negar que um espírito essencialmente retrógrado vem mantendo controle persistente de todas as grandes tentativas a favor da ordem, e que os principais esforços empreendidos para o progresso vêm sendo sempre conduzidos pelas doutrinas radicalmente

---

2 Citação original: "*Tout se réduit donc à une simple question de fait: la philosophie positive, qui, dans les deux derniers siècles a pris graduellement une si grande extension, embrasse-t-elle aujourd´hui tous les ordres de phénomènes? Il est évident que cela n´est point, et que, par conséquent, il reste encore une grande opération scientifique à exécuter pour donner à la philosophie positive ce caractère d´universalité indispensable à sa constitution définitive ... Maintenant que l´esprit humain a fondé la physique céleste, la physique terrestre, soit mécanique, soit chimique; la physique organique, soit végétale, soit animale, il lui reste à terminer le système des sciences en fondant la physique sociale. Tel est aujourd´hui sous plusieurs rapports capitaux, le plus grand e le plus pressant besoin de notre intelligence.*" (N.T.)

anárquicas".³ Isso porque a "ordem" desejada pelos apologistas católicos nada mais era que a volta à hierocracia feudal, enquanto o "progresso" almejado pelos revolucionários era nada menos que a subversão de qualquer forma de governo como tal. Entretanto, o tipo de sociedade previsto por Comte com a garantia de ambos, ordem e progresso, dava grande importância às características constantes dos trabalhos da "escola retrógrada" – consenso moral, autoridade e um antagonismo à "quimera da igualdade" – ainda que destituídas de associação específica com o catolicismo.

O homem que cunhou o neologismo "filosofia positiva" também introduziu o termo "sociologia" – abandonando "física social" para fazer uma distinção entre seu trabalho e o de Quételet, que independentemente aplicara o termo a seus estudos de estatística social, vistos por Comte com certo desdém. Ao considerar a sociologia uma ciência da sociedade que possibilitaria um controle do mundo social similar ao que fora alcançado sobre o mundo material, Comte descreveu a nova ciência como resultado natural do avanço do racionalismo humano. Seus precursores mais importantes na formação da sociologia, segundo o próprio Comte, foram Montesquieu e Condorcet. A contribuição característica dos trabalhos desses autores, afirmava Comte, é a ênfase na vida social como algo "tão forçosamente submetido a leis naturais invariáveis como quaisquer outros fenômenos".⁴ Para Comte, o reconhecimento de que os fenômenos sociais estão sujeitos à ação de leis invariáveis não é em absoluto incompatível com liberdade de ação nem com dignidade moral: isso porque os primeiros dependem da descoberta e utilização das leis

---

3 Citação original: *"On ne peut se dissimuler qu´un esprit essentiellement rétrograde a constamment dirigé toutes les grandes tentatives en faveur de l´order, et que les principaux efforts entrepris pour le progrès ont toujours été conduits par les doctrines radicalement anarchiques."* (N.T.)

4 Citação original: *"aussi nécessairement assujettis à d´invariables lois naturelles que tous les autres phénomènes quelconques."* (N.T.)

sociais, enquanto estas são melhoradas pela autoridade do autoconhecimento racional, libertando-nos do "automatismo social, passivamente comandado pela supremacia absoluta e arbitrária, seja da Providência, seja do legislador humano".[5]

Apesar de não exercer influência imediata na França (uma bibliografia publicada em 1828 por Quérard registrava sua morte no ano anterior), Comte, na verdade, conseguiu um número considerável de seguidores do positivismo no exterior: em outros países europeus, nos EUA e na América Latina. Na Grã-Bretanha, o *Curso* encontrou em John Stuart Mill um admirador famoso. No entanto, muitos desses seguidores se afastaram diante do rumo que o pensamento comtiano tomou no final de sua carreira, conforme expresso em seu *Sistema de política positiva*, surgido entre 1851 e 1854 e tachado por Mill de "esta decadência melancólica de um grande intelecto". O *Curso* continha poucos sinais da vida pessoal de Comte, mas o trabalho seguinte mostrava claras marcas em uma forma que seus discípulos racionalistas julgaram chocante e vulgar. Após sua separação definitiva da mulher, Comte teve um relacionamento amoroso com Clothilde de Vaux, uma jovem abandonada pelo marido. E depois de Clothilde definhar e morrer, Comte dedicou o resto da vida ao culto de sua memória. O frio racionalismo do *Curso* foi substituído por uma defesa apaixonada da Religião da Humanidade, a Igreja Positivista, cujos rituais eram cuidadosamente preparados por seu Grande Sacerdote designado.

Como movimento social, no que Comte tentou transformá-lo o tempo todo, o positivismo extinguiu-se com o fenecimento dos grupos de seguidores que restaram para participar do Festival da Humanidade, realizado em Londres em 1881. A influência da obra comtiana, porém, não deriva de seu aspecto prático, mas, no que diz respeito à moderna ciência social, do retrabalho

---

5   Citação original: *"l´automatisme social, passivement dirigé par la suprématie absolute et arbitraire, soit de la Providence, soit du législateur humain."* (N.T.)

de seus escritos na versão durkheimiana do método sociológico. Durkheim fez pouco uso dos aparatos existentes nos últimos pronunciamentos de Comte, todavia, foi muito influenciado por seus primeiros trabalhos. A opinião de Durkheim sobre Comte era mais ou menos a mesma que este último tinha a respeito de Montesquieu e Condorcet: que embora tivesse elaborado um plano geral aceitável para a instituição de uma ciência da sociedade, Comte não logrou grande progresso ao colocá-lo em prática. Como Mill destacou: "O Sr. Comte, na verdade, não se mostrou tão preocupado com a inteireza da prova, como convém a um filósofo positivista". A lei dos três estágios, segundo Durkheim, é proclamada como por decreto, não corroborada de forma empírica; e os escritos comtianos ainda continuam impregnados do mesmo estilo de filosofia da história que o autor afirmava ter superado.

Isso posto, ao preparar seu esquema metodológico para a sociologia, Durkheim fez grande uso do *Curso* de Comte, e vários pontos importantes dessa obra reaparecem em *The Rules of Sociological Method* [*As regras do método sociológico*]: o apelo a uma "ciência natural da sociedade" e a insistência em que os "fatos sociais" podem ser estudados com a mesma objetividade que as ocorrências da natureza; a diferenciação entre análise funcional e histórica que, como uma distinção entre "estática" e "dinâmica", desempenha papel básico no *Curso*; e até mesmo a crença de que a ciência da sociologia pode separar racionalmente o que contribui para a ordem moral – sendo, portanto, "saudável" em termos sociais – daquilo que é desintegrativo e "patológico".

Comte inventou o termo "filosofia positiva" em contrapartida direta à crítica "negativa" promovida pela teoria política revolucionária. O *Curso* apresenta uma extensa análise do desenvolvimento das ciências como preâmbulo necessário ao seu programa prático por meio da tese de que a evolução progressiva, porém ordeira, da ciência fornece o modelo para uma evolução paralela da sociedade como um todo. O que diria Comte à moderna filosofia da ciência que, nos trabalhos de Bachelard, Kuhn e outros, suplantou a evolução com a revolução bem no âmago da própria ciência natural? A transformação é profunda, mas expressa muito bem a distância do mundo contemporâneo em relação ao que Comte conhecia e àquele que, confiante, previu para o futuro.

Não seria correto relacionar Comte entre os filósofos mais francamente otimistas quanto ao progresso no século XIX: esse autor revelou-se muito preocupado com a possibilidade de "anarquia moral". Entretanto, o *Curso* representa uma declaração monumental de fé na ciência, em cada um destes vários aspectos: apresentação de uma filosofia moral que suplantaria a do feudalismo sem causar a completa dissolução da ordem moral; fornecimento dos únicos critérios possíveis para obtenção da verdade, que, comparados aos da religião e da metafísica, os fazem parecer meros blefes; e apresentação do meio exclusivo, na forma de ciência social, para os seres humanos compreenderem as condições da própria existência e exercerem controle racional sobre elas.

No presente, nada disso é viável como pensava Comte. Talvez possamos até concordar que a ciência ou, de qualquer modo, as influências racionalizantes, entre as quais a ciência ocupa lugar preeminente, desintegram as formas tradicionais de religião e moralidade. Todavia, poucos continuariam sustentando que a ciência por si e em si mesma possa gerar um *ethos* moral capaz de substituir o que foi destruído: o maior entendimento científico do mundo não produziu as soluções para a crise moral diagnosticada por Comte. O positivismo, no sentido pertinente à segunda afirmação, atingiu seu apogeu no século XX com os trabalhos do Círculo de Viena, nas décadas de 1920 e 1930. Mas, nessa forma radical, durou pouco, e desde essa época o positivismo na filosofia vem se apresentando cada vez mais na defensiva, a tal ponto que, na verdade, o próprio termo quase se transformou em insulto.

Para ambos, Comte e Durkheim (bem como para Marx), a sociologia foi concebida em igualdade de condições com as ciências naturais, como *reveladora* ou desmistificadora. A sociologia deve reduzir gradualmente as ilusões e os preconceitos habituais que impediram os seres humanos de entenderem as origens de seu comportamento, do mesmo modo que o progresso da ciência natural erradicou tais ilusões sobre o mundo físico. Mas, de qualquer forma, isso também é uma ilusão na maneira em que foi formulado por Comte e Durkheim – e, na verdade, no modo em que hoje perdura na sociologia. Isso ocorre não apenas porque os tipos de "lei invariável" – cuja descoberta Comte previu e dos quais acreditava que sua lei dos três estágios fazia parte –, não foram identificados em sociologia, por mais que o fato, sem dúvida, prejudique o programa que ele planejou para a ciência positiva da sociedade.

Acontece que a sociologia mantém uma relação diferente com os "preconceitos" resultantes de hábitos ou do senso comum, quando comparada com as ciências naturais. Para o cientista natural, as crenças leigas sobre a natureza podem ser corretas ou não: não se segue nenhuma consequência em especial, e todo senso comum, em princípio, é corrigível à luz do progresso do conhecimento científico. (Ver Capítulo 3.) A resistência leiga às descobertas das ciências naturais, quando ocorre, toma a forma de rejeição às afirmações que abalam crenças sólidas – por exemplo, de que o sol se move ao redor da terra, e não o contrário. Se, entretanto, a sociologia sabe disso, outra reação leiga é pelo menos igualmente habitual: as "descobertas" das ciências sociais são vistas com desconfiança não porque questionam crenças baseadas no senso comum, mas, ao contrário, porque apenas reiteram em linguagem pretensamente técnica o que, de qualquer forma, todos já sabem. O que não faz parte da versão comtiana de ciência natural da sociedade nem dos outros trabalhos por ele influenciados ou que defendem o mesmo tipo de ponto de vista é que, mesmo sem a ajuda da sociologia, os seres humanos já são os criadores de sua vida social, agentes conhecedores, cuja capacidade de entender a conduta dos outros constitui elemento integrante da existência da sociedade como tal. As condições sob as quais a pesquisa sociológica pode desempenhar um papel revelador são mais difíceis de se estabelecerem do que no caso da ciência natural e não podem ser compreendidas na estrutura da lógica da ciência social, como a existente na tradição intelectual oriunda de Comte e Durkheim. O fato de os modos de teorização social – em que os seres humanos são apresentados como meros objetos para si mesmos, como simples receptores de ações – terem sobrevivido por tanto tempo constitui uma marca da influência dessa tradição.

9
O problema do suicídio na sociologia francesa

Hoje nem sempre se reconhece o quanto a obra *Suicide* [*O suicídio*], de Durkheim, contou com os trabalhos dos primeiros autores sobre o tema. O suicídio foi assunto de intenso debate até mesmo no século XVIII. A maior parte dos trabalhos do século XVIII sobre o suicídio concentrava-se nas consequências morais do ato suicida, porém mais para o fim do século os escritores começaram a voltar a atenção às taxas de suicídio na Europa, que pareciam crescer rapidamente. Com isso, começou a desenvolver-se uma preocupação mais estatística sobre os determinantes do suicídio.

Uma das primeiras investigações abrangentes sobre o suicídio foi a de Falret em seu *De l´hypocondrie et du suicide* [*Da hipocondria e do suicídio*] (1822). Falret examinou com certa profundidade tanto as "causas internas" das tendências suicidas no indivíduo, por ele atribuídas sobretudo a certas formas de transtorno mental hereditário, quanto as "causas externas", que produziam variações nas taxas de suicídio entre diferentes grupos.

Após *De l'hypocondrie et du suicide,* surgiu grande número de trabalhos sobre o suicídio escritos por autores franceses, alemães e italianos. Talvez os mais influentes tenham sido os de Guerry (1833), Lisle (1856) e Legoyt (1881) na França; Quételet (1835, 1848) na Bélgica; Wagner (1864) e Masaryk (1881) na Alemanha, bem como Morselli (1879) e Ferri (1883) na Itália.[1] E havia muitos outros. Em termos pura e simplesmente de volume de material, o suicídio deve ter sido uma das questões sociais mais discutidas no século XIX. Na época de Durkheim, estabeleceu-se um número substancial de correlações empíricas, vinculando os índices de suicídio a um conjunto de fatores sociais. Autores posteriores a Falret confirmaram sua alegação de que as taxas de suicídio tendem a elevar-se durante os períodos de rápida transformação social, bem como em épocas de depressão econômica, e de que as taxas apresentam variações positivas com a situação socioeconômica, sendo mais altas para as ocupações liberais e especializadas e mais baixas entre os cronicamente pobres. O fato de os índices de suicídio serem mais altos nas zonas urbanas que nas rurais contou com extensa documentação. Alguns autores afirmaram ter demonstrado que as taxas de suicídio variam na mesma proporção que os índices de criminalidade, mas estão inversamente relacionadas com os índices de homicídio. Wagner talvez tenha sido o primeiro a identificar com clareza uma relação direta entre as taxas de suicídio e os grupos religiosos do protestantismo e do catolicismo; todavia, o fato logo foi

---

1 Guerry, A. M. *Essai sur la statistique morale de la France,* Paris, 1833; Lisle, E. *Du suicide,* Paris, 1856; Legoyt, A. *Le Suicide ancien et moderne,* Paris, 1881; Quételet, A. *Sur l'homme et le développement de ses facultés,* Paris, 1835, 2v.; *Du système social et des lois qui le régissent,* Paris, 1848; Wagner, A. *Die Gesetzmässigkeit in den scheinbar willkürlichen menschlichen Handlungen,* Hamburg, 1864; Masaryk, T. G. *Der Selbstmord,* Vien, 1881; Morselli, E. *Il suicidio,* Milano, 1879; Ferri, E. *L'omicidio-suicidio,* Torino, 1883. Estudos sobre o suicídio, publicados em inglês com base em autores franceses e alemães: Winslow, F. *The Anatomy of Suicide,* New York, 1882; Westcott, W. W. *Suicide,* London, 1885.

confirmado por investigação posterior. Ficou amplamente demonstrado que os índices de suicídio variam por sexo, idade e estado civil, bem como época do ano, dia da semana e hora do dia. Alguns autores destacaram os fatores raciais e climáticos como responsáveis pelas taxas diferenciais de suicídio. A maioria, entretanto, questionou esse tipo de explicação e voltou-se para as causas sociais. Quételet, mais tarde seguido por Durkheim, deu grande importância à relativa estabilidade das taxas de suicídio de ano a ano em comparação com outros dados demográficos,[2] na tentativa de interpretação das diferenças entre as taxas de suicídio em termos de variações na "densidade moral" da sociedade. Muitos autores atribuíram o incremento geral dos índices de suicídio à dissolução da ordem social tradicional e à transição para a civilização industrial, com seus efeitos concomitantes de aumentar a "racionalidade" e o individualismo – explicação próxima da elaborada mais tarde por Durkheim.

A maior parte das investigações conduzidas no início do século XIX sobre o suicídio tinha como certa uma estreita relação entre suicídio e transtorno mental. A noção de que o suicídio derivava de uma "lamentável insanidade"[3] significava, em parte, uma clara sobrevivência da crença de que o suicídio constituía inspiração diabólica, visão que, sob a influência da igreja, adentrou o século XVIII. No entanto, a teoria de que o suicídio sempre está associado a alguma forma de transtorno mental recebeu formulação definitiva no clássico trabalho de Esquirol, *Maladies mentales* [*Doenças mentais*] (1838). O "suicídio", afirmou Esquirol, "mostra todas as características de transtornos mentais dos quais ele

---

2 "Os suicídios não só ocorrem quase na mesma quantidade cada ano, mas, ao separar as taxas para os grupos em termos do instrumento utilizado, também encontramos a mesma constância." Quételet, *Du système social et des lois qui le régissent*, p.88.
3 A frase é extraída de Miller, S. *The Guilt, Folly and Sources of Suicide*, New York, 1805, p.14.

na verdade é apenas um sintoma".[4] Nessa perspectiva, já que o suicídio sempre é sintomático de doença mental, é para as causas desta última que o estudioso do suicídio deve voltar-se a fim de explicar o fenômeno. A natureza e a distribuição do transtorno mental em qualquer população determinam a distribuição do suicídio nessa população.

A questão de o quanto e de que formas o suicídio está relacionado com o transtorno mental tornou-se o principal problema para os escritores dedicados ao tema do suicídio, durante a última metade do século XIX, e foi discutida por Durkheim com alguma profundidade.

A originalidade e vitalidade do trabalho de Durkheim não residem nas correlações empíricas contidas em *O suicídio*: tudo isso já havia sido documentado por outros escritores. Durkheim extraiu grande quantidade de material diretamente dos trabalhos de Legoyt, Morselli e Wagner, fazendo também intenso uso da obra *Die Moralstatistik* [*A estatística da moral*], de Öttingen, como fonte de dados. O aspecto em que o trabalho durkheimiano diferiu decisivamente foi a tentativa de explicar as descobertas anteriores em termos de uma teoria sociológica coerente. Os escritores que o precederam haviam utilizado uma metodologia estatística global para demonstrar as relações entre as taxas de suicídio e vários fatores: Durkheim desenvolveu essa técnica para respaldar uma explicação sociológica sistemática das taxas diferenciais de suicídio. Ele não foi, em absoluto, o primeiro a propor que as taxas de suicídio deveriam ser explicadas sociologicamente; todavia, nenhum autor antes dele apresentara um sistema coerente de teoria sociológica capaz de reunir as principais correlações empíricas já estabelecidas.

O argumento básico apresentado por Durkheim em *O suicídio* defende que os problemas relacionados com a análise dos índices de suicídio podem ser separados de forma nítida e objetiva

---

4 Esquirol, E. *Des maladies mentales*, Paris, 1838, v.1, p.639.

daqueles associados à psicologia do suicídio individual. O índice de suicídio de uma sociedade ou comunidade "não representa a simples soma de unidades independentes, um total coletivo, mas é ele próprio um fato novo *sui generis*, com sua unidade, individualidade e, portanto, sua própria natureza".[5] Sem dúvida, os fatores que regem a distribuição do suicídio são "bastante distintos" daqueles que determinam que indivíduos *em especial* de um grupo se matam. Após contestar a insanidade hereditária, a imitação psicológica, a raça e os vários fatores "cósmicos" como possíveis determinantes da distribuição do suicídio, Durkheim localizou tais determinantes em aspectos da estrutura social, distinguindo três tipos principais de suicídio: egoísta, anômico e altruísta. A rigor, esses não são tipos de suicídio, mas tipos de estrutura social que produzem altas taxas de suicídio. O egoísmo relaciona-se com um baixo nível de "integração" na estrutura social; a anomia, com a falta de normas reguladoras na sociedade. O suicídio egoísta e o anômico constituem os tipos predominantes na sociedade moderna.

Durkheim utilizou explicitamente a análise do suicídio como plataforma para a defesa de seu método sociológico. Ele não se limitou, no entanto, a oferecer uma análise sociológica das taxas de suicídio, mas tendeu a afirmar que o papel da psicologia na explicação do suicídio era secundário. De forma geral, a polêmica suscitada por Durkheim tinha como alvo Tarde e outras escolas "reducionistas" do pensamento social. De forma mais específica, entretanto, a argumentação durkheimiana também era dirigida a Esquirol e outros defensores da visão de que as taxas de suicídio poderiam ser explicadas diretamente em termos da distribuição dos transtornos mentais.

A publicação de *O suicídio* provocou reações divergentes na França. Os discípulos mais próximos de Durkheim estavam preparados para adotar o texto como modelo de método sociológico.

---

5 Durkheim, *Suicide* (Glencoe, IL, 1951), London, 1952, p.46.

Outros, em especial no campo da psicologia, também estavam prontos para rejeitar por completo as teses sociológicas desenvolvidas no livro. A maior parte dos psicólogos e psiquiatras continuava a ser bastante influenciada pela "tese psiquiátrica" sobre o suicídio, que se baseava em Esquirol. Essa tese incluía as seguintes proposições: 1. o suicídio sempre é o produto de algum problema psicopatológico; 2. assim, as causas do suicídio devem ser procuradas nas causas dos tipos pertinentes de transtorno mental; 3. essas causas são mais biológicas do que sociais; 4. a sociologia, portanto, tem pouco (ou nada) a acrescentar à análise do suicídio.

Desse modo, foram lançadas as bases de uma polêmica que – embora fosse parte de um conflito mais amplo entre a defesa durkheimiana da sociologia como disciplina autônoma e a resistência de seus detratores – só amadureceu após a Primeira Guerra Mundial, depois da morte do próprio Durkheim.

O primeiro ataque importante à posição durkheimiana foi lançado em 1924 pelo psiquiatra De Fleury em seu livro *L'Angoisse humaine* [*A angústia humana*].[6] Seguindo em linhas gerais a visão teórica estabelecida por Esquirol e embasando sua argumentação em material de estudos de caso, De Fleury reiterou que o suicídio resulta sempre de transtornos mentais, cujas causas são biopsicológicas, e não sociais. Tendências suicidas, segundo suas conclusões, são encontradas principalmente em pessoas com transtorno depressivo cíclico (ciclotimia). Esse tipo de transtorno afetivo, afirmava De Fleury, depende de características hereditárias de temperamento: a disposição para o suicídio está biologicamente "embutida" nesses indivíduos. Além disso, a tendência a estados de depressão mórbida, segundo De Fleury, desenvolve-se em grande parte independentemente das circunstâncias

---

6 Fleury, M. de. *L'Angoisse humaine*, Paris, 1924. Antes do livro do psiquiatra De Fleury, surgiu uma importante pesquisa histórica sobre o suicídio, realizada por Bayet a partir de uma ampla visão sociológica e explicitamente baseada em Durkheim. Bayet, A. *Le Suicide et la morale*, Paris, 1922.

objetivas do indivíduo. Portanto, pouco importa se o indivíduo está ou não integrado em um grupo. Embora flutuações nas taxas de suicídio possam, *grosso modo*, estar vinculadas a mudanças sociais ou econômicas, seu papel na etiologia do suicídio, mesmo assim, é secundário: tais mudanças só podem servir para causar uma "concentração" parcial dos suicídios de indivíduos que, de qualquer forma, se matariam no futuro. O estado de ansiedade mórbida, no qual indivíduos depressivos mergulham periodicamente, afirmou De Fleury, "é, na imensa maioria dos casos, a única causa de suicídio".[7]

Em 1930, Halbwachs publicou *Les Causes du suicide* [*As causas do suicídio*], trabalho com o objetivo de analisar, à luz de métodos estatísticos recentes, as conclusões a que Durkheim chegara havia trinta anos.[8] Halbwachs pretendia confirmar de forma minuciosa as generalizações elaboradas por Durkheim, relacionando as taxas de suicídio à estrutura familiar e a grupos religiosos. No entanto, ele salientou que é ilegítimo utilizar, como o fez Durkheim, relações estatísticas desse tipo de forma independente como se cada uma tivesse uma significância separada. A influência da vida familiar, por exemplo, argumentou Halbwachs, não pode ser desvinculada de "um meio social muito mais amplo",[9] o que também ocorre com o fator religioso. Na França, por exemplo, os grupos católicos mais fortes tendem a ser também os mais conservadores e "tradicionais", com estrutura familiar bastante integrada. Não é possível separar as práticas especificamente religiosas da comunidade mais ampla a que elas pertencem. Conforme Halbwachs, vários dos fatores identificados por Durkheim como causadores de alta taxa de suicídio reúnem as características da vida urbana moderna. Halbwachs forneceu uma extensa análise comparativa das taxas de suicídio nas zonas urbanas e

---

7 Fleury, M. de. *L'Angoisse humaine*, p.79.
8 Halbwachs, M. *Les Causes du suicide*, Paris, 1930.
9 Ibidem, p.238.

rurais, indicando que, em geral, os índices são mais elevados nas cidades grandes. Ao analisar as proposições durkheimianas relativas ao suicídio e à transformação social, mediante um exame da relação entre as flutuações do índice econômico e do suicídio na Alemanha durante o período de 1880 a 1914, Halbwachs confirmou que as taxas de suicídio realmente tendem a crescer durante as crises econômicas. Contudo, o incremento na taxa não ocorre apenas no ponto mais baixo do ciclo econômico, difunde-se por toda a fase da depressão. A tese durkheimiana de que as taxas de suicídio aumentam durante os períodos de grande prosperidade econômica não foi comprovada: ao contrário, durante esses períodos os índices de suicídio tendem a declinar.

Embora em linhas gerais sua análise estatística dê respaldo à de Durkheim, Halbwachs contestou a tipologia do egoísmo e da anomia proposta pelo autor. Na teoria de Halbwachs, o suicídio é atribuído ao "isolamento social" do indivíduo suicida. As taxas de suicídio são altas em estruturas sociais que promovem o desligamento dos indivíduos de seus relacionamentos estáveis com os outros – como, segundo Halbwachs, ocorre nas comunidades urbanas. Halbwachs discutiu com certa minúcia a tese psiquiátrica desenvolvida por De Fleury. De acordo com Halbwachs, apenas uma minoria dos suicídios está associada a alguma forma reconhecível de transtorno mental, e tais casos, afirma ele, não são incompatíveis com sua teoria. Os suicídios "normais", na visão de Halbwachs, podem dissociar-se dos relacionamentos com as outras pessoas em consequência de vários fatores, que incluem muitos dos "motivos" popularmente considerados para o suicídio – tais como falência de um negócio, amor não correspondido, doença crônica etc. Mas os "suicídios patológicos" também derivam do isolamento social por parte do indivíduo suicida: são precisamente aqueles transtornos mentais que produzem "uma falha de adaptação entre o indivíduo e seu meio"[10] que

---

10 Ibidem, p.426.

culminam em suicídio. Tanto no caso do suicídio "normal" como do "patológico", concluiu Halbwachs, a "verdadeira" causa é uma lacuna social que cerca o indivíduo suicida. Ao chegar a essa conclusão, embora questionando a análise de Durkheim em vários aspectos, Halbwachs reafirmou a validade da abordagem sociológica do suicídio: o suicídio é basicamente um fenômeno social.

Os defensores da tese psiquiátrica acharam que a argumentação de Halbwachs não era convincente. Courbon, por exemplo, ao analisar o livro de Halbwachs, considerou-o uma avaliação incompetente da pertinência da psicopatologia ao suicídio. Courbon repetiu que o suicídio origina-se universalmente da ansiedade patológica e da depressão e que essas causas, "em razão de sua natureza puramente biológica", são tão independentes dos fatores sociais como a cor dos olhos ou o tempo de reação.[11] Em seu livro *Psychologie pathologique du suicide* [*Psicologia patológica do suicídio*] (1932), Delmas resumiu as visões da escola psiquiátrica sobre a questão do suicídio e fez uma tentativa evidente de destruir a visão sociológica de Durkheim e Halbwachs.[12] Os fatores sociais possivelmente não podem desempenhar papel significativo na etiologia do suicídio, argumentou Delmas, visto que o suicídio ocorre em proporções muito pequenas em relação a qualquer população. Parece impressionante afirmar que o país A apresenta uma taxa de suicídio de 450 (por milhão) ao ano, enquanto o país B tem uma taxa de apenas 50. Entretanto, invertendo essas proporções, obtemos uma comparação da seguinte ordem: 999.550 (por milhão) ao ano *não* se suicidam no país A, enquanto 999.950 não se suicidam no país B. A diferença proporcional entre os que não cometem suicídio é na verdade muito pequena. Como poderíamos afirmar que existem fatores sociais gerais que "protegem" 999.950 em cada milhão de

---

11 Courbon, P., análise de *Les Causes du suicide*, de Halbwachs, *Annales médico--psychologiques*, nova série 1, mar. 1931, p.322.
12 Achille-Delmas, F. *Psychologie pathologique du suicide*, Paris, 1932.

indivíduos no país B, ao passo que apenas 999.550 são "protegidos" no país A?

Utilizando a mesma classificação psiquiátrica proposta por De Fleury, Delmas repetiu que a "causa fundamental" do suicídio é a depressão patológica e que a tendência a estados depressivos em geral se desenvolve independentemente da situação externa do indivíduo. Mudanças endógenas, segundo Delmas, produzem, com o avançar da idade, estados de ansiedade melancólica mais profunda e prolongada: esse, sustenta ele, e não quaisquer mudanças na posição social do indivíduo que está envelhecendo, constitui o principal fator atrás da observação comum de que as taxas de suicídio tendem a crescer com o envelhecimento. Pode-se dizer a mesma coisa, concluiu ele, de outras aparentes relações causais diretas entre o suicídio e os fenômenos sociais. Se as taxas de suicídio são mais elevadas entre as pessoas solteiras do que entre as casadas, é porque os depressivos tendem a não se casar. É o processo endógeno da depressão que é decisivo em termos de etiologia; a grande maioria dos suicídios "representa exclusivamente o resultado de um mecanismo biopsicológico em que não há envolvimento de nenhum fator social".[13]

Em *Le Suicide* [*O suicídio*] (1933), Blondel finalmente tentou conciliar a tese psiquiátrica com a tese sociológica.[14] De acordo com Blondel, nos suicídios "normais" a situação social do indivíduo suicida representa um determinante decisivo; a personalidade depressiva, contudo, nasce com uma tendência constitucional para a depressão patológica, e essa é a "causa mais profunda" de seu suicídio. Embora o papel dos fatores sociais na etiologia dos suicídios de indivíduos ciclotímicos seja menos central que

---

13 Ibidem, p.234.
14 Blondel, Ch. *Le Suicide*, Estrasburgo, 1933. Imediatamente antes da publicação do livro de Blondel, Bonnafous fez uma defesa calorosa da tese sociológica em uma crítica do trabalho de Delmas. Bonnafous, M. Le suicide: thèse psychiatrique et thèse sociologique. *Revue philosophique*, v.115, p.456-75, maio-jun. 1933.

nos suicídios "normais", em ambos os casos há uma interação entre o social e o não social. Essa visão foi defendida por vários outros autores. Dombrowski, por exemplo, em *Les Conditions psychologiques du suicide* [*As condições psicológicas do suicídio*] (1929), destacara que a polêmica só poderia ser solucionada com o exame da interação entre os fatores psicológicos e sociais. Os estados psicopatológicos, sugeriu ele, produzem em certos indivíduos um *Minderwertigkeit* (sentimento de inferioridade) que provoca "desarmonia" nos relacionamentos sociais, levando, portanto, ao isolamento social do indivíduo, apontado por Halbwachs como a "verdadeira" causa do suicídio.[15]

Houve pouco progresso na resolução da polêmica antes do advento da Segunda Guerra Mundial e, após a guerra, o suicídio não recebeu o mesmo grau de atenção como problema a ser investigado na sociologia francesa. Isso deveu-se em geral a uma profunda mudança no caráter predominante do pensamento social francês. Até o período imediatamente anterior à Segunda Guerra Mundial, a sociologia na França manteve-se firmemente enquadrada no modelo teórico criado por Durkheim. Embora alguns de seus seguidores mais competentes tivessem morrido na Primeira Guerra Mundial, várias das figuras proeminentes (como Halbwachs) sobreviveram e dominaram o cenário sociológico até 1940.

No fim da década de 1930, entretanto, sobretudo sob a liderança de Gurvitch, a sociologia teórica na França começou a receber cada vez mais a influência da fenomenologia alemã. Em *Essais de sociologie* [*Ensaios de sociologia*] (1939), Gurvitch apresentou uma série de críticas minuciosas dos princípios fundamentais de sociologia defendidos por Durkheim, na tentativa de expor algumas das principais questões teóricas, com as quais o próprio Durkheim se preocupara, como "pseudoproblemas" – problemas

---

15 Dombrowski, C. *Les Conditions psychologiques du suicide* (Tese de doutorado), Geneve, 1929, p.32.

apresentados de forma enganosa.[16] Um desses "pseudoproblemas" envolve o debate sobre a "sociedade" e o "indivíduo". Tanto Durkheim como Tarde, destacou Gurvitch, embora tivessem travado uma prolongada polêmica entre si, fizeram uma falsa oposição entre a sociedade e o indivíduo; há, de fato, uma "reciprocidade" constante entre o "individual" e o "social". Em artigo publicado em 1952, Bastide recomeçou a polêmica sobre o suicídio dentro do arcabouço estabelecido por Gurvitch, afirmando que a controvérsia girava em torno da mesma concepção errônea da relação entre a sociedade e o indivíduo.[17] A tese psiquiátrica sustenta que o suicídio é uma questão "individual", visto que depende principalmente de mecanismos biopsicológicos "internos" e que, portanto, o estudo do suicídio é um problema psicológico, e não sociológico. Tal argumento, no entanto, só adquire algum peso se aceitarmos o realismo ontológico de uma dicotomia entre a sociedade e o indivíduo. Admitir que a psicologia pode oferecer uma contribuição adequada à análise do suicídio não significa que o suicídio em certos aspectos – sobretudo como fenômeno demográfico – não possa ser estudado na esfera da sociologia; inversamente, aceitar que fatores sociais possam ter seu papel na etiologia do suicídio não envolve a exclusão de outros fatores causais.

A polêmica em torno do suicídio na sociologia francesa interessa não apenas por causa do conteúdo direto da discussão. A volta às origens da polêmica permite alguma compreensão da "profundidade" histórica que uma controvérsia intelectual pode

---

16 Gurvitch, G. *Essais de sociologie*, Paris, 1939, p.141-2. O mesmo ensaio é reimpresso com pequenas alterações em Gurvitch, G. *La Vocation actuelle de la sociologie*, Paris, 1950. O trabalho de Gurvitch também tem seus críticos. Cuvillier talvez tenha sido o mais franco. Ver em especial Cuvillier, A. *Introduction à la sociologie*, Paris, 5.ed., 1954, cap.4, p.84-124; e *Où va la sociologie française?*, Paris, 1953.
17 Bastide, R. Le suicide du nègre brésilien. *Cahiers internationaux de sociologie*, v.12, p.72-90, 1952. Ver também seu trabalho "Sociologie et psychologie", em Gurvitch, G. *Traité de sociologie*, Paris, 1962, p.71ss.

revelar: as questões envolvidas no debate já estavam preparadas, sem diferenças radicais, na literatura do início do século XIX sobre o suicídio. Graças a Durkheim, no entanto, a análise do suicídio tornou-se uma questão crucial na luta para instituir a sociologia como disciplina acadêmica reconhecida na França. É claro que tudo isso se deveu, em grande parte, ao desempenho calculado de Durkheim; como observa Lévi-Strauss, "o confronto ocorreu em terreno escolhido pelo próprio Durkheim: o problema do suicídio".[18]

O interesse de Durkheim pelo suicídio como problema para pesquisa representou um desdobramento direto de suas preocupações em *The Division of Labour* [*Da divisão do trabalho social*]. Porém, dois outros fatores estão atrás de sua escolha do tópico suicídio para uma investigação mais abrangente. Primeiro, o próprio volume de trabalho já realizado por outros autores propiciava uma rica fonte de dados que poderia ser utilizada para o desenvolvimento de uma análise sociológica sistemática do suicídio. Segundo, o suicídio parece ser no todo "uma ação individual que afeta apenas o indivíduo".[19] A demonstração da pertinência do método sociológico de Durkheim para a análise de um fenômeno aparentemente apenas "individual" teve especial importância no contexto da disputa com Tarde sobre a natureza da realidade social. Supõe-se que *O suicídio* represente uma justificativa da tese de Durkheim de que os fatos sociais podem ser estudados como "realidades externas ao indivíduo", o que contraria a posição de Tarde, para quem a matéria da sociologia consiste no "grau de consciência dos indivíduos".[20] O desenrolar da subsequente polêmica sobre o suicídio não pode ser bem compreendido em separado da disputa mais ampla entre Durkheim e Tarde. Como

---

18 Lévi-Strauss, C. French sociology. In: Gurvitch, G., Moore, W. E. *Twentieth Century Sociology*, New York, 1945, p.509.
19 Durkheim, *Suicide*, p.46.
20 Citado por Durkheim, ibidem, p.311.

demonstrado por Gurvitch, o debate entre Durkheim e Tarde, em parte, girou em torno de uma discussão quase inútil a respeito da primazia do "social" sobre o "individual". O grau de rivalidade interdisciplinar que se desenvolveu na polêmica sobre o suicídio refletiu a aceitação geral da mesma dicotomia ontológica equivocada.

A questão principal que separa a tese sociológica da tese psiquiátrica diz respeito à natureza "patológica" do suicídio. De certo modo, essa questão é resolvida com facilidade. Como em todas as sociedades é um fenômeno raro do ponto de vista estatístico, considerado em termos de desvio da maioria, o suicídio é necessariamente um ato "anormal". Todavia, os problemas reais são: até que ponto o suicídio deve ser explicado em termos dos fatores que produzem formas reconhecidas de transtornos mentais (o próprio transtorno agora é tido como uma noção problemática) e a relação *desses transtornos* com as influências sociais. Não há indicações sistemáticas para respaldar a alegação de que o suicídio esteja universalmente associado a formas identificáveis de doença mental. É provável que a maior parte dos suicídios seja precedida de alguma forma de estado depressivo, mas, só em uma minoria, essa depressão é parte de um transtorno depressivo patológico recorrente. Além disso, apenas uma pequena proporção de indivíduos com transtorno depressivo efetivamente tenta ou comete suicídio. Portanto, em termos empíricos, a tese psiquiátrica não foi sustentada pelas pesquisas posteriores.

A questão da relação entre o suicídio e o transtorno mental serviu, contudo, de disfarce para o verdadeiro problema teórico na polêmica francesa sobre o suicídio: a pertinência da sociologia à explicação do suicídio. Conforme indicado, a disputa decorria, pelo menos em parte, das ideias errôneas defendidas por ambos os lados e essenciais ao debate entre Durkheim e Tarde: de que o suicídio é, "fundamentalmente", ou um fenômeno "social", ou um fenômeno "individual". Entretanto, seria fácil descartar o centro da discussão como um "pseudoproblema". A relação entre os fatores sociais e psicológicos na etiologia do suicídio é um problema central na teoria sobre esse tema, problema diretamente relacionado com a análise dos outros fenômenos que podem ser interpretados em termos de taxas (por exemplo, homicídio, crime e delinquência, ou divórcio).

A argumentação de Delmas foi que, como o suicídio é estatisticamente infrequente em relação à população total de uma sociedade, os fatores sociais não podem desempenhar um papel significativo em sua etiologia. A única consequência inevitável dessa afirmação, de fato, é que a sociologia não pode oferecer uma explicação *completa* para o suicídio, visto que apenas uma pequena proporção dos indivíduos, por exemplo, em uma comunidade pouco integrada, na verdade, se mata. Mas a pergunta "Por que as taxas de suicídio são tão *baixas*?" propicia uma ideia mais clara sobre o erro da tese durkheimiana, ao sustentar que a explicação da incidência como um problema psicológico pode ser conceitual e metodologicamente separada da análise sociológica das taxas de suicídio. Na concepção de Durkheim, as estruturas sociais mais bem integradas "protegem" seus membros contra o suicídio; nas estruturas menos integradas, ou em estados de anomia, os membros do grupo ficam menos "protegidos". Nas primeiras condições, as taxas de suicídio são baixas; nestas últimas, as taxas de suicídio aumentam de forma correspondente. A questão por que o indivíduo A comete suicídio – por que A tem uma personalidade suicida – enquanto B em uma situação social idêntica não se mata, constitui, de acordo com Durkheim, uma questão psicológica não pertinente à explicação das taxas: em um cenário com depressão econômica, por exemplo, é A, e não B, que comete suicídio. Contudo, perguntar "Por que as taxas de suicídio são tão baixas?", o que evidentemente é uma questão central na etiologia de qualquer taxa, é perguntar "Por que a população é em sua maior parte composta por Bs em vez de As?". Essa pergunta, cuja resposta depende de um entendimento dos fatores que causam propensões suicidas no indivíduo, é diretamente pertinente a uma avaliação explicativa das taxas de suicídio. Portanto, os fatores determinantes da distribuição do suicídio em uma comunidade não podem ser considerados de forma proveitosa se dissociados daqueles que estabelecem por que o indivíduo A comete suicídio enquanto o indivíduo B não o faz, ou seja, em separado do estudo da personalidade suicida. A assimilação de uma questão ideográfica (Por que este indivíduo A *em particular* cometeu suicídio?) ao problema psicológico geral mais importante (Por que um tipo em particular de indivíduo comete suicídio?) confere à posição durkheimiana uma plausibilidade espúria. A resposta à primeira pergunta depende em parte da investigação de fatores estritamente idiossincráticos na história de vida do suicida em particular; a resposta à segunda envolve uma teoria psicológica generalizada da personalidade suicida.

10
Razão sem revolução?: *Teoria da ação comunicativa*, de Habermas

Como convém a um autor preocupado com a expansão da esfera pública e a promoção do debate, os trabalhos de Habermas atraíram grande atenção desde o começo de sua carreira. Habermas vem sendo uma figura pública na vida alemã desde o início de sua associação com o movimento estudantil do fim dos anos 60, ou, ainda, de sua dissociação desse movimento. A obra habermasiana provoca críticas profundas, até mesmo mordazes, tanto da direita quanto da esquerda, pois seus trabalhos não são de fácil classificação nem em termos intelectuais nem políticos. O pensamento de Habermas foi estruturado em grande medida pelas polêmicas em que o autor se envolveu. A acusação feita por ele contra certos segmentos do movimento estudantil – de fascismo de esquerda – repercutiu ao longo da subsequente carreira intelectual do autor. É evidente que sua preocupação em separar as condições de um processo de tomada de decisão racional e em especificar as condições em que se pode alcançar um consenso regido apenas pela "força do melhor argumento" representa, em parte, uma tentativa prolongada de aprender a aceitar as implicações dessa notável observação. As confrontações sucessivas com Popper, Gadamer, Luhmann e outros também deixaram marcas profundas em seu pensamento.

Mas, com certeza, seria um equívoco considerar Habermas sobretudo um polemista. Trata-se de um pensador sistemático que sempre procura aprender a aceitar várias questões básicas de filosofia e teoria social. Os trabalhos desse autor incluem extraordinária variedade de assuntos, o que demonstra seu grande ecletismo. E é certo que suas teorias incorporam ideias extraídas de várias abordagens aparentemente incompatíveis. Entretanto, qualquer pessoa com um mínimo de afinidade com todo o projeto habermasiano deve reconhecer que ele emprega tais ideias de forma inovadora e disciplinada.

De modo geral, o trabalho habermasiano pode ser dividido em duas fases principais. A primeira culminou com a publicação de *Erkenntnis und Interesse* [*Conhecimento e interesse*] em 1968. Embora as visões ali expressas tenham exercido influência em ciências sociais e filosofia, o livro também recebeu uma saraivada de ataques da crítica. Essa investida furiosa por parte de seus críticos indicava, sem dúvida, algumas deficiências no trabalho e, de forma mais geral, na visão de Habermas. Ele procurou desenvolver uma nova concepção de teoria crítica com base na constituição do conhecimento por meio de interesses. Mas o "interesse na emancipação" parecia existir apenas como um momento na conjunção dos outros dois interesses constitutivos do conhecimento. Os trabalhos mais recentes de Habermas podem ser considerados uma tentativa de fortalecer o potencial emancipatório da análise social. Esse empenho afastou o autor da estrutura adotada em *Conhecimento e interesse*. Parece claro que, agora, Habermas consideraria ilusória, se não efetivamente equivocada, a tentativa de fundamentar a teoria crítica na epistemologia. A epistemologia, insistia ele em *Conhecimento e interesse*, é concebível apenas como teoria social: a teoria social que examina as condições nas quais, segundo Habermas, "a razão que se torna transparente para si mesma" é revelada. Contudo, se a busca tradicional por uma base transcendental do conhecimento – uma "filosofia primeira" – deve ser abandonada, por que então abordar a teoria crítica mediante a teoria do conhecimento? Hoje, Habermas afirma que sua incursão pela epistemologia representou algo como uma digressão no esforço para fundamentar a teoria crítica: a rota mais direta é pela inserção da razão na *linguagem*, em geral, e na *comunicação*, em particular.

A obra de Habermas, *Theorie des kommunikativen Handelns* [*Teoria da ação comunicativa*] constitui uma declaração sintética e um aprimoramento das ideias desenvolvidas nessa segunda fase de sua produção. A teoria da ação comunicativa, afirma o autor, não é metateoria nem continuação da teoria do conhecimento por outros meios. A análise da ação comunicativa permite-nos articular três níveis de racionalidade pertinentes à análise social. Um diz respeito à racionalidade conforme debatida na hermenêutica e na filosofia analítica anglo-americana, relacionada especialmente com as questões do relativismo. Se as culturas ou formas divergentes de vida possuem seus próprios critérios internos de racionalidade, em que sentido é possível compará-las – e submetê-las a críticas – em termos de padrões universais? Outro nível refere-se à racionalidade da ação: como vamos entender o caráter distintivamente significativo da conduta humana? Esse tema trata ligeiramente das questões da importância da *Verstehen* (compreensão) e do papel das ciências sociais ao pretender dar melhores explicações sobre comportamentos cujas "razões" os próprios atores sociais já conseguem identificar. Finalmente, Habermas aborda a expansão social da racionalidade como a racionalização da sociedade típica do Ocidente moderno. Para tanto, ele apela sobretudo aos trabalhos de Max Weber, procurando reformular o conceito de reificação que liga Weber ao estágios iniciais de Lukács e à Escola de Frankfurt.

Ao defender uma concepção global de racionalidade em cada um desses domínios, Habermas demonstra com clareza uma forte sensação de estar nadando contra a corrente. O autor propõe critérios universais da razão em uma época em que os estilos relativistas de pensamento entraram na moda em várias áreas do discurso intelectual – como no pós-estruturalismo. Habermas deseja fazer uma defesa do Iluminismo e da modernidade quando, para muitos, estes já estão efetivamente desacreditados. Nesse sentido, o surgimento do neoconservadorismo adquire especial importância. *Theorie des kommunikativen Handelns* é escrito em nível tipicamente habermasiano de alta abstração, mas também há um *leitmotiv* político direto que permeia o livro. Tanto os neoconservadores, que priorizam o crescimento econômico mediante o renascimento das forças de mercado, quanto os críticos ecológicos do crescimento voltam-se contra a herança do racionalismo ocidental. Habermas critica ambos os pontos de vista, embora procure entender por que essas visões têm se destacado na era atual. Em entrevista, ele diz que seu "motivo real" para escrever o livro foi esclarecer como "a crítica à reificação", à racionalização, pode ser reformulada de modo a dar uma explicação teórica, por um lado, para a decadência do "acordo do Estado do bem-estar social" e, por outro, para o potencial crítico incorporado nos novos movimentos – sem descartar o projeto de modernidade nem recair no pós- ou antimodernismo.

A filosofia, afirma Habermas, sempre teve como tarefa principal refletir sobre a razão. Entretanto, a filosofia contemporânea tornou-se um conjunto diverso de especialismos, não procurando mais apresentar uma visão unificada de mundo. Essa situação é, em parte, o resultado do insucesso das tentativas de criar uma "filosofia primeira": todas as tentativas de oferecer fundamentos indubitáveis à razão filosófica fracassaram. Habermas aceita algumas das consequências desse fato. A filosofia não pode mais esperar desenvolver os tipos de programa metafísico grandioso perseguidos por Kant e Hegel. Portanto, é necessário estabelecer uma nova relação, o que já vem ocorrendo, entre a filosofia e ambas as ciências, sociais e naturais. Habermas elege o procedimento da "reconstrução racional" como elemento fundamental a esse respeito – o processo de reconstrução daquilo que depois de ocorrido pode ser considerado conteúdo racional de um campo de pesquisa ou área de disciplina. Ele interpreta a psicologia do desenvolvimento, de Piaget, como um exemplo típico. Piaget reconstrói o desenvolvimento psicológico não apenas como uma sequência de estágios, mas como inúmeros passos na expansão da competência racional do indivíduo.

Como devemos empregar o termo "racional"? A racionalidade tem menos a ver com o conhecimento como tal, afirma Habermas, que com o modo pelo qual o conhecimento é utilizado. Se considerarmos as circunstâncias em que chamamos algo de "racional", veremos que se refere a pessoas ou a expressões simbólicas que incorporam o conhecimento. Dizer que alguém age racionalmente, ou que uma afirmação é racional, é dizer que a ação ou a afirmação pode ser criticada ou defendida pela pessoa ou pessoas envolvidas para que sejam capazes de justificá-la ou "fundamentá-la". Não podemos, a exemplo do empirismo, limitar o terreno dos atos ou das expressões racionais ao conhecimento do mundo objetivo. Devemos complementar a "racionalidade instrumental cognitiva" com a concepção de "racionalidade comunicativa". "Este conceito de *racionalidade comunicativa*, afirma Habermas, encerra conotações que, em última análise, remontam à experiência crucial do poder unificador, sem coerção e consensual do discurso argumentativo, em que os diversos participantes, em um primeiro momento, superam suas concepções meramente subjetivas e chegam a um entendimento graças a uma comunhão de convicções motivadas pela razão combinadas simultaneamente à uniformidade do mundo objetivo e à intersubjetividade das relações presentes em sua vida."[1]

---

1 Citação original: *"Dieser Begriff* kommunikativer Rationalität *führt Konnotationen mit sich, die letztlich zurückgehen auf die zentrale Erfahrung der*

Racionalidade *pressupõe* comunicação, pois algo é racional apenas quando satisfaz as condições necessárias para a promoção de entendimento com pelo menos uma outra pessoa.

É fácil perceber para onde essa linha de pensamento conduz Habermas. Muitas vezes, ele defendeu que a linguagem humana envolve diversas "pretensões à validade", em geral, reivindicadas de forma implícita pelos interlocutores, podendo, todavia, ser explicitadas. Quando digo alguma coisa a alguém, afirmo implicitamente que o que estou dizendo é inteligível; seu conteúdo proposicional é verdadeiro; é justificável dizê-lo; e falo sinceramente, sem intenção de enganar. Todas essas afirmações são contingentes ou falíveis e todas, com exceção da primeira, podem ser criticadas e fundamentadas mediante a apresentação de razões. Quando as pretensões à validade são explícitas e sua fundamentação é avaliada exclusivamente com base em até que ponto se podem apresentar bons motivos que as embasem (e não por coerção ou pela força), há o que Habermas chama de processo de "argumentação". A argumentação, segundo ele, é um "tribunal de recursos" da racionalidade inerente à comunicação diária: possibilita a continuação da ação comunicativa quando surgem as discussões, sem recorrer à coação. Portanto, a noção de racionalidade comunicativa pode ser mais bem explicada mediante um exame das propriedades gerais da argumentação. Há mais do que um simples reflexo das ideias de Popper em tudo isso – uma marca, talvez, do que Habermas aprendeu com a argumentação. A razão, para Habermas e Popper, torna-se principalmente um fenômeno de crítica metódica: "identificando nossos erros", propõe Habermas, "podemos corrigir as tentativas fracassadas".

---

zwanglos einigenden, konsensstiftenden Kraft argumentativer Rede, in der verschiedene Teilnehmer ihre zunächst nur subjektiven Auffassungen überwinden und sich dank der Gemeinsamkeit vernunftig motivierter Überzeugungen gleichzeitig der Einheit der objektiven Welt und der Intersubjektivität ihres Lebenszusammenhangs vergewissern." (N.T.)

A ideia de racionalidade comunicativa é a base utilizada por Habermas para rebater as tendências no sentido do relativismo característico de boa parte da literatura filosófica recente. Nesse contexto, o autor discute a natureza dos mitos nas culturas tradicionais e a relação entre o mito e a ciência, junto com as polêmicas provocadas pelos trabalhos de Peter Winch. Mitos, sustenta Habermas, constituem modos concretizados de pensamento que integram muitos aspectos diferentes da vida em um único domínio intelectual. Expressam a organização das sociedades que não geraram domínios intelectuais separados, ou arenas de discurso, nas quais se possa conduzir a argumentação. Neste ponto chegamos a uma das principais – e, pode-se dizer, mais questionáveis – propostas habermasianas. O desenvolvimento de arenas de discurso, que ele tenta identificar no surgimento das "religiões do mundo", e a subsequente diferenciação da ciência, moralidade e arte na cultura moderna significam uma evolução geral no sentido da expansão da racionalidade. Quanto mais formos capazes de fundamentar a condução de nossa vida de forma racional nas três principais esferas da existência – relações com o mundo material, com as outras pessoas e com o expressivo campo da estética – tanto mais avançada, pode-se dizer, será nossa forma de sociedade.

Para Habermas, o mundo moderno *é* mais esclarecido que o primitivo. Em sua teoria evolucionista, o estudioso tenta demonstrar que tudo isso ainda tem alguma ligação com a concepção materialista marxista da história. Visto que, nas culturas mais tradicionais, as forças produtivas não são desenvolvidas, a vida social tende a ser dominada pelos perigos da natureza. Surge a necessidade de conferir a "torrente de contingências". Na verdade, elas não podem ser conferidas, portanto, são interpretadas nos mitos. Mitos unem os mundos da natureza e da cultura e atribuem aos elementos da natureza poderes superiores aos dos seres humanos. Mitos são antropomórficos, uma vez que envolvem as características da natureza na rede das relações humanas;

e reificam a cultura, tratando-a como se fosse a ação de forças autônomas. Eles sofrem, declara Habermas, de uma "ilusão dupla". Habermas afirma que isso "com certeza não está bem analisado", referindo-se provavelmente às discussões preexistentes. Entretanto, poder-se-ia tecer o mesmo julgamento em relação à sua abordagem do mito, que é muito superficial.

Habermas, todavia, dedica considerável atenção à análise filosófica das culturas tradicionais elaborada por Winch, que, é claro, baseia-se sobretudo na famosa descrição da feitiçaria *zande*, de Evans-Pritchard. Habermas afirma que a interpretação das atividades dos *zande* feita por este último é superior à do primeiro. Evans-Pritchard demonstra que há necessidade de uma sensibilidade hermenêutica para se entender adequadamente as crenças e práticas *zande*. Isso não o conduz ao relativismo, no entanto. Ao contrário, ele faz o possível para destacar que o pensamento *zande* é deficiente em comparação aos cânones dos ensaios das pretensões à validade incorporados na ciência ocidental. Podemos comparar culturas diferentes, ou visões de mundo, quanto à sua "adequação cognitiva" – ou seja, em termos das pretensões à validade que elas incorporam. Nesse ponto, Habermas apoia-se bastante nas visões de Robin Horton. As culturas tradicionais, concorda o autor com Horton, geralmente envolvem visões de mundo fechadas, refratárias a mudanças; a cultura moderna, ao contrário, é mais aberta a modificações à luz das experiências de aprendizagem.

A concepção piagetiana de aprendizagem como estágios do desenvolvimento cognitivo pode ajudar-nos a esclarecer o que essa abertura para a aprendizagem envolve. As três fases principais da evolução social – a mítica, a religioso-metafísica e a moderna (herança de Comte!) – correspondem à diferenciação de capacidades cognitivas identificadas por Piaget. Habermas mostra-se cuidadoso nesse ponto ao reiterar a ênfase sobre a importância do procedimento da reconstrução racional. A questão, pelo que entendo, não é que cada indivíduo em uma cultura moderna recapitule o desenvolvimento das sociedades humanas como um todo, mas sim que há várias modalidades, cada vez mais extensivas e intensivas, de organização do pensamento e da ação racionais. O desenvolvimento cognitivo para Piaget está associado a um processo de "descentralização". A descentralização da cognição afasta a criança do egocentrismo primitivo em direção à diferenciação da capacidade de lidar com o mundo externo, o mundo social e o mundo da "subjetividade interior" – as três dimensões a que correspondem os tipos de pretensão à validade apresentados por Habermas.

Nesse ponto, Habermas introduz o conceito de mundo da vida (*Lebenswelt*). O mundo da vida, como sugerido em fenomenologia, é o universo óbvio da atividade social diária. É a saturação da ação comunicativa pela tradição e pelos modos estabelecidos de fazer as coisas. O mundo da vida é um conjunto pré-interpretado de formas de vida em que todas as condutas diárias se desenvolvem. Ele "armazena o trabalho interpretativo de muitas gerações precedentes". O peso da tradição no mundo da vida atua como uma força que equilibra as possibilidades intrínsecas de divergências suscitadas pela comunicação. O processo de evolução social, que envolve a descentralização das visões de mundo e a consolidação das três dimensões do discurso, altera o caráter do mundo da vida. Quanto mais avançado o processo de descentralização, menos garantido é o consenso por parte das crenças preestabelecidas ou dos códigos de comportamento. Desse modo, a expansão da racionalidade pressupõe uma diminuição do controle do mundo da vida. Voltando a atenção para uma das fontes do próprio pensamento de Piaget – o trabalho de Durkheim –, Habermas reinterpreta a transição da solidariedade mecânica para a orgânica nesses termos. Ele considera os escritos de Durkheim e G. H. Mead complementares para ajudar a determinar a diferença entre os mecanismos de coordenação do mundo da vida e a integração dos sistemas sociais:

Se partimos dos conceitos básicos de interação social propostos por Mead ou dos conceitos básicos de representação coletiva desenvolvidos por Durkheim, em ambos os casos a sociedade é concebida, da perspectiva do participante como sujeito agente, como o *mundo da vida (Lebenswelt) de um grupo social*. Entretanto, na perspectiva de um observador externo, a sociedade pode ser conceituada simplesmente como um *sistema de ações*, no qual essas ações assumem um papel funcional de acordo com a forma como contribuem para manter a existência do sistema.[2]

Nesse caso, Habermas também procura estabelecer uma relação direta com os trabalhos de Max Weber. A formação de visões de mundo diferenciadas, à medida que estas vão se separando do mundo da vida, consolida a condução racional da vida desde que certas condições sejam satisfeitas. Essas visões devem propor conceitos à formulação das pretensões à validade para as três dimensões da realidade (que Habermas também associa explicitamente aos "três mundos" de Popper). As tradições culturais devem permitir uma crítica reflexiva que possibilite submeter as proposições de fé, incorporadas nos estilos de vida comuns, à avaliação descritiva. É preciso haver mecanismos institucionais para coordenar os processos de aprendizagem ao longo do tempo e realimentar o mundo da vida com novos conhecimentos. Tudo isso envolve a diferenciação da ciência, do direito e das artes como as principais esferas relacionadas com os "três mundos". Tal diferenciação, por sua vez, pressupõe a institucionalização da ação racional proposital, ou seja, uma ação voltada para a realização de objetivos específicos e que, portanto, pode ser avaliada em

---

2 Citação original: *"Ob man mit Mead von Grundbegriffen der sozialer Interaktion oder mit Durkheim von Grundbegriffen der kollektiven Räpresentation ausgeht, in beiden Fällen wird die Gesellschaft aus der Teilnehmerperspektive handelnder Subjekte als* Lebenswelt *einer sozialen Gruppen konzipiert. Demgegenüber kann die Gesellschaft aus der Beobachterperspektive eines Unbeteiligten nur als ein* System *von* Handlungen *begriffen werden, wobei diesen Handlungen, je nach ihrem Beitrag zur Erhaltung des Systembestandes, ein funktionaler Stellenwert zukommt."* (N.T.)

termos de sua eficácia técnica. Max Weber, sustenta Habermas, ajudou-nos a entender o grau de importância que a diferenciação das esferas culturais e da criação de formas institucionais destinadas à ação racional proposital assume para a modernização. As duas esferas principais em que a ação racional proposital se torna institucionalizada e embasa a integração dos sistemas são a economia e o Estado. O dinheiro é o "meio circulante" predominante (Parsons) na primeira; o poder, neste último.

Não entrarei em detalhes sobre as complicadas tipologias de ação e modos de discurso apresentados por Habermas nem sobre sua tentativa de associá-los com a teoria do ato da fala. As tipologias são de difícil explicação como sempre, mas, a meu ver, não acrescentam muita coisa a seus trabalhos anteriores. A novidade maior é sua extensa análise crítica de Weber; a discussão da relação entre o conceito weberiano de racionalização e a noção de reificação conforme empregada por Lukács e outros; e também a tentativa de relacionar tudo isso a características da teoria social parsoniana.

Weber ajudou a popularizar a ideia da *Verstehen* em ciências sociais, bem como a associar a racionalidade da ação à racionalização da cultura. A noção de ação racional proposital tem papel importante na caracterização do entendimento da conduta humana desenvolvida por Weber. Pode-se avaliar, considerando-se os objetivos do ator social, até que ponto a ação racional proposital atende a critérios "adequados" em termos de estratégia. Muito embora Weber tenha utilizado essa forma de avaliação como padrão preeminente de racionalidade para discernir elementos de irracionalidade da ação, é claro que, para Habermas, essa análise constitui apenas um aspecto da conduta racional. A ação regulamentada por normas (correspondente ao mundo social) e a ação expressiva, ou o que Habermas, na esteira de Goffman, também chamou de "ação dramatúrgica" (correspondente ao mundo "interior" da subjetividade), possuem igualmente padrões de racionalidade. A noção de *Verstehen*, conforme utilizada por Weber, precisa ser modificada em dois sentidos. A compreensão dessas dimensões adicionais da racionalidade da ação tem especial importância para elucidar o porquê de as pessoas agirem como agem. Mas o "significado" da ação não pode ser reduzido às intenções e razões dos atores sociais no tocante a ela. Nesse ponto, a hermenêutica moderna e a filosofia dos últimos trabalhos de Wittgenstein são muito mais relevantes que as escolas do pensamento de onde Weber as extraiu. O entendimento do significado da ação envolve, em princípio, a capacidade de participação na forma de vida em que essa ação está incorporada. Contudo, mais uma vez destaca Habermas, não se pode fazer isso sem avaliar, pelo menos de forma implícita, as pretensões à validade originadas nessa forma de vida. Assim, a compreensão não pode ser separada da avaliação racional da ação.

A discussão dos problemas metateóricos e metodológicos da racionalidade, afirma Habermas, ajuda a entender que a preocupação com a racionalidade é intrínseca à prática das ciências sociais; não é nada imposto de fora para dentro pelos filósofos. Uma vez que visões de mundo *já* incorporam pretensões à validade e, em nível diferente, modos de seu resgate discursivo, esses dois primeiros aspectos da racionalidade estão inerentemente vinculados ao terceiro: a racionalização da cultura. Ao examinar modos de abordagem da racionalização, Habermas tenta "uma reconstrução da história da teoria", de Weber a Parsons, procurando descobrir como as ciências sociais desenvolveram estratégias conceituais para analisar a natureza da modernidade. Ele reconhece que se trata, na melhor das hipóteses, de uma abordagem elíptica sobre as questões em debate, mas parece considerá-la um primeiro passo valioso.

Segundo Habermas, Weber tem especial importância para os problemas que ele deseja analisar porque, ao contrário dos outros teóricos sociais clássicos, Weber rompeu com a filosofia da história e com o evolucionismo em seu sentido ortodoxo, quase darwiniano – enquanto concebia a modernização ocidental "como resultado do processo histórico universal da racionalização". Como na concepção da *Verstehen*, Weber considerou a expansão da racionalidade proposital a parte mais importante no processo histórico da racionalização da cultura ocidental. Dessa forma, o autor não captou outros aspectos em que ocorreram processos de aprendizagem, mas seus trabalhos de fato contêm categorias úteis para descrevê-los.

Weber cita muitos fenômenos envolvidos na racionalização da cultura ocidental, incluindo ciência, direito, administração política e econômica, arte, literatura e música. O que confere unidade às tendências que exercem influência sobre esse conjunto tão diverso? A utilização do termo "racionalização" pelo próprio Weber era um tanto confusa. O principal elemento subjacente às várias discussões weberianas sobre racionalização, na visão de Habermas, é a convergência de modos de atividade com base no princípio universalista. A ética racionalizada vinculada ao direito moderno, por exemplo, trata as normas como convenções – não como imperativos obrigatórios da tradição – regidas por decisões embasadas em princípios generalizáveis, e não em avaliações arbitrárias. Na interpretação habermasiana de Weber (com certeza, questionável nesse e em outros pontos), a racionalização também é um processo de diferenciação – a emergência de três "esferas de valores", cada uma com lógica própria. Estas constituem os elementos cognitivos, morais e expressivos da racionalização cultural e podem ser analisadas de forma institucional em termos da tipologia tripla da sociedade, cultura e personalidade, desenvolvida por Parsons.

Uma das preocupações weberianas mais características, é óbvio, foi comparar a racionalização ocidental com os rumos do desenvolvimento de outras civilizações. Como salienta Habermas, entretanto, ele não expôs com clareza os modos pelos quais o desenvolvimento da modernidade no Ocidente representa mais do que uma forma possível de sociedade entre outras. Se "racionalização" significa o ordenamento da vida conforme princípios universalizáveis, em que sentido esses princípios são válidos universalmente? A resposta de Weber é ambígua. Já conhecemos a visão de Habermas: há, na verdade, formas de processos de racionalidade válidas em âmbito universal. Tendo em vista que o Ocidente moveu-se para o estágio "pós-convencional" dos processos de aprendizagem institucionalizados, a racionalização do tipo ocidental equipara-se à crescente racionalidade da crença e da conduta.

De Weber a Parsons... mas, é lógico, Habermas não procura reconstruir o caminho da sociologia ortodoxa. Entre Weber e Parsons estão Lukács e a Escola de Frankfurt; e Habermas aborda sua análise do pensamento parsoniano mediante uma "crítica da razão funcionalista". São claras as relações entre a interpretação weberiana da racionalização, a discussão lukacsiana da reificação e a crítica da razão instrumental formulada por Horkheimer e Adorno. Todos concordam que há uma racionalização progressiva subjacente à tendência geral de desenvolvimento da sociedade ocidental. Apesar de darem destaques diversos ao caráter da racionalização, esses escritores sustentam, como Weber, que a primazia concedida à ação racional proposital na cultura moderna gera perda do significado moral na vida cotidiana e diminuição de liberdade. É óbvio que Weber não contrapõe a razão instrumental, como "razão subjetiva", à "razão objetiva", a exemplo de Horkheimer e Adorno; e não equipara a racionalização, como o faz Lukács, a um mundo social reificado que, em princípio, pode ser transformado radicalmente. Todavia, nem Lukács, nem a Escola de Frankfurt conseguem libertar-se de forma satisfatória das limitações da visão weberiana. Lukács esperava recuperar a ausente dimensão filosófica para o marxismo, revelando que essa racionalização, conforme descrito por Weber, envolve uma análise não dialética da cultura burguesa. Isso, porém, o levou a recair em um "realismo objetivo" abstrato, que, na verdade, representou um passo de certa forma retrógrado em filosofia, e não um avanço. Horkheimer e Adorno evitaram essa tendência apenas parcialmente e ficaram propensos a um inquieto vaivém entre os polos da razão objetiva e subjetiva. Nem esses estudiosos, nem Lukács conseguiram demonstrar o modo pelo qual a racionalização ou a reificação estão relacionadas à deformação da base comunicativa dos relacionamentos interpessoais. Dessa maneira, embora mantivessem uma vantagem decisiva necessária à análise social, estavam ultrapassados em relação aos avanços já obtidos por G. H. Mead no outro lado do Atlântico. Isso porque Mead fez a transição de uma filosofia da consciência para uma filosofia da linguagem, concentrada em interação simbólica.

Na opinião de Habermas, há certa lacuna epistemológica entre o que ele considera o fim da filosofia da consciência – ou do "sujeito" – e o surgimento da análise comunicativa. A teoria da racionalidade comunicativa não pressupõe um sujeito autossuficiente, que enfrenta um mundo objetivo, mas, em vez disso, começa a partir da noção de um mundo da vida simbolicamente estruturado, no qual é constituída a reflexividade humana. No entanto, para aceitar essa ideia e buscar suas consequências para a teoria social é preciso abandonar alguns dos principais pontos defendidos por Mead. Este não analisou as condições de reprodução do mundo social. Como sempre afirmaram Parsons e outros sociólogos funcionalistas, as condições de reprodução societal envolvem outros imperativos além daqueles diretamente incluídos na interação comunicativa. A integração da conduta dos participantes das sociedades também envolve a coordenação de grupos de interesses divergentes em face de vários imperativos especificáveis dos sistemas. Essa observação é essencial para a reformulação habermasiana do conceito de reificação. A problemática da reificação, diz ele, não deve ser associada, como o fizeram Lukács e a Escola de Frankfurt, à concepção da racionalização (ou ação racional proposital) propriamente dita. Em vez disso, a reificação deve ser relacionada com os modos pelos quais as "condições funcionais da reprodução dos sistemas" nas sociedades modernas acometem e abalam a base racional da ação comunicativa no mundo da vida. Uma apropriação crítica do trabalho parsoniano, sustenta Habermas, permite-nos formular uma abordagem da reificação, assim entendida, em termos dos mecanismos de integração social e dos sistemas.

Como reconhece Habermas, há certo paralelo entre a síntese da teoria social clássica – que serviu de base para o trabalho de Parsons – e sua obra. Já a partir dos primeiros escritos, salienta Habermas, Parsons estava preocupado com a relação entre a ação humana, por um lado, e a constituição dos sistemas sociais, por outro. Embora muitos estudiosos de Parsons tendessem a destacar um desses dois temas em detrimento do outro, Habermas insiste em apontar a igual importância de ambos. Podemos expressá-los em termos da distinção entre integração social e integração dos sistemas. No primeiro exemplo, na continuidade do mundo da vida, estamos preocupados com a coordenação das orientações sobre a ação; no outro, com as condições funcionais das propriedades dos sistemas organizados em uma escala maior de tempo e espaço. Segundo Parsons, normas e valores são constitutivos da integração social, porém não da integração dos sistemas, que depende de mecanismos mais "impessoais". Habermas aceita essa visão geral, apesar de fazer uma série de críticas à formulação parsoniana. A conceituação parsoniana da ação, formulada por Parsons, afirma ele, é muito restrita e, principalmente nos últimos trabalhos, tende a ser posta de lado em virtude de uma concentração nas funções dos sistemas; e a análise parsoniana de modernidade descreve um quadro demasiado consensual, esquecendo-se das tensões fundamentais que passaram a existir na sociedade contemporânea. Embora tais críticas não representem nenhuma novidade, o modo pelo qual Habermas procura utilizar as ideias de Parsons é importante (ainda que questionável).

De acordo com Habermas, o conceito de ação formulado por Parsons – ou, mais exatamente, a forma com que ele procura inserir tal conceito em seu esquema teórico – solapa a dimensão hermenêutica da análise social. Parsons não conseguiu perceber que o pesquisador social deve ser capaz de "seguir adiante" no âmbito das formas de vida existentes no mundo cotidiano para descrever e explicar satisfatoriamente a natureza de tais formas de vida. O reconhecimento dessa necessidade implica notar que a diferenciação entre integração social e integração dos sistemas encerra um aspecto metodológico. A integração social precisa ter referência aos próprios conceitos dos participantes, ao passo que a integração dos sistemas pode ser descrita em outros termos; a "tradução" de uma para a outra envolve mudança na orientação metodológica por parte do analista social. Claro, essa visão representa a continuidade da linha de argumentação iniciada por Habermas, nos trabalhos anteriores, a respeito da teoria de sistemas. A análise de sistemas sem dúvida não é ilegítima em teoria social, mas não pode pretender fornecer uma estrutura global para a explicação da conduta social, como supõem os funcionalistas. A integração de uma sociedade envolve a renovação constante de um acordo conciliatório entre duas formas de imperativos. As condições para a integração do mundo da vida estão vinculadas à renovação das pretensões à validade (*Geltungsbasis*) subjacentes à estrutura de uma visão de mundo definida. As condições para a integração funcional da sociedade têm a ver com os modos pelos quais o mundo da vida está relacionado com o ambiente circundante que é controlado, apenas em parte, pela ação comunicativa dos seres humanos. Esse acordo só pode ser alcançado mediante a institucionalização e interiorização das orientações sobre valores (na linha de pensamento de Parsons). Se tais orientações não se harmonizarem com as exigências funcionais da reprodução dos sistemas, a coesão social só será preservada caso essas exigências funcionais permaneçam latentes. Nessas circunstâncias, a natureza ilusória das pretensões à validade que embasam as orientações sobre valores podem manter-se obscuras. Resultado: a comunicação fica sistematicamente distorcida.

    Segundo Parsons, a linguagem – como também o poder e o dinheiro – é representada como um meio de integração societal.

Porém, de acordo com Habermas, a linguagem precisa ser excluída desse papel porque está envolvida em toda a atividade social. Parsons consegue representar a linguagem como um entre tantos outros meios de integração porque oculta a base linguística das propriedades hermenêuticas do mundo da vida. Contudo, podemos fazer bom uso da abordagem parsoniana do poder e do dinheiro como os meios da extensão e coordenação da ação racional propositai. Um alto grau de racionalização, produzida pelo movimento evolucionário rumo à modernidade, constitui a base necessária para que se diferenciem o dinheiro (na economia) e o poder (no sistema político) como "meios norteadores". Cada um pressupõe a institucionalização do direito positivo e a separação da família, cuja ênfase é uma das principais realizações de Weber. Como esferas diferenciadas da integração dos sistemas, a economia e o sistema político continuam fundamentados no mundo da vida do qual extraem respaldo normativo e comprometimento com valores. Ao mesmo tempo, elas pressupõem o desenvolvimento especializado dos processos da formação de consenso via ação comunicativa. Isso, por sua vez, envolve não apenas a diferenciação institucional, mas também o desenvolvimento de estruturas de personalidade capazes de participar da formação da vontade discursiva pós-convencional.

De Parsons... voltando a Weber e a Marx. Nas partes conclusivas de sua análise, Habermas tenta enfocar essas ideias com um diagnóstico dos aspectos patológicos da modernidade. Segundo a visão geral habermasiana, a racionalização da ação comunicativa deve ser analisada em separado da formação dos setores institucionais racionais propositais da economia e do sistema político. Isso, por sua vez, implica a revisão de noções fundamentais de Weber e Marx, visto que nenhum dos dois reconhece essa distinção da forma que Habermas a formula. Para Habermas, o deslindamento dos mecanismos norteadores do mundo da vida não é patológico como tal, mas intrínseco à modernização. Portanto, essa diferenciação tem de ser necessariamente dissociada das condições – que, na opinião de Habermas, vêm ocupando lugar de destaque nos últimos tempos – sob as quais a base comunicativa do mundo da vida é retirada dos próprios sustentáculos que demandam a economia e o sistema político. O fato pode ser descrito como um processo da "colonização interna" do mundo da vida, uma destruição da tradição que ameaça o próprio prosseguimento da reprodução da sociedade como um todo.

As tensões e os conflitos predominantes hoje nas sociedades modernizadas devem ser distinguidos daqueles que caracterizavam as fases iniciais de desenvolvimento. A desvinculação dos processos norteadores que estavam inseridos no mundo da vida nos tempos pós-medievais provocou diversos tipos de movimento de protesto, quando a classe camponesa foi forçada a procurar as cidades, e nasceu o Estado centralizado. No século XIX e no início do século XX, o movimento de trabalhadores tornou-se foco de resistência em face da maior diferenciação econômica e política. Marx demonstrou como a transformação do trabalho concreto em abstrato era a condição para a coordenação da produção moderna. Era exatamente um dos mecanismos que distinguiam a economia como uma esfera institucional separada. Os movimentos de trabalhadores podem ser considerados tentativas em parte bem-sucedidas de corrigir o desequilíbrio existente entre o mundo da vida e os mecanismos norteadores, resultantes dos cruéis deslocamentos produzidos pelo rápido desenvolvimento capitalista. Mas também ocorre um processo paralelo de "abstração" na vida política com a maior modernização do Estado. Trata-se, na verdade, de um exemplo típico da colonização do mundo da vida, uma vez que a esfera pública tende cada vez mais a voltar-se para a tecnicalidade no período contemporâneo.

Voltamos, neste ponto, à questão da reificação. Nos trabalhos de Marx, tal noção se encontra vinculada de forma difusa ao processo de abstração econômica mediante o qual o "trabalho vivo" é subordinado às regras dos mecanismos econômicos impessoais. Em certa medida, esse é mais um elemento inevitável da modernização e não pode ser considerado patológico. Entretanto, neste último caso, os mecanismos monetários penetraram demais no mundo da vida organizado de forma comunicativa. A reificação das "esferas de ação estruturadas em termos de comunicação" não constitui, portanto, um fenômeno acima de tudo de divisões de classes. Quanto a isso, Habermas tende de forma definitiva para o lado de Weber e distancia-se de Marx. Mais uma vez, as esperanças da transformação revolucionária prevista por Marx seriam concretizadas mediante a luta de classes,

> o prognóstico de Max Weber "de que a supressão do capitalismo privado ... sob hipótese alguma representaria uma ruptura com a jaula de aço do trabalho industrial" estava correto. Em última análise, o equívoco marxista remonta àquela relação dialética entre análise de sistema e análise do mundo da vida, que não permite uma separação suficientemente apurada entre o *nível de diferenciação de sistemas* desenvolvido na modernidade e as *formas de institucionalização desses sistemas, marcadas especificamente por classe*. Marx não resistiu às tentações do pensamento hegeliano de busca da totalidade e, dialeticamente, acabou projetando a unidade entre sistema e mundo da vida como um "todo inverdadeiro". No entanto, caso não se deixasse iludir com a ideia de que *toda* sociedade moderna, do mesmo modo que se encontra organizada sua estrutura de classes, precisa demonstrar um alto grau de diferenciação estrutural ... faltam a Marx critérios com os quais poderia distinguir a destruição das formas de vida tradicionais da efetivação do mundo da vida social pós-tradicional.[3]

---

3 Citação original: *"hat Max Webers Prognose, 'daß die Abschaffung des Privatkapitalismus ... keineswegs ein Zerbrechen des stählernen Gehäuses der modernen gewerblichen Arbeit bedeuten würde,' recht behalten. Der Marxische Irrtum geht letztlich auf jene dialektische Verklammerung von System-und Lebensweltanalyse züruck, die eine hinreichend scharfe Trennung zwischen dem in der Moderne ausgebildeten Niveau der Systemdifferenzierung und den klassenspezifischen Formen seiner Institutionalisierung nicht zulässt. Marx hat den Versuchungen des Hegelschen Totalitätsdenkens nicht widerstanden und die Einheit von System und Lebenswelt dialektisch als ein 'unwahres Ganzes' konstruiert. Sonst hätte er sich*

A análise de Marx, afirma Habermas, repetindo um tema de seus primeiros trabalhos, é mais pertinente às fases iniciais do desenvolvimento das sociedades capitalistas. Nessas fases, os mecanismos econômicos identificados por Marx tendem a ser importantes. Não há, contudo, apenas um mecanismo norteador (a economia) nas sociedades modernas, mas dois; e o segundo, o aparato administrativo do poder, não foi apreendido de forma satisfatória por Marx. Em parte por essa razão, o marxismo ortodoxo não consegue esclarecer alguns dos principais fenômenos do capitalismo tardio, em que a intervenção estatal é cada vez mais abrangente, e se instalam a democracia de massa e as reformas da previdência social.

A combinação desses fenômenos no capitalismo tardio, afirma Habermas, produz um novo tipo de "reificação não específica de classes" – embora seus efeitos sejam distribuídos de maneira desigual dentro do sistema de classes. Sua análise do assunto é complexa, portanto não tentarei resumi-la neste trabalho. Basicamente, a colonização do mundo da vida destruiu os fundamentos tradicionais da ação comunicativa sem substituí-los pelas formas de racionalidade pós-convencional, necessárias para vincular o mundo da vida às várias atividades controladas pelos mecanismos norteadores econômicos e políticos em franca expansão. A colonização do mundo da vida tem dupla consequência. Dentro do próprio mundo da vida, a reificação resulta em perda de significado ou anomia, com a gama de problemas resultantes nas estruturas da personalidade. Da perspectiva dos mecanismos norteadores, o resultado é um conjunto de déficits motivacionais e de legitimação. Embora em seu trabalho anterior Habermas tivesse considerado as "crises de motivação", pelo menos em certo sentido,

---

nicht darüber täuschen können, daß jede moderne Gesellschaft, gleichviel wie ihre Klassenstruktur beschaffen ist, einen hohen Grad an struktureller Differenzierung aufweisen muß ... Marx fehlen Kriterien, anhand deren er die Zerstörung traditionaler Lebensformen von der Verdinglichung posttraditionaler Lebenswelt unterschieden könnte." (N.T.)

arraigadas de forma mais profunda do que as "crises de legitimação", agora parece que elas se vinculam diretamente a cada um dos mecanismos norteadores e têm a mesma importância potencial. A falta de recursos motivacionais cria problemas para a manutenção da organização econômica enquanto a diminuição de legitimação ameaça a estabilidade da ordem política.

Hoje as tarefas da teoria crítica, conclui Habermas, têm de ser integradas a essa avaliação da forma institucional do capitalismo tardio e das tensões a ele inerentes. Desenvolveram-se novos conflitos e novos movimentos sociais que divergem dos tipos mais antigos de luta de classes concentrada nas relações de produção e no Estado do bem-estar social. Tais conflitos não mais priorizam a distribuição de bens materiais – mas sim a reprodução cultural e a socialização – nem seguem os mecanismos de barganha preestabelecidos vinculados aos sindicatos ou partidos políticos. Uma vez que são expressão da reificação da ordem comunicativa do mundo da vida, conclui-se que essas tensões não podem ser aliviadas mediante maior desenvolvimento econômico ou melhorias técnicas no aparato administrativo do governo. Os novos conflitos e os movimentos sociais conexos derivam de problemas que podem ser resolvidos apenas por meio de uma reconquista do mundo da vida pela razão comunicativa e por transmutações concomitantes na ordem normativa da vida diária. Em que medida essas tendências contêm uma promessa emancipatória capaz de ocasionar transformação expressiva nas instituições sociais existentes? Habermas aposta nos dois lados, porém tende a tratar os novos movimentos sociais sobretudo como defensivos, preocupados com a proteção do mundo da vida contra maior colonização. Os movimentos ecológicos e antinucleares são desse tipo, visto que estão particularmente ligados ao ímpeto de defender o meio ambiente natural contra a depredação e de recriar as relações comunais de várias formas. Contudo, independentemente do potencial para movimentos específicos, Habermas sustenta enfaticamente que a "desarmonia" entre o sistema e o mundo da vida deverá continuar a ser no futuro próximo a fonte desses movimentos. A teoria da ação comunicativa, afirma ele, ajuda a entender o porquê disso e pode ser utilizada para indicar os pontos de pressão nos quais se poderia alcançar uma mudança real; substitui o tipo mais antigo de teoria crítica, embasada em posições filosóficas agora indefensáveis.

A obra *Theorie des kommunikativen Handelns* exibe a mesma mistura de características interessantes e frustrantes que marca a maior parte dos outros trabalhos de Habermas. Todavia, por mais que se possa criticar sua extensão, é impossível não se impressionar com a abrangência enciclopédica da discussão desenvolvida pelo autor. Em quem mais se poderia pensar, entre os que escrevem sobre teoria social na atualidade, que conseguisse cobrir – com aparente facilidade – essa diversidade de tradições do pensamento clássico e atual, relacionando-as, por um lado, com questões abstratas de filosofia e, por outro, com preocupações políticas contemporâneas? Como uma síntese do próprio pensamento de Habermas, esse trabalho apresenta a unidade da visão teórica que ele desenvolveu mais ou menos no decorrer da última década. Contém, ao mesmo tempo, um verdadeiro tesouro de comentários críticos sobre os trabalhos de outros autores. É longo demais, no entanto. O estilo de Habermas não fica nem um pouco mais claro com os anos, exigindo grande esforço por parte do leitor na tentativa de deslindar a relação entre alguns de seus principais argumentos. Habermas tem paixão por tabelas e classificações, até mesmo quando elas parecem obscurecer o processo de argumentação racional em vez de melhorá-lo. Cada tabela contém pelo menos 32 categorias! Uma consequência desse fervor taxonômico é que seu trabalho adquire certo formalismo puritano. Muitas vezes, onde se gostaria de ver a apresentação de provas para embasar um ponto de vista proposto encontra-se uma tabela – como se a forma de superar possíveis objeções fosse pulverizá-las em fragmentos conceituais.

Os trabalhos de Habermas vêm sendo analisados de forma tão constante e minuciosa por admiradores e críticos que provavelmente será difícil descobrir algum aspecto da obra habermasiana que já não tenha sido objeto de estudo profundo. Em vez de tentar levantar quaisquer pontos críticos especialmente novos, indicarei alguns dos aspectos, na minha opinião, mais interessantes das ideias do autor, bem como os que parecem questionáveis e sujeitos a ataques. Contudo, ao oferecer esse tipo de avaliação, vou assumir uma personalidade "esquizofrênica" (dicotômica). Por ser de caráter sistemático, a obra habermasiana convida o leitor a permanecer dentro ou fora dela. Habermas tem grande número de seguidores que tentam trabalhar no seu sistema com modificações relativamente pequenas; e, também, muitos opositores que contestam a maior parte de seu projeto. Minha tendência, suponho, é ficar mais ao lado do segundo grupo que do primeiro; todavia, até o fim deste capítulo tentarei embasar os dois. No lado esquerdo da página colocarei indagações/problemas/comentários que devem ocorrer ao crítico leniente. Dedicarei o lado direito para relacionar tudo aquilo que – emprestando o termo de Marx – um "crítico severo" (*critical critic*) possa reclamar de Habermas. (Esta tática permite que eu tenha minha tabela e formalize um tipo de argumentação discursiva.)

Crítico leniente	*Crítico severo*
1 Acompanhei sua obra desde os primeiros trabalhos até o presente. Inicialmente, fui levado a acreditar que o conhecimento se baseia no interesse e que se podiam distinguir três tipos de interesse constitutivo do conhecimento. Essa foi uma noção atraente que adotei com certo entusiasmo. Parecia ajudar na crítica da hermenêutica e da ideologia. Entretanto, tendo lido seu trabalho mais	1 Parece-me que há algumas discrepâncias bastante radicais e não solucionadas entre seus primeiros trabalhos e os posteriores. A ideia de que o conhecimento se fundamenta no interesse foi bastante ousada e constituiu o alicerce principal que embasou a especificidade de suas visões. Desistir dessa ideia sem dúvida compromete algumas das suas alegações mais importantes – sobre o caráter

recente, sinto-me de certa forma surpreso e até mesmo desapontado. Ainda devo acreditar que o conhecimento se fundamenta no interesse? E caso deva, exatamente como os três interesses constitutivos do conhecimento estão relacionados com os três "mundos" e os três tipos de pretensão à validade que agora você identifica? Você diz que o trabalho em torno da teoria do conhecimento foi uma forma indireta de abordar os problemas que mais o preocupam, entretanto, qual é exatamente a consequência de tudo isso? Consigo perceber que dois dos interesses constitutivos do conhecimento parecem corresponder a dois dos "mundos", mas e o terceiro? Rogo-lhe que me preste esclarecimentos!

"unilateral" da hermenêutica, por exemplo, no debate com Gadamer.

a) No novo trabalho, você parece admitir claramente a "pretensão à universalidade" da hermenêutica defendida por Gadamer. Isso porque você concordou com a existência de um momento hermenêutico indispensável na descrição da atividade social que envolve a capacidade de o observador "continuar" na forma de vida a ser analisada ou explicada.

b) Em seus primeiros trabalhos você abriu espaço para explicações nomológicas, utilizando alguns dos elementos do empirismo lógico. Estabeleceu diferença entre vários tipos de ciência: a "histórico-hermenêutica" e a "empírico-analítica". O que aconteceu a essas ciências? Que papel as análises nomológicas desempenham nas ciências sociais? Essas questões ficaram muito obscuras. Talvez seja simplesmente porque você multiplica tanto as classificações, que fica difícil perceber como elas se relacionam entre si. Todavia, duvido que este seja o único ou mesmo o principal fator envolvido.

c) Se, conforme sua afirmação atual, há três "mundos" vinculando tipos de pretensão à validade que podem ser justificados no plano discursivo, com certeza suas ideias mudaram no sentido de uma visão neokantiana que sua obra anterior se preocupava em evitar... ou você está até flertando com alguma versão do realismo?

2 Ao tratar a "razão" como "racionalidade" você adota de forma explícita a ideia de que a razão é totalmente estruturada em procedimentos – refere-se aos modos de justificar as declarações ou as proposições de fé que inspiram a ação. Acho que consigo perceber a influência de seu intercâmbio com Albert e Popper na formulação desse ponto de vista. Isso porque, também para Popper, a racionalidade (na forma de racionalidade científica) baseia-se simplesmente em procedimentos. O que faz alguma coisa ser "científica" não tem nada a ver com seu conteúdo nem suas origens, mas depende por completo dos procedimentos a serem seguidos para testá-la. A visão de Popper, como a sua, deriva do reconhecimento de que não pode mais haver uma "filosofia primeira" – de que todo conhecimento é construído sobre bases movediças. Popper, todavia, insiste em critério ou critérios claros (falsificabilidade e atributos relacionados) que podem ser utilizados quando se procura estabelecer distinção efetiva entre diferentes teorias ou proposições. Ele também adere a uma versão da teoria da correspondência da verdade, respaldada na noção de verossimilhança. Não me sinto nem um pouco convencido pelo popperismo, mas este parece fornecer o que você não desenvolveu até agora e o que Popper realmente apresenta –

2 Você afirma estar defendendo a "razão" – como "racionalidade" – ao mesmo tempo em que refuta a ideia de uma "filosofia primeira". No entanto, não creio que sua defesa seja plausível; e, mesmo que pudesse ser sustentada de maneira satisfatória, é tão desprovida de conteúdo, que parece deixar sem solução todos os principais problemas levantados pelo relativismo.

a) Não vejo por que sua abordagem deva estar isenta da tendência autodestrutiva da racionalidade. Após admitirmos o princípio da avaliação crítica das crenças, como pode alguma coisa ficar isenta? A tática adotada pelos empiristas lógicos em defesa do Princípio de Verificação, bem como por Popper e por você – de declarar que sua concepção se baseia em procedimentos em vez de ser substantiva – revela-se inconvincente. A razão referente aos procedimentos da argumentação racional ainda precisa ser defendida por procedimentos de argumentação racional. Sua abordagem, portanto, não parece tratar das questões do relativismo de forma mais eficiente do que as fundamentadas em algum tipo de versão de uma "filosofia primeira".

b) Não pode identificar a verdade com a justificabilidade das asserções. A meu ver, o objetivo de sua teoria do discurso da verdade é demonstrar que a especificação das condições da verdade de uma um meio de estabelecer a diferença entre as pretensões à validade pertinentes ao mundo objetivo. Dizer que há modos de argumentação pressupostos no uso da linguagem é uma coisa. Acho a ideia convincente. No entanto, como tais modos de argumentação funcionam em relação a questões reais? Quase todo o material que você apresenta é de natureza formal, "níveis" classificatórios de argumentação, e assim por diante. Ao discutir Winch, Evans-Pritchard e os oráculos de veneno, você demonstra de forma persuasiva que o relativismo não pode ser sustentado. Entretanto, não indica – a menos que eu não tenha percebido – os critérios a serem utilizados para a avaliação de pretensões à validade específicas. Exatamente como demonstraríamos que os *zande* estão errados ao acreditarem em oráculos de veneno?

Esse tipo de problema está relacionado com meu sentimento de inquietação sobre sua teoria da verdade. Verdade, a seu ver, diz respeito ao modo pelo qual as afirmações sobre o mundo objetivo podem ser justificadas. Entretanto, o que é considerado como "prova" capaz de justificar as asserções? Já que você fala pouco sobre problemas referenciais, ficamos quase na escuridão a esse respeito. Parece haver uma clara necessidade de maior desenvolvimento de suas ideias sobre o tema.

assertiva envolve logicamente a explicação de seu significado para justificar, mediante argumentos, a pretensão de que essas condições da verdade sejam satisfeitas. Isso é efetivamente o que a teoria pressupõe, mas não demonstra. Nenhuma quantidade de justificativas que eu ou um número ilimitado de observadores façamos relacionar com uma afirmação evita a possibilidade de que ela assim mesmo seja falsa. Quaisquer que sejam as dificuldades referentes à posição popperiana, esta tem o mérito de admitir tal possibilidade, pois Popper faz distinção entre os modos de investigação que podemos desenvolver como investigadores racionais e a "verdade" como correspondência.

c) Suponhamos que sua teoria da verdade fosse aceitável. Ainda assim ela deixaria sem solução praticamente todas as questões mais importantes suscitadas pela filosofia da ciência pós-positivista e pelos debates sobre o relativismo. Você estabelece a diferença entre "verdade", como um conceito referente a modos de construção de consenso em uma argumentação, e afirmações com propriedades referenciais em relação ao mundo objetivo. Todavia, uma vez que a "verdade" foi transformada em uma noção baseada em procedimentos, uma teoria da verdade não trata mais das questões de *como* se geram "provas", *o que* se consideram "provas" e em que *sentido* as proposições "podem ser comprovadas".

d) A mesma coisa poderia ser dita em relação àquilo que você chama de "discurso prático". Afinal de contas, independentemente dos problemas – e, claro, eles são enormes – que possam existir com referência a provas sobre o mundo material, as dificuldades envolvidas na justificativa das pretensões normativas ainda são mais difíceis de resolver. Entretanto, sua discussão sobre o caráter do discurso prático não parece nada menos formal que a do discurso empírico-teórico.

e) Você defende uma relação entre a linguagem, a racionalidade e uma situação ideal de discurso postulada de forma contrafactual. Nunca achei essa ideia convincente. Não será o último suspiro de uma teoria crítica que, insatisfeita com as incertezas da crítica imanente e desconfiando da antropologia filosófica, deposita suas esperanças na "guinada linguística"? Não será mais apropriado considerar a linguagem, na linha de Wittgenstein, como *tudo* o que pode ser feito nela e por meio dela? "Nossa primeira sentença", certa vez você escreveu, "expressa a intenção inequívoca de consenso universal e espontâneo". Por que não dizer que nosso primeiro gesto de reconhecimento de outra pessoa promete uma solidariedade

3 As associações que você faz entre teoria evolucionista, psicologia de desenvolvimento cognitivo e método de reconstrução racional são, de fato, essenciais à sua tese de que a razão comunicativa não é apenas a razão ocidental. Aceito o argumento de que a história tem de ser separada da teoria evolucionista, da mesma forma que a psicologia empírica não é o mesmo que a reconstrução dos níveis de competência. Todavia, fico um pouco preocupado com o quanto você confia em Piaget e Kohlberg, cujas visões, afinal de contas, foram objeto de profundo ataque por parte da crítica. Alguns dos paralelos observados por você entre o desenvolvimento do raciocínio na cognição do indivíduo e a evolução social da espécie parecem quase perfeitos. Fiquei um tanto surpreso ao ver que a parte de seu livro dedicada a mitos nas culturas orais compõe-se de apenas algumas páginas. Para demonstrar que as culturas orais – e as civilizações agrárias – funcionam em um estágio inferior de racionalidade em comparação à cultura ocidental ou modernizada, sem dúvida, é necessário fazer uma abordagem mais detalhada.

universal dos seres humanos? Ou talvez a ideia poderia ser estendida ainda mais – ao olhar cúmplice de um gato, sugerido por Lévi-Strauss.

3 Nunca entendi como você consegue utilizar com tanta confiança – e abrangência – os estudos de Piaget e Kohlberg. Apesar de seu brilhantismo, a base empírica do trabalho de Piaget sempre foi frágil, principalmente quando generalizada fora do contexto ocidental; e os estudos nos quais Kohlberg considera seus estágios de competência universais são, na melhor das hipóteses, incompletos. Com certeza é, pelo menos, um pouco suspeito que as formas mais elevadas da razão humana venham a reproduzir os ideais do Iluminismo ocidental! Se, mais uma vez, você tivesse começado com Lévi-Strauss, e não com Piaget, certamente teria sido levado a conclusões muito diferentes. O fato de você discutir as ideias de Lévi-Strauss apenas de forma bastante superficial reforça minha impressão desconfortável de que você tende a escolher teorias que, *prima facie*, combinam com o arcabouço geral de suas ideias – como se o fato de indicar a forma como elas se encaixam fosse suficiente para validá-las.

De modo geral, na minha opinião, foi uma mudança saudável quando a teoria social voltou-se contra o evolucionismo. Sempre foi difícil dissociar as teorias evolucionistas do etnocentrismo e sobretudo do eurocentrismo. Embora você cerque o conceito da evolução com numerosas ressalvas e tenha muito cuidado ao analisar as conotações de etnocentrismo, não estou nem um pouco convencido de que os evite. Vamos acompanhar a proposta mencionada acima e relacionar seus argumentos com os de Lévi-Strauss em vez de Piaget. Há três pontos em que você considera as culturas orais inferiores às civilizações e sobretudo ao Ocidente modernizado. Culturas orais envolvem visões fechadas de mundo; não conseguem distinguir os três "mundos" que você considera essenciais à racionalidade; e baseiam-se em normas pré-convencionais. Com algumas reservas, o ponto de vista lévi-straussiano provavelmente está em consonância com essa classificação. Lévi-Strauss, porém, julgaria que elas envolvem formas de vida tão "racionais" em seus mínimos detalhes quanto as outras introduzidas pelas culturas "mais cotadas" da civilização. As culturas orais não são formadas por indivíduos que ainda não passaram pelos "processos de aprendizagem" que trazem o esclarecimento. Ao contrário, a introdução da escrita e dos outros acessórios da civilização representa um processo de desaprendizagem – um processo de destruição cultural. A divisão que fazemos entre natureza e cultura desfaz a intimidade com a natureza, uma das formas mais ricas da experiência humana. Por fim, as normas fundamentadas em debate e discussão, pode-se argumentar, não são apenas novas formas de tradição. Elas marcam o enfraquecimento da tradição – a segurança das práticas consagradas pelo tempo – como tal.

4 Uma de suas realizações mais importantes, a meu ver, diz respeito à recepção crítica da teoria de sistemas. Você foi convincente ao salientar que a teoria de sistemas recupera-se na tecnicalidade da política e ao demonstrar que a aplicação aparentemente neutra do pensamento sobre meios e fins pode tornar-se ideológica. A análise da "técnica como ideologia" constitui uma das partes mais brilhantes de sua obra. Ao mesmo tempo, você deixou claro que a teoria de sistemas e o estilo funcionalista de pensamento, que tende a estar associado a ela, não podem ser rejeitados de imediato. Assim, você adotou alguns conceitos teóricos sobre sistemas em seu trabalho e, nesse livro, forneceu mais esclarecimentos sobre como tais conceitos se relacionam com os fenômenos do mundo da vida.

4 Não fiquei satisfeito com sua distinção entre sistema e mundo da vida – como também não ficara com a diferenciação entre "trabalho" e "interação" que marcou o início de sua obra. Se, como você sustenta, a separação entre sistema e mundo da vida for metodológica, de que maneira também pode funcionar como uma distinção substantiva nas sociedades modernizadas? Além disso, sua utilização da teoria de sistemas, de noções como "mecanismos norteadores" e outras parece não fazer muita justiça às lutas ativas de indivíduos e grupos que constroem a história. O sentido de contingência na história, tão forte na obra de Max Weber, parece ausente de seu trabalho. Você critica a "razão funcionalista", mas não o suficiente.

Fiquei especialmente impressionado com a maneira pela qual você aplica as noções de sistema e mundo da vida à elucidação da natureza da modernidade. Algumas questões ainda me deixam um pouco confuso. Uma delas refere-se ao poder. Agora você adota uma posição, na linha de Parsons, segundo a qual o sistema político constitui o meio para a organização do poder político. Visto que o sistema político é definido em termos de uma aplicação institucional específica da ação racional proposital, o fato parece delimitar consideravelmente o conceito de poder. Então, como você associaria a crítica da ideologia à crítica da dominação nos dias de hoje – uma vez que aparentemente já empregou o termo "poder" de maneira muito mais abrangente?

5 Você trouxe as ideias de Max Weber para o centro de seu trabalho com muito mais profundidade que anteriormente. Acho sua adaptação e crítica do conceito weberiano de racionalização instigante e convincente. Você demonstrou que o trabalho de Weber, pelo menos em certos pontos básicos, é mais importante para o diagnóstico do tipo de sociedade na qual vivemos hoje do que a obra de Marx. Simultaneamente, expondo algumas das limitações da análise weberiana de modernização, você demonstra como pode

5 Muito de Weber! Pouco de Marx! Qualquer estudioso que utilize tanto as ideias de Weber, como foi o seu caso, provavelmente também se envolverá nas conclusões weberianas – independentemente de suas ressalvas. Você critica Weber por restringir a racionalização sobretudo à expansão da racionalidade proposital, mas é forçado a concordar que esse tipo de racionalidade efetivamente domina a cultura moderna. Seu diagnóstico das origens e provável futuro dos movimentos sociais da atualidade é muito parecido

ser mantido vivo o tipo de crítica defendida por Marx. Sua teoria da colonização do mundo da vida oferece nova base para a análise das tensões e das fontes de oposição características das sociedades modernas. Ainda assim, fico pensando que talvez sua análise possa levar a conclusões um tanto paradoxais. Aspectos do mundo da vida têm de ser defendidos contra as intromissões dos mecanismos norteadores políticos e econômicos. Todavia, como essa defesa pode ser concretizada sem a transformação de tais mecanismos? Não sei exatamente que tipos de transformação você considera possíveis nem como todas as possibilidades visualizadas poderiam relacionar-se com os ideais do socialismo tal qual foram concebidos no passado.

com o que Weber poderia ter feito – exceto que você quer falar de "patologias" e mantém uma perspectiva mais otimista sobre as possibilidades de mudança social. Não consigo ver justificativa para seu otimismo. Weber esperava, afinal de contas, que houvesse movimentos de protesto contra a prevalência da racionalização e que eles, no geral, assumiriam a forma de revivência ou do que veio a ser chamado de movimentos "contraculturais". No entanto, ele não acreditava que esses movimentos conseguiriam rechaçar a tendência de racionalização com suas consequências opressivas. Apesar de tudo o que você tem a dizer sobre pretensões à validade frustradas e a respeito da colonização do mundo da vida, não consigo perceber nenhuma conclusão diferente e substantiva em sua análise.

É hora de me recompor novamente. O fato de o trabalho de Habermas suscitar tantas questões – muitas outras poderiam ser levantadas, claro – constitui um indicativo de seu extraordinário poder e abrangência intelectual. *Theorie des kommunikativen Handelns* representa um feito esplêndido, e todos nós que trabalhamos com teoria social vamos recorrer a esse livro durante muitos anos depois de a maior parte da literatura atual sobre ciências sociais ter sido esquecida.

11
Literatura e sociedade: Raymond Williams

No passado, C. P. Snow provocou uma torrente de controvérsias ao sustentar que se abrira um abismo entre as ciências naturais e a área de humanidades. Mas talvez se pudesse afirmar que, na verdade, esse comentário ainda atenuou os fatos. Quanto às disciplinas acadêmicas, naquela época havia efetivamente três grandes áreas bem separadas entre si: isso porque a esses dois campos do conhecimento devem-se acrescentar as ciências sociais. Embora a tradição predominante nas ciências sociais tenha sido a de começar imitando a ciência natural, poucos sociólogos possuíam bom conhecimento desta última ou eram eruditos na literatura da filosofia da ciência. Um número ainda menor prestava atenção à estética ou à crítica literária: a sugestão de que essas áreas pudessem ter alguma relação com os problemas da sociologia, ou vice-versa, teria sido recebida com desprezo ou incompreensão. Agora tudo mudou. A teoria social tornou-se o território de encontro da filosofia da ciência e da poética; ao mesmo tempo, essas influências transformaram as novas concepções da natureza e dos objetivos da análise social, sendo também modificadas por essas concepções.

Os trabalhos de cunho marxista estavam envolvidos nessas transformações embora as discussões não fossem em absoluto dominadas por autores marxistas. O "marxismo", sem dúvida, continha grande variedade de diferentes visões epistemológicas, teóricas e práticas. Algumas delas, como as associadas às contribuições da fenomenologia ou do estruturalismo, originaram-se de escolas intelectuais que antes eram praticamente desconhecidas na Grã-Bretanha.

De qualquer modo, historicamente, a Grã-Bretanha não contava com uma forte tradição de pensamento marxista. Uma das principais contribuições da revista *New Left Review*, após Perry Anderson ter assumido a editoria, foi a promoção de um fórum sofisticado para o desenvolvimento do debate marxista na Grã-Bretanha. Sob a liderança de Anderson, a *New Left Review* seguiu uma "linha editorial" definida: a presença de Althusser e de seus seguidores ganhava destaque. Contudo, sem sombra de dúvida, a revista teve seu papel na promoção do objetivo de integrar o Reino Unido mais diretamente na diversidade da teoria social e política europeia. E por sinal, ela tendia a funcionar em um clima intelectual bastante limitado e arcano, e alguns não viam com bons olhos a iniciação nos "mistérios de Paris". A influência de Althusser e seus alunos, não apenas conforme promovida pela *New Left Review*, mas também de modo diferente, como expressa nos trabalhos de Hindess, Hirst e outros, foi violentamente atacada por E. P. Thompson em *The Poverty of Theory* [*A miséria da teoria*].

As perspectivas e o estilo da *New Left Review* contemporânea não atendiam ao gosto de alguns sociólogos da "geração mais velha" que mantinham vínculos com os primeiros anos da evolução da revista, formada originalmente a partir de uma fusão das publicações *Universities and Left Review* e *New Reasoner*. Nem tudo era amargura sectária, entretanto. Raymond Williams era um dos membros mais ilustres da "geração mais velha", ligada à fundação inicial da *New Left Review*, e continuava a escrever para a revista. Um dos frutos dessa relação foi *Politics and Letters* [*A política e as letras*], diálogo entre Williams e três membros do conselho editorial da *New Left Review*, Perry Anderson, Anthony Barnett e Francis Mulhern.[1] Williams foi entrevistado por esses três – presume-se que em conjunto, embora o fato não seja indicado nem se identifique nenhum entrevistador em separado – durante alguns meses.

A trajetória percorrida por Raymond Williams em sua carreira teve início em um ambiente de classe trabalhadora em Pandy, nas fronteiras galesas, e o levou ao Jesus College, em Cambridge. Essa foi sua longa revolução pessoal, e no decorrer das entrevistas ficou claro o quanto a obra estava diretamente ligada às próprias experiências do autor. Ao ser compelido a confrontar-se com sua biografia e bibliografia, Williams não tentou forçar o enquadramento de sua carreira intelectual em uma estrutura de construção recente. Ao contrário, com a sinceridade e a modéstia de um homem levemente surpreso com o próprio sucesso, ele admitiu importantes limitações em várias partes de seu trabalho e conversou abertamente sobre os fatores casuais que afetaram o rumo de sua vida.

Williams nasceu de uma família com fortes vínculos com o Partido Trabalhista e circulava nos meios socialistas desde cedo até a fase de estudante universitário em Cambridge – interrompida pela Segunda Guerra Mundial e retomada mais tarde. Em vez de criar fonte de tensão ou dissonância para a chegada a Cambridge do rapaz da classe trabalhadora, as relações e os interesses socialistas de Williams serviram de escudo contra a experiência potencialmente destrutiva representada pela mudança de um meio para outro muito diferente. Seus pais estavam convictos

---

1 Williams, R. *Politics and Letters*: Interviews with New Left Review. London: New Left Books, 1979.

da necessidade de educação e constituíam fonte de apoio constante; o Clube Socialista de Cambridge proporcionou-lhe uma rede de relações amistosas dentro da universidade.

Como estudante universitário, antes da guerra, Williams ingressou no Partido Comunista, entretanto não com a consciência de que estava abandonando a política reformista a favor de uma posição militante ativa. Ele referiu-se ao ambiente do Clube Socialista como uma "cultura de confiança", e isso, claro, lhe foi muito importante tanto no sentido pessoal quanto no político. Assim, o padrão formal do trabalho universitário ficou intacto, uma vez que as atividades políticas eram, na maior parte, mantidas em separado da universidade como organização. Era bem diferente do clima vigente no final dos anos 60: não apenas por causa dos choques diretos com a administração da universidade em que os estudantes radicais foram envolvidos no segundo período, mas também em virtude da "profunda dissensão" entre os diferentes grupos de esquerda, ocorrida posteriormente.

Williams não permaneceu no Partido Comunista após ter sido convocado para servir na guerra. Sua saída não se deu de forma calculada; ele apenas deixou de renovar a filiação ao partido. Quando voltou a Cambridge depois da guerra, em que serviu em uma unidade antitanque e participou dos desembarques na Normandia, não mais fez parte dessa "cultura de confiança". Passou por um período de desilusão e insegurança, combinado a um impulso de retomar o trabalho acadêmico com dedicação "um tanto fanática".

A influência de Leavis estava começando a se fazer sentir naquela época, e algumas de suas ideias exerceram forte atração sobre Williams. Desde então, este passou a preocupar-se com a "cultura" em seus vários sentidos. Para Williams, três elementos das visões de Leavis pareciam prestar-se à formulação de uma "política cultural" muito distante em outros aspectos da posição de Leavis. Um deles era a natureza radical dos ataques deste último à crítica literária acadêmica e aos padrões contemporâneos de jornalismo. Outro era a descoberta da crítica prática: descoberta considerada "inebriante" na época, mas que posteriormente mereceu uma atitude mais reservada da parte de Williams. Tão relevante quanto esses elementos era o destaque dado por Leavis à importância da educação, que Williams, é claro, interpretou a seu modo, mas que correspondia à sua experiência.

Logo Williams conseguiu um emprego como professor de literatura na Associação Educacional dos Trabalhadores, em Oxford, ocupação que considerou desestimulante em alguns aspectos, mas que também teve influência direta em seu trabalho acadêmico. Williams continuou lecionando para adultos antes de transferir-se para o cargo de conferencista em Cambridge em 1961. Cambridge, como muitos são tentados a dizer, sempre recupera o que é seu.

Culture and Society [*Cultura e sociedade*] e *The Long Revolution* [*A longa revolução*] foram os livros que tornaram Williams famoso, porém o segundo representou em grande parte uma extensão de algumas ideias básicas tratadas no primeiro. Cada um contribuiu ativamente para a longa revolução por eles diagnosticada, no sentido de que alcançaram um número enorme de leitores.

Em *Culture and Society*, Williams sugeriu que era possível e necessário mover-se na direção do que ele chamou de "uma nova teoria geral da cultura". O tema principal do livro afirmava que a noção de cultura e o termo em si, em uso reconhecidamente moderno, passou a ser utilizado na Inglaterra durante o período da Revolução Industrial. Williams procurou demonstrar que a associação não foi fortuita e buscou acompanhar a evolução da ideia com base nos trabalhos de vários autores do início do século XIX até meados do século XX. O livro introduziu mais uma série de palavras-chave que, conforme demonstrado pelo autor, entraram em uso ou foram modificadas por completo no período da Revolução Industrial: "indústria", "democracia", "classe" e "arte". O autor pretendera incluir um apêndice para fornecer detalhes sobre nada menos que sessenta desses termos; por imposição do editor, essa parte foi retirada da versão publicada e só apareceu cerca de vinte anos depois em 1976, como um livro separado com o título de *Keywords* [*Palavras-chave*]. No entanto, a mais fundamental das palavras-chave de Williams continuou sendo "cultura", que, como afirmou o autor em *Culture and Society* e em *The Long Revolution*, expressava dois conjuntos de processos relacionados. O surgimento do termo marcou o reconhecimento da separação entre uma esfera específica de preocupações morais e intelectuais e a força motriz da nova sociedade, o industrialismo.

Todavia, o desenvolvimento do conceito de cultura também forneceu o que ele chamou de "um tribunal de apelações humanas ... uma alternativa atenuante e aglutinante" à experiência da produção industrial. Como Williams demonstrou em *The Long Revolution*, a ideia de cultura representou uma resposta à mudança política, bem como à econômica, mais especificamente ao desenvolvimento dos ideais democráticos. Não há nenhuma correlação fácil e óbvia, destacou ele, entre industrialização e democracia. Segundo Williams, o crescimento econômico e a transformação política já haviam sido bem documentados por outros autores. Contudo, era preciso estabelecer a relação desse material com uma "terceira revolução", a expansão da cultura em sua inter-relação com o desenvolvimento econômico e político: foi essa a análise que ele se propôs oferecer em *The Long Revolution*.

O livro, a exemplo do anterior, provocou considerável volume de controvérsias, tal como fora a intenção do autor. Muitos críticos contestaram sobretudo os componentes "sociológicos" definidos de forma enfática nas análises de Williams, conforme expressos na relação da cultura intelectual ou literária com as "estruturas do sentimento" da cultura das pessoas comuns.

Os trabalhos contrapõem a "indústria", e não o "capitalismo", à cultura e não fazem uma análise adequada das desarticulações entre os diferentes setores da vida cultural nem as situa no contexto das divisões de classes. O desenvolvimento cultural aparece como algo pertencente a um processo separado e abstraído – uma ênfase que derivou, em parte, mas, sem dúvida, não por completo, da suposição de que as transformações econômicas e políticas já haviam sido relativamente bem relatadas, e o problema era "acrescentar" a terceira dimensão da cultura.

A carreira de escritor de Williams seguiu-se de forma bastante produtiva, e, embora de certo modo o autor tenha tratado de uma gama considerável de assuntos, pode-se verificar facilmente que seu trabalho forma um único projeto global. O autor não se desviou dos objetivos de analisar e promover a longa revolução rumo a um "socialismo participativo", bem como de desenvolver métodos de diagnóstico e crítica cultural pertinentes a esses objetivos. Essa continuidade fica bastante evidente em *Communications* [*Comunicações*] e em *Television* [*Televisão*]. Mas tanto seus romances como as discussões mais especializadas sobre crítica literária e teatral mantêm estreita relação com os outros trabalhos.

Nos romances de Williams há também fortes elementos biográficos; contudo, os temas não constituem a mera descrição de experiências pessoais: trata-se da relação dessas experiências com movimentos abrangentes de mudança social. Como em *The Long Revolution*, ele também protestou contra a uniformização da cultura da classe trabalhadora com alguns "romances proletários"; portanto, em *Border Country* [*País fronteiriço*] o autor quis evitar a análise de uma comunidade fechada da classe trabalhadora, separada do resto do mundo. O romance difere do tom característico da maior parte das obras de ficção britânicas dos anos 50 – a fuga individual, para melhor ou para pior, aos vínculos de uma criação nos moldes de uma família da classe trabalhadora; há maior destaque às mudanças por que passa a própria comunidade. A transição entre o pessoal e o público, a interseção entre a experiência particular ou sentimento e as "estruturas do sentimento", aparece como característica predominante das preocupações de Williams com as quais ele manteve uma luta constante.

Isso também sobressai em seus trabalhos sobre teatro. Ainda estudante universitário, escreveu um longo ensaio a respeito de Ibsen, mais tarde parcialmente incorporado em *Drama from Ibsen to Eliot* [*O drama de Ibsen a Eliot*]. Logo de início, Ibsen consolidou alguns dos sentimentos do próprio Williams a uma época em que ele perdera um pouco de sua segurança anterior. Em Ibsen, porém, o combate ao desespero é tratado como um projeto subjetivo, e levou algum tempo para que Williams conseguisse reconhecer por completo a necessidade de corrigir essa visão de "libertação individual" à luz de uma concepção de "libertação social".

A posição expressa no livro, depois ele acabou percebendo com mais clareza, era "inerentemente instável" por essa razão, entre outras. Sua descoberta de Brecht possibilitou a modificação de seus primeiros pontos de vista. Williams não considerava Brecht apenas um "dramaturgo político". Brecht transcendeu uma das principais fronteiras do drama naturalista, recusando-se a tratar os eventos ocorridos "fora do palco" como determinantes não explicados do drama no palco; todavia, não mediante a substituição do naturalismo pela política, mas fazendo as ações teatrais efetivas incorporarem a presença de uma história anterior "externa".

Parece-me que há muitas dificuldades não resolvidas no trabalho de Williams. Entre elas, poderiam ser mencionadas: em especial, sua insistência em considerar o conceito de cultura a palavra-chave capaz de abrir mais portas do que qualquer outra; a profunda concentração de seus trabalhos na história e nas fontes britânicas; e um conjunto de "problemas hermenêuticos" latentes, ou problemas de linguagem, significado e epistemologia, manifestados principalmente em *Keywords*. Os dois primeiros pontos podem ser equiparados. Ao priorizar a noção de cultura, o autor conseguiu abrir novos horizontes para a história social. *Culture and Society* e *The Long Revolution* representaram contribuições notáveis, trabalhos cuja importância contemporânea está longe de ser esgotada.

Ao mesmo tempo, a centralidade conferida por Williams à "cultura" revelou-se uma faca de dois gumes. Criou dilemas que, a meu ver, o autor não conseguiu solucionar de maneira satisfatória nos trabalhos subsequentes. Tais dilemas são vários, porém, em certa medida, a origem de todos eles é a promoção da ideia de "cultura" em detrimento da ideia de "sociedade" e o contexto essencialmente conservador do qual ele extraiu a noção, embora tentasse transformá-la em uma vantagem decisiva. Mesmo em *Keywords*, ao discutir as origens dos empregos modernos do termo "cultura", Williams subestimou a importância de sua derivação de *Kultur* e do romantismo alemão. O autor concordou com seus críticos da *New Left Review* que fora um erro ter escrito *Culture and Society* como se o pensamento britânico se desenvolvesse em separado do continente europeu; também deixou claro que, de seus primeiros trabalhos, esse era um com o qual passara a sentir menos afinidade nos últimos tempos. Apesar disso, continuou a concentrar seus trabalhos no conceito de cultura.

Tanto os românticos alemães como seus admiradores ou colegas britânicos da ala conservadora – até e incluindo Eliot – justapuseram a cultura e a indústria ou tecnologia. Ao procurar radicalizar o pensamento desses autores, Williams deu continuidade à mesma justaposição. Entretanto, é exatamente essa polaridade que obscurece a fundamentação da tecnologia moderna no processo de acumulação capitalista e opõe o "idealismo" ao "materialismo" de forma inaceitável. O fato está bastante associado com a asserção da primazia da "cultura" sobre a "sociedade". Como utilizado por muitos sociólogos para subentender algum tipo de unidade societal harmoniosa, é justo que se considere o termo "sociedade" com desconfiança. No entanto, se entendido como relações sociais de dependência e luta, o vocábulo propicia uma mediação essencial entre a polaridade de "cultura" e "indústria", como esses termos aparecem na obra de Williams.

Em parte por esses motivos, uma das preocupações mais constantes do autor, as relações entre as "estruturas do sentimento" e a natureza da experiência pessoal cotidiana continuam difíceis de ser compreendidas. No decorrer de seu trabalho, ele afirma que, conforme aparece em *The Long Revolution*, "O que sempre procuramos é a vida real que a organização inteira pode expressar."

A experiência cotidiana envolve tanto continuidade quanto mudanças, mudanças que na era moderna são expressas em mutações linguísticas como analisado em *Keywords*. Duas tradições imbricadas da filosofia parecem ser especialmente pertinentes à conceituação dessas questões, mas, que eu saiba, nenhuma delas foi utilizada por Williams: a fenomenologia hermenêutica e a filosofia dos últimos trabalhos de Wittgenstein. Um dos desdobramentos mais importantes, determinados em cada uma dessas formas de filosofia contemporânea, é que elas insistem que o ego reconhece a experiência pessoal como uma experiência "interior" apenas por intermédio das categorias públicas de linguagem. E, de maneira específica, rejeitam o dualismo da experiência particular e da cultura formada socialmente que, na minha opinião, as análises de Williams ainda pressupõem, por mais que ele tivesse insistido em que elas devem relacionar-se entre si. É um erro associar essas filosofias com a "guinada linguística", tantas vezes considerada uma característica importantíssima do pensamento social da atualidade. Acontece que ambas destacam a interligação entre a linguagem e a prática, a "outra face" da linguagem em "Ser" ou no "que não pode ser falado". A filosofia hermenêutica também suscitou por longo tempo uma questão que é colocada com certa intensidade em *Keywords* e no modo de análise cultural que ele expressa: a questão do caráter histórico do conhecimento humano.

Se as mudanças em terminologia descritas por Williams forem mais que meras mudanças terminológicas – se forem mudanças nas estruturas globais da experiência do significado –, não há nenhum motivo óbvio pelo qual suas análises dessas mudanças devessem ficar isentas do processo histórico. Problemas da relatividade do conhecimento humano, que se manifestam não apenas em hermenêutica, mas na filosofia pós-kuhniana da ciência, parecem essenciais ao projeto de Williams. *Keywords* não aborda esses problemas sob nenhuma hipótese.

Esses comentários adquirem força especial em relação à obra de Williams anterior ao aparecimento de *Marxism and Literature* [*Marxismo e literatura*]. Esse livro mostrou-se mais abstrato ou "teórico" do que todos os trabalhos anteriores do autor e, entre outras coisas, pesquisou problemas do relativismo de forma bastante direta.

Naquela época, o marxismo estava envolvido em uma série de debates. Como afirmou Williams em *Marxism and Literature*, parecia que, nos lugares onde se falava inglês, o marxismo era "um conjunto já estabelecido de teorias ou doutrinas" e que literatura também era "uma coleção já estabelecida de obras ou de tipos de obra, com características e propriedades gerais conhecidas". A relação entre os dois podia ser examinada, e o marxismo se "aplicava" à literatura. Williams não era "marxista" nesse sentido, e seus primeiros livros foram escritos do ponto de vista do que mais tarde ele chamou de "populismo radical".

Contudo, segundo ele, o marxismo deveria ser tratado como uma tradição aberta e flexível do pensamento, e não um conjunto dogmático de doutrinas. Ao mesmo tempo, ficou problemático perceber o que é "literatura". Em resposta a essas mudanças, Williams desenvolveu uma sensibilidade bem maior em relação ao que descreveu como o "perigo do relativismo", todavia negou que sucumbira a ele.

Williams identificou sua visão como de "materialismo cultural" e, embora o estudo revele importante transição no pensamento do autor, o novo Williams manteve bastante continuidade em relação ao antigo. O livro começa mais uma vez com o conceito de cultura, e a noção de estruturas do sentimento desempenha um papel fundamental. No entanto, dessa vez nota-se que a linguagem está envolvida de forma complexa com essas ideias, e o autor tenta integrar uma discussão de significado com uma análise do problema da base/superestrutura no marxismo.

Ele começou a formular um ponto de vista que vê a "linguagem e a significação como elementos indissolúveis do próprio processo social material, envolvido o tempo todo tanto na produção como na reprodução". Considero essa concepção correta, em essência. Porém, não estou convencido de que Williams tenha conseguido fazer uma boa análise do tema, nem que essa concepção seja compatível com as primeiras ideias defendidas por ele.

Williams observou que, embora, por um lado, "não exista nenhuma visão natural da realidade e, por isso, não possa haver um contato direto e não mediado com ela", por outro, "é necessário lembrar-se de uma pressuposição absolutamente básica do materialismo: ou seja, que o mundo natural existe independentemente de alguém atribuir-lhe significado ou não". Isso se parece mais com algum tipo de versão do kantismo que com qualquer outra coisa. Imagino que Williams não desejava defender uma posição kantiana. Entretanto, os principais dilemas suscitados por seus primeiros trabalhos continuam sem solução em *Marxism and Literature* e, na verdade, em parte, agravaram-se.

12
T. H. Marshall, o Estado e a democracia

Tom Marshall é lembrado, acima de tudo, pelo brilhantismo de seu trabalho sobre cidadania. De tamanho modesto, seu clássico, *Citizenship and Social Class* [*Cidadania, classe social e status*] (1950) desfruta de influência contínua há mais ou menos meio século. Nesse trabalho, Marshall descreveu um cenário de equilíbrio entre os efeitos desarmonizadores das desigualdades entre as classes sociais e as consequências integrativas dos direitos de cidadania. Marshall não usou o termo "democracia" com muita frequência, mas sua análise do desenvolvimento progressivo da cidadania pode, sem dúvida, ser considerada uma teoria da evolução democrática.

As visões marshallianas foram determinadas principalmente por uma reação crítica a Marx e ao marxismo. Marshall queria defender as reivindicações do socialismo reformista, contrastando-as com o primo violento e mais ousado, o comunismo revolucionário. Também desejava demonstrar que o conflito entre as classes não constituía a principal força motriz da transformação social nem um veículo para o aperfeiçoamento político. Em sintonia com Max Weber, Marshall aceitou a desigualdade entre as classes como elemento intrínseco à sociedade industrial capitalista. Todavia, a divisão de classes, na opinião de Marshall, é apenas uma dimensão dessa sociedade. A outra dimensão, integrativa, é a do envolvimento universal na comunidade nacional, que se concretiza no Estado do bem-estar social. O termo "Estado do bem-estar social" foi cunhado primeiramente durante a Segunda Guerra Mundial, para contrastar a ideia de uma comunidade nacional coesa e protetora com o "Estado beligerante" da Alemanha nazista. As novas políticas da previdência social tinham o objetivo de tratar de todos os cidadãos como parte de uma ordem nacional mais inclusiva e, ao fazê-lo, reconhecer a responsabilidade do Estado pelo atendimento àqueles que, de certa forma, estavam impedidos de ter participação econômica ativa. Marshall reconheceu a influência da guerra sobre a modelagem das instituições de previdência social, porém colocou-as em um contexto evolucionário muito mais extenso. Entretanto, sua teoria dos direitos de cidadania foi, ao mesmo tempo, tanto uma teoria do Estado do bem-estar social como a realização de um programa de reforma socialista.

A reação crítica de Marshall à interpretação marxista do conflito entre as classes revela-se uma característica clara e evidente de seu trabalho. Menos óbvia e menos explícita é sua crítica à análise marxista de democracia. Marx reconheceu que as características universais da democracia vão de encontro à natureza das sociedades capitalistas, caracterizada pela divisão de classes. Foi capaz de preservar a primazia da classe em sua teoria, tratando os direitos democráticos como restritos e parciais. Nos sistemas demográficos, as pessoas só conseguem votar eventualmente, com alguns anos de intervalo: há pouca ou nenhuma democracia participativa. Ainda mais importante, os direitos democráticos são limitados de duas formas. Na época de Marx, apenas uma pequena proporção da população britânica, sobretudo os homens da classe média, proprietários de bens imóveis, tinha direito a voto. Além do mais, os direitos políticos não tinham nenhum impacto na esfera econômica. O trabalhador, ou a trabalhadora, como mera "força de trabalho", sacrificava todo controle sobre seu corpo ao entrar no trabalho. Muitos estudiosos chamaram Marx de não democrático ou mesmo antidemocrático. No entanto, uma leitura complacente de seus textos sugeriria que o autor acreditava na revolução das classes como o meio de ampliar e aprofundar a democratização. Uma universalização genuína dos direitos democráticos seria acompanhada, em outras palavras, por alguma forma de democracia econômica com as características participativas apontadas por Marx na discussão da Comuna de Paris.

Conscientemente ou não, Marshall ofereceu uma alternativa à interpretação marxista de democratização. Entretanto, Marshall percebeu com mais clareza do que Marx a fundamental importância dos direitos civis ou legais em uma sociedade democrática. Os direitos legais, que garantem as liberdades efetivas, protegem os indivíduos tanto do excesso de poder do Estado como da utilização organizada de violência ou coerção.

Contudo, em sua discussão dos direitos econômicos, Marshall, na prática, pegou de Marx o tema da natureza parcial da democracia. Marshall não propôs a democracia econômica, mas sua defesa dos direitos à previdência social, no contexto da análise global da cidadania, pode ser entendida como uma teoria da democratização. Os direitos da previdência social completam a contento e aprofundam o caráter "vazio" da democracia diagnosticado por Marx. Quando aliados aos outros dois tipos de direito de cidadania, os direitos da previdência social proporcionam a integração plena e "completa" do cidadão na ordem social mais ampla. O cidadão deixa de representar um mero "eleitor abstrato", aparecendo como indivíduo de carne e osso com necessidades materiais; como cidadão, a pessoa tem o direito de esperar que a sociedade supra essas necessidades em caso de privação ou invalidez.

Se Marshall falou pouco sobre "democracia" como tal, é porque o tema principal de seu livro dizia respeito aos sistemas de previdência social e ao Estado do bem-estar social. O Estado do bem-estar social, segundo ele, torna-se parte da extensão geral de democratização. Todavia, o autor tende a pressupor como líquidos e certos os mecanismos de democracia política em vez de analisá-los diretamente.

Marshall escreveu em um período em que praticamente todos – tanto os defensores como os críticos – acreditavam que o Estado do bem-estar social prosseguiria em sua trajetória ascendente. Hayek era considerado pela maioria das pessoas um pensador excêntrico e marginal; o neoliberalismo, na forma assumida mais tarde, poderia ter sido um vislumbre aos seus olhos, porém não era nem mesmo sonhado por mais ninguém. Por volta dos últimos vinte anos, sem dúvida, os sistemas de previdência social vêm sendo objeto de constante ataque da direita neoliberal. Algumas das políticas e dos programas que, na opinião de Marshall, propiciariam aos indivíduos em desvantagem uma vida plena e gratificante vêm sendo considerados pelos críticos neoliberais como causadores exatamente do oposto. Esses críticos atacam os direitos da previdência social, alegando que eles promovem dependência e apatia. Longe de garantir que os desprivilegiados desfrutem de um lugar pleno na sociedade mais ampla, na visão deles, uma das consequências do surgimento do Estado do bem-estar social foi a criação de uma subclasse de excluídos.

A falência da visão marshalliana, se houve de fato, não pode ser atribuída apenas ao neoliberalismo. Ao contrário, os neoliberais ofereceram uma interpretação – mal fundamentada – das mudanças mais amplas que afetam não somente as instituições de previdência social, mas também muitos outros aspectos das sociedades modernas. Marshall concentrou-se na Grã-Bretanha. Não prestou muita atenção a eventos nem a estruturas transnacionais; entretanto, são esses eventos e estruturas que devemos examinar para explicar as dificuldades do Estado do bem-estar social na atualidade. O autor não previu, nem poderia prever, alguns desses desdobramentos. Mas tampouco seus trabalhos dão muita importância ao aumento das preocupações democráticas nos dias de hoje ou aos problemas pelos quais a democracia está passando.

A exemplo do pensamento marshalliano sobre cidadania e Estado do bem-estar social, o neoliberalismo também, em parte, originou-se no Reino Unido, sob a forma que passou a ser chamada de thatcherismo. Contudo, as doutrinas neoliberais, de um modo ou de outro, exerceram influência em todo o mundo. Ao mesmo tempo, ocorreu certa expansão global da democracia, expressa não só na queda do comunismo, mas no declínio dos governos autoritários ou militares em outras regiões. No sentido de democracia liberal, hoje a democratização parece ter-se tornado, até certo ponto, um processo global. Entretanto, nas áreas centrais da democracia liberal, os Estados capitalistas ocidentais, as instituições liberais democráticas parecem estar sofrendo tensões e pressões tão fortes quanto as que afetam o Estado do bem-estar social. Boa parte da população acabou por perder a confiança nos políticos e o interesse pela política, não conseguindo identificar-se com nenhum dos partidos políticos existentes.

Com base no cenário geral do trabalho de Marshall, podem-se fazer várias perguntas: 1. O que é responsável pela disseminação global dos processos democratizantes? 2. Quais são os principais mecanismos de democracia – se democracia for equiparada à democracia liberal? 3. Que relações existem atualmente entre os problemas de organização democrática e os enfrentados pelo Estado do bem-estar social?

Por motivos já mencionados, Marshall na verdade não analisou os atrativos nem as limitações da democracia liberal. Sem dúvida, tinha consciência de ambos e acreditava que o estabelecimento de um sistema de previdência social forte sem instituições parlamentares democráticas levaria ao autoritarismo. O autor não parece ter considerado as bases culturais da democracia liberal especialmente problemáticas. Outros, no entanto, o fizeram, e alguns deles incluem estudiosos que utilizaram intensamente o trabalho de Marshall sobre cidadania. Para esses autores, as vantagens da democracia liberal revelam-se óbvias quando comparada a outros tipos de ordenamento político; o surgimento de instituições liberais democráticas sólidas constitui inevitavelmente um processo de longo prazo. Isso porque o funcionamento adequado da democracia liberal depende de uma cultura cívica mais ampla – não apenas dos direitos cívicos analisados por Marshall com tanta competência, mas de uma cultura política mais difusa propícia à sucessão regular de partidos políticos e a um governo não coercivo.

Tal visão de democracia proporciona os fundamentos para a difusão da democratização nos tempos atuais, mas também sugere que os novos Estados em fase de democratização terão grandes problemas no estabelecimento de instituições democráticas que funcionem bem. Referir-me-ei a essa posição como a teoria da frágil flor da democracia. Ela equipara democratização com democracia liberal no contexto do Estado-nação.

De acordo com a teoria da frágil flor da democracia, se as instituições democráticas estão se espalhando em muitos países é porque a democracia liberal é notoriamente superior a qualquer outro tipo de sistema político. Viva a democracia! Como afirmou E. M. Foster: a democracia pode ser imperfeita, todavia ainda é superior a quaisquer alternativas, o que se pode comprovar com a desintegração do comunismo soviético. A democracia é, contudo, uma planta que precisa de condições férteis para crescer. Precisa de solo preparado ao longo das gerações e, como qualquer outra cultura de crescimento frágil, necessita de cuidados constantes. A teoria da frágil flor da democracia também é uma teoria que se difunde paulatinamente, até alcançar o grau necessário de desenvolvimento: para que a democratização tenha sucesso em regiões como a Ásia, África ou América Latina, as condições que levaram ao desenvolvimento bem-sucedido das instituições democráticas nos países ocidentais têm de ser reproduzidas. Uma vez que a democracia é uma flor frágil, tais condições são problemáticas: não pode haver nenhuma transição relativamente súbita para a organização democrática.

Muitos dos que adotaram essa visão aceitaram uma associação geral entre o desenvolvimento da cultura cívica democrática e o avanço das instituições capitalistas ou de mercado. Os mercados por si e em si mesmos não criam nem sustentam a democracia. São complementos naturais da democratização, visto que cultivam o individualismo e a liberdade de escolha, muito embora a economia de mercado em si e por si mesma não possa criar as condições culturais necessárias para uma vida democrática estável.

A teoria da flor frágil é bem simples e intuitivamente atrativa, tendo em vista que interpreta tanto a difusão da democracia como as condições para seu sucesso. Há, entretanto, boas razões para certa prudência. Em primeiro lugar, de fato parece ter havido circunstâncias históricas em que a democracia liberal foi instituída quase da noite para o dia e persistiu em bases estáveis. Desse modo, ambos, a Alemanha e o Japão, eram Estados autoritários onde, em grande parte mediante a intervenção das potências vitoriosas após a Segunda Guerra Mundial, foram estabelecidas instituições liberais democráticas que se firmaram de imediato. Em segundo lugar, a teoria pressupõe eventos não explicados por completo – incluindo especialmente a queda do comunismo soviético – para interpretar a difusão da democratização. Apesar de ter havido movimentos de protesto nos países do Leste Europeu, a União Soviética não foi derrubada por nenhum tipo de "déficit democrático". Em terceiro lugar, a teoria não lança nenhuma luz sobre os problemas da democracia liberal nos países com instituições democráticas bem desenvolvidas. A vitória aparentemente global da democracia liberal vem acompanhada por um processo de tensão ou de declínio. Por que será?

Não se pode negar a importância da democracia liberal. Mesmo os partidários da esquerda política, que talvez outrora tenham tendido a diminuir essa relevância, agora aceitam o fato. Todavia, para analisar sua natureza e popularidade atual, talvez precisemos de algo mais do que a perspectiva da flor frágil. Em vez dessa visão, eu proporia o que poderia ser chamado de teoria da planta vigorosa. Essa não é uma teoria de democracia de propagação gradativa até atingir determinado grau de desenvolvimento; e coloca os processos atuais de democratização no contexto das mudanças mais amplas que se alastram não apenas nos países industrializados, mas na maior parte do mundo como um todo. Essa visão não identifica democracia simplesmente com a democracia liberal. A própria difusão das instituições liberais democráticas pode ser entendida como parte dos mesmos processos que, em suas áreas centrais, tendem a chegar a um acordo ou ao confronto.

Talvez a democracia seja uma planta vigorosa realmente capaz de criar raízes em solo que antes fora bastante pedregoso; a democracia não depende, por força, de uma cultura cívica instituída há muito tempo, mas sim de outras condições estruturais que vez por outra podem ser implementadas com rapidez. Talvez seja sempre vulnerável, porém é provável que tenha mais pontos fortes inerentes do que outros tipos antagônicos de sistema político ou de legitimação.

Devemos situar a democratização no contexto de várias transformações sociais extremamente básicas. A primeira delas já é muito conhecida e, pelo menos nos últimos anos, tornou-se tão discutida quanto a democracia. Trata-se do impacto da globalização.

O segundo conjunto de mudanças tem vínculos estreitos com os processos de globalização: essas mudanças estão relacionadas ao impacto da destradicionalização. (Ver Capítulo 2.) Por cerca de dois séculos, a modernidade criou algo como um pacto de difícil negociação com a tradição. Os filósofos do Iluminismo posicionaram-se contra a tradição; um dos anseios predominantes da sociedade moderna, contando com o grande respaldo da ciência e da tecnologia, é a superação dos legados imutáveis do passado. Contudo, a modernidade em geral adaptou-se à tradição e vice-versa. No âmbito de instituições de grande abrangência, criaram-se novas ideologias com forte dose de tradição incluindo, por exemplo, diversos tipos de crença e simbolismo religiosos. Igualmente importante foi a persistência do que pode ser chamado de tradições infraestruturais – tradições da vida diária. Quanto a gênero, família, parentesco, sexualidade e outros domínios, as tradições foram alteradas, mas também reconstruídas no decorrer do século XIX e início do século XX.

A destradicionalização no período atual tem como origem duas fontes principais: uma é o impacto dos vários tipos de movimento social. Assim, por exemplo, o movimento feminista procurava fazer um questionamento ativo dos aspectos consolidados pela tradição e tidos como naturais no que se refere à posição das mulheres e à identidade de gênero em termos mais gerais. A tradição encerra o que vem sendo chamado de "poder silencioso": exclui opções ao mesmo tempo em que fornece parâmetros de conduta. Quando são levadas ao domínio público, as questões que estão latentes na tradição têm de ser justificadas em termos discursivos. Os modos tradicionais de fazer as coisas são substituídos por programas de ação ativamente promovidos e debatidos.

Os processos de globalização tendem a ser destradicionalizantes porque reúnem diversos mundos e estilos de vida recentemente visíveis. Qualquer pessoa que persista em um modo tradicional de fazer as coisas não pode deixar de perceber que existem muitas outras práticas alternativas de vida. E, nesse tipo de mundo de cosmopolitismo cultural, a tradição nem sempre desaparece. Quase ao contrário, a tradição é reconstruída com frequência e ganha novo dinamismo. Não pode assumir as formas anteriores, entretanto.

Um aspecto de especial importância da destradicionalização é o surgimento do fundamentalismo. Em poucos anos acostumamo-nos com a ideia de que há tensões entre o fundamentalismo e a democracia. Na verdade, sob a forma de extremismo político, purificação étnica e dogma religioso assertivo, fundamentalismos de vários tipos talvez constituam o principal inimigo do diálogo democrático. Marshall não dedicou atenção a esse fenômeno. E o fato não surpreende nem um pouco, pois o surgimento do fundamentalismo é, sem dúvida, uma ocorrência bastante recente, que reflete as transformações globais discutidas nesta análise.

Embora date aproximadamente do início do século XX, o termo "fundamentalismo" só entrou em uso corrente por volta dos últimos vinte anos. A introdução generalizada de um termo dessa forma onde antes não existia nenhum ou onde seu emprego era marginal, em geral, sempre sugere a chegada de um novo fenômeno social. O fundamentalismo pode ser entendido como uma reação à destradicionalização radical – reação à expansão da modernidade, mas também uma tentativa de defender a tradição como algo autêntico e com seus direitos autóctones à posse da verdade. O fundamentalismo busca defender a tradição "da forma tradicional" em um mundo que se revela cada vez mais cosmopolita em âmbito global; com isso, ele purifica a tradição, muitas vezes com agressividade, e, ao mesmo tempo, frequentemente vincula-se aos novos modos de comunicação eletrônica global.

O fundamentalismo é complexo, e eu não gostaria de apresentar uma simplificação exagerada de seu caráter. Contudo, em linhas gerais, pode-se dizer que o fenômeno pode surgir em qualquer domínio sujeito à destradicionalização. (Ver Capítulo 2.) O fundamentalismo constitui, em essência, um meio para autenticar a tradição e, portanto, não tem ligação específica com religião. Trata-se de uma visão de certo modo em diálogo genuíno com as pressuposições da civilização industrial capitalista. Ele pergunta: "Podemos viver em um mundo onde nada é sagrado?". O fundamentalismo nem sempre significa perigo para os outros;

todavia, é fácil tornar-se perigoso. Isso porque implica uma recusa ao diálogo, uma justificativa da tradição que resiste ao engajamento discursivo com os outros.

O terceiro grupo de mudanças que afetam o mundo contemporâneo está associado aos níveis cada vez mais altos de reflexividade social. Aqui "reflexividade" diz respeito ao engajamento ativo com diversas fontes de entrada de conhecimento ou informação, o que é inevitável quando se vive em um ambiente social destradicionalizado. Ulrich Beck estava certo ao dizer que o fato de o destino ter sido afastado de nossa vida está intimamente associado a influências destradicionalizantes. Quando os papéis sociais eram relativamente fixos, por exemplo, era o destino de muitos homens sair da escola ou faculdade e trabalhar até os 65 anos, o que era seguido de um período de aposentadoria. A maioria das mulheres podia prever uma vida doméstica, concentrada nos filhos e no lar, muito embora uma proporção substancial de mulheres também sempre participasse do mercado de trabalho remunerado. A anatomia não mais constitui o destino, e o gênero deixou de representar uma sina. Em muitas áreas da vida social, a maior parte das pessoas, sejam mais ou menos privilegiadas, tem de tomar várias decisões na vida que não podem fundamentar-se na tradição passada. Tais decisões devem ser tomadas, de uma forma ou de outra, no contexto das diversas fontes de informação e de direitos maleáveis à posse do conhecimento.

Um mundo com reflexividade social ampliada é um universo impregnado de várias formas de especialização, porém, onde, ao mesmo tempo, esta se torna fragmentada. Trata-se de um mundo com envolvimento ativo, embora repleto de enigmas e muitas vezes obscuro.

Nas esferas em que se consolidam esses diversos conjuntos de mudanças, seguem-se várias consequências institucionais. Na área de organização social e econômica, por exemplo, as velhas hierarquias burocráticas, outrora tidas por Weber e outros como o máximo da eficiência social, passam a ser criticadas pela ineficiência. Cidadãos reflexivos, habitantes de um mundo onde o destino não mais impera, relutam em aceitar os tipos de disciplina do trabalho característicos dos períodos anteriores. O que a Weber parecia um processo inexorável, a submissão ao domínio burocrático, é contestado e torna-se vulnerável. Instituições que se afiguravam tão sólidas a ponto de serem inabaláveis já não mostram a mesma firmeza, quando questionadas de súbito. Tanto o fato como a ideologia da hierarquia burocrática começam a ceder lugar a uma ênfase nos processos de tomada de decisão de pouca abrangência e a partir da base.

Cidadãos reflexivos, cada vez mais ativos, exigem a democratização, mas, simultaneamente, mostram-se desencantados com a política. O autoritarismo político não desapareceu e, de fato, continua bastante evidente em diferentes partes do mundo. Entretanto, as pressões contrárias também estão cada vez mais fortes. Os regimes autoritários tornam-se vulneráveis pelas mesmas razões que levaram as organizações burocráticas do tipo weberiano a se transformarem em dinossauros sociais. Os apelos por "flexibilidade" e "envolvimento social", sem dúvida, são ideológicos; contudo, nos lugares em que a noção de destino não mais predomina, também os políticos autoritários sentem dificuldades para governar efetivamente. Tudo isso nem sempre resulta no aprimoramento da democracia. Tal situação, pelo menos em alguns contextos, pode levar à desintegração social e à impossibilidade potencial de qualquer tipo de governo efetivo.

As consequências para os sistemas democráticos estabelecidos são diversas. O avanço da globalização liga os sistemas locais e regionais a eventos e processos que transcendem o Estado nacional. (Ver Capítulo 2.) Muitos acontecimentos que afetam a vida das pessoas ocorrem acima da alçada do Estado-nação ou nos domínios da transformação social e tecnológica no cotidiano. Não é apenas o observador político ou sociológico que nota essas coisas. Em certa medida, elas tornam-se ocorrências comuns para todos e são parte de sua consciência reflexiva dos eventos contingentes, bem como de sua reação a eles.

O desencanto com a política nas sociedades democráticas reflete, em parte, o visível desconforto experimentado pelos líderes políticos. Para manter a legitimidade, esses líderes têm de fazer promessas e asseverar sua capacidade de controlar ou alterar a estrutura existente de eventos. No entanto, a massa de cidadãos consegue perceber muito bem que as promessas têm pouca chance de ser cumpridas. Não creio que a insatisfação política seja a única consequência a resultar dessa situação nem que a arena da política nacional perca inevitavelmente toda a sua eficácia. Considerando o lado mais positivo, há possibilidades para "a democratização da democracia" que promete maior envolvimento democrático para muitos e também aborda a questão da geração de poder político efetivo.

A democratização da democracia envolve vários elementos, incluindo um ataque às várias formas de patronagem política. Não é por acaso que casos de corrupção vêm se tornando conhecidos em muitos diferentes cenários políticos em todo o mundo. Essa corrupção não é, necessariamente, algo recente. Em vez disso, o aumento da "visibilidade social" do domínio político demonstra que influências outrora ocultas, ou até mesmo consideradas, no geral, aceitáveis, agora vêm a público e são ativamente condenadas. A democratização da democracia também implica a transferência descendente e ascendente de poder. Até agora não sabemos que formas institucionais essa descentralização poderá assumir, caso possa ser concretizada. Nem as formas atuais de governo local, nem as organizações supranacionais existentes parecem estar à altura da tarefa. Há possibilidades reais de desenvolvimento de formas de participação democrática que talvez melhorem o processo local de tomada de decisão, como proposto por muitos defensores de uma "sociedade civil renovada". No mundo contemporâneo, contudo, acontecimentos locais e globais têm ligação direta entre si. Temos de procurar formas democráticas capazes de lidar com as novas relações entre o local e o global.

Ninguém sabe para onde esta situação levará. Porém, a própria intensidade dos debates recentes sobre democracia, com propostas para formas de organização democrática outrora consideradas obsoletas ou indisponíveis em uma sociedade de larga escala, aponta para uma transformação da pauta. A democracia participativa foi há muito tempo descartada por Weber, Schumpeter e outros como não pertinente e irrealizável nos cenários da vida social moderna. Entretanto, com as transmutações sociais que vêm ocorrendo agora, inclusive, e em especial, a transferência descendente do poder, está havendo novamente amplos debates sobre programas de democracia participativa. No pouco espaço de que disponho aqui, não proponho examinar os diversos programas de renovação democrática em discussão no momento. Quero mencionar apenas um mecanismo de democracia que considero ter especial importância nas circunstâncias sociais analisadas.

Independentemente de se falar em instituições liberais democráticas ou em outras formas de democracia, democracia envolve duas dimensões parcialmente separadas. Uma é a representação de interesses. As instituições democráticas fornecem um meio pelo qual vários interesses podem encontrar expressão e em que há alguns modos de organização para representar esses interesses. No entanto, democracia também representa a oportunidade de manifestar-se. Significa, em outras palavras, a possibilidade de diálogo. As instituições liberais democráticas em geral proporcionam vários contextos em que é possível o engajamento dialógico – em parlamentos, congressos e outros meios públicos. Talvez a tentativa mais interessante de reinterpretar os mecanismos liberais democráticos nos últimos anos – associada à ideia de democracia deliberativa – baseie-se no projeto de resolução de questões mediante o diálogo. Como entendida normalmente, a democracia deliberativa está longe da situação ideal do discurso habermasiano. Em situação empírica de diálogo, haverá muitos casos em que questões controversas não poderão ser resolvidas diretamente; contudo, a discussão poderá possibilitar que concordemos em discordar e, portanto, representar um meio poderoso para a tolerância e a conciliação.

A democracia dialógica, ou sua possibilidade, não deve ser tida como limitada a contextos formais de participação democrática. Os mecanismos de democratização dialógica precisam ser instituídos – e até certo ponto vêm se desenvolvendo – em vários outros palcos importantes da vida social, tanto locais como mais globais.

O pano de fundo para o surgimento da democracia dialógica nessas circunstâncias são, mais uma vez, as mudanças abrangentes já diagnosticadas. Agora vivemos em um mundo muito mais intensamente cosmopolita do que até mesmo três ou quatro décadas atrás. O cosmopolitismo e a diferença foram preservados com frequência até uma época relativamente recente por meio da segregação geográfica. Grupos, culturas e regiões diferentes coexistiam até certo ponto mediante a pura e simples divisão geográfica. Em uma era de comunicação global instantânea, a separação geográfica perde muito de seu sentido e importância social. Grupos e culturas diferentes são postos em contato mais direto uns com os outros, e diásporas culturais globais de todas as espécies representam uma parte rotineira da experiência diária de indivíduos que talvez, pela posição geográfica, estejam separados por muitos milhares de quilômetros.

Surgem, assim, novas possibilidades, na verdade exigências, para a comunicação e o intercâmbio simbólico. Ao mesmo tempo, a relação entre diálogo e potencialidades de violência social ou política fica bastante tensa. Os fundamentalismos, com sua asserção da integridade das tradições "purificadas", adentram de pronto os espaços em que as relações dialógicas são mal estabelecidas ou inexistentes.

Em todos os cenários do contato comunicativo, a comunicação pode mover-se em duas possíveis direções. Por um lado, como sabemos pelas literaturas da diplomacia global e das relações pessoais bem mais íntimas, a comunicação pode constituir um meio para a análise frutífera de diferenças. Conhecer melhor o outro, seja um indivíduo, grupo ou cultura, pode contribuir para o aumento do autoconhecimento, a melhora da comunicação com o outro e o início de um círculo virtuoso de entendimento mútuo. Por outro, ciclos degenerados de comunicação produzem um efeito diametralmente oposto: antipatia alimenta-se de antipatia ou, pior, ódio alimenta-se de ódio. Quer na avaliação de conflitos matrimoniais, quer na apreciação da violência entre grupos religiosos ou étnicos, é importante reconhecer que, como o amor, o ódio não existe em uma "quantidade fixa". Conflitos cruéis entre grupos, com o uso das formas mais extremas de barbárie, podem desenvolver-se em situações em que anteriormente havia grau razoável de coexistência entre os grupos ou comunidades envolvidas. A esse respeito, não é muito fantasioso traçar um paralelo com a vida pessoal. No casamento, a tolerância ou o amor podem transformar-se em puro ódio quando uma relação se deteriora. Uma descoberta importante da literatura sobre relações afetivas é que, com bastante frequência, os aspectos que a princípio atraíram duas pessoas – certas características de personalidade e comportamento – passam a ser os mais desprezados e atacados, se a relação entrar em espiral negativa de comunicação.

A formação de mecanismos de democracia dialógica na esfera transnacional é questão importantíssima. Por enquanto, podemos prever apenas vagamente quais seriam tais mecanismos. Os defensores da "democracia cosmopolita", a exemplo de David Held, sustentam que as instituições parlamentares ou os congressos podem ultrapassar o nível do Estado-nação de forma a criar assembleias regionais e internacionais com ligação direta às Nações Unidas. Talvez devêssemos procurar modelos de engajamento dialógico um pouco menos ortodoxos que esses, embora eu não vá dedicar-me à questão no presente trabalho.

No domínio da "subpolítica", há pelo menos dois contextos em que os mecanismos de democratização dialógica tornam-se importantes ou vitais. Um diz respeito ao papel cada vez mais incisivo da ciência e da tecnologia em nossa vida diária. Há um interessante entrelaçamento na relação da ciência com a tradição na sociedade ocidental. À primeira vista, como principais precursores do Iluminismo, a ciência e a tecnologia adotaram uma posição radical contra a tradição. No entanto, por muito tempo a própria ciência constituiu uma espécie de tradição na sociedade moderna. Quer dizer, a ciência permaneceu bastante separada da comunidade leiga mais ampla, e os cientistas davam prosseguimento aos testes das descobertas de forma relativamente independente da população em geral. Com o ritmo acelerado das mudanças sociais e o papel da inovação tecnológica na promoção de tal rapidez, cai essa barreira divisória. A ciência já não é considerada pela maioria das pessoas como sacrossanta com *status* de autoridade inquestionável. Em um universo social reflexivo, no qual a natureza essencialmente cética do método científico torna-se visível, as pessoas leigas têm muito mais envolvimento dialógico com a ciência e a tecnologia. Elas não só "dialogam" com a ciência; seu engajamento com as descobertas científicas já é rotineiro.

Indivíduos diagnosticados como HIV positivo, ou portadores de aids, por exemplo, às vezes participam de pesquisas científicas de vanguarda sobre sua doença. Não aceitam simplesmente o que "o doutor" lhes diz, porém estão sempre se informando sobre o estado atual do conhecimento científico e tecnológico. Não esperam pelos processos "normais" dos testes de longa duração, como a comunidade científica mais isolada costumava considerar natural. Dessa situação, surgem muitas questões e problemas importantes, até mesmo formas de exploração comercial das pessoas carentes ou desesperadas. Mas, nesse engajamento dialógico, existe a promessa de uma democracia mais abrangente – uma oportunidade de promover diálogos construtivos entre os que produzem conhecimento científico e aqueles cuja vida é afetada por esse conhecimento.

Outro contexto excelente para o avanço da democracia dialógica é o da vida pessoal nas seguintes esferas: relações sexuais, casamento, família e amizade. Todas essas áreas da atividade social foram submetidas a processos de destradicionalização. Relações pessoais destradicionalizadas caem na categoria que chamo de "relacionamento autêntico". O relacionamento autêntico é uma forma típica ideal. Os contextos reais de ação aproximam-se dele apenas em grau maior ou menor. O relacionamento autêntico é um relacionamento vivenciado no interesse de si mesmo: é um relacionamento que, em princípio, baseia-se na integridade pessoal e na conquista da confiança ativa do outro. Relacionamentos autênticos são, por força, dialógicos porque não utilizam as formas tradicionais de fazer as coisas ou de relacionar-se com os outros.

Podemos falar no progresso da democracia dialógica nos vários contextos da vida pessoal, tendo em vista que certas condições comunicativas sejam satisfeitas. Essas condições destacam-se de pronto na literatura terapêutica que trata da vida pessoal ou emocional. Existe uma semelhança marcante entre o que constitui um bom relacionamento, como diagnosticado na literatura de terapias e de autoajuda, e as propriedades da democracia formal na esfera política. O bom relacionamento, em resumo, é aquele em que cada indivíduo aceita a independência e igualdade do outro; os problemas são resolvidos por intermédio de discussão, e não pela coerção ou violência; o relacionamento é aberto e flexível para atender às mudanças das necessidades de cada parceiro; e as negociações e concessões mútuas são fundamentais. Tais características poderiam muito bem ser consideradas constitutivas de um sistema político democrático, pelo menos no sentido de democracia deliberativa.

Viva a democracia! Esse teorema aplica-se não apenas à democracia liberal, mas a todos os outros contextos de democratização efetiva ou possível. Democracia não é uma panaceia: trata-se de um meio para capacitar os indivíduos a conviverem em condições de comunicação e respeito mútuos. Por mais imperfeita que seja, muitas vezes a "democracia das emoções" na vida pessoal é capaz de revelar-se tão valiosa quanto o desenvolvimento da democracia na esfera mais pública. A exemplo de outros contextos de democratização dialógica, a tensão entre a comunicação e a violência é especialmente importante, apesar de problemática. Não se sabe ainda até que ponto evoluirá a democracia dialógica nem se surgirá nessas esferas, bem como em outras formas de fundamentalismo talvez associadas à violência genérica.

Acabei me desviando um pouco das ideias de T. H. Marshall. Será que conseguiremos reconduzir a discussão para enfocar mais diretamente as questões de cidadania e do Estado do bem-estar social? Sem sombra de dúvida. Afirma-se frequentemente que a análise marshalliana dos direitos de cidadania tornou-se desnecessária com os efeitos da globalização. Ser cidadão, em qualquer sentido dotado de conteúdo, é pertencer a um Estado-nação; e o Estado-nação está sendo sobrepujado pelas forças conjuntas do globalismo e do localismo. É verdade que para nós o termo cidadania não transmite o mesmo peso pretendido por Marshall; contudo, a análise de várias possibilidades de democratização da democracia permite que nos dediquemos a temas levantados pelo autor e que os investiguemos no contexto atual.

Para analisar o verdadeiro legado intelectual marshalliano, é fundamental compreender os problemas enfrentados pelo Estado do bem-estar social e seu provável futuro. Os aspectos das instituições de previdência social que o autor considerou permanentes agora parecem visivelmente instáveis. A perspectiva de Marshall está ultrapassada sob diversos ângulos, mas também seria um erro aceitar as críticas neoliberais ao Estado do bem-estar social, como também o seria afirmar que as origens de seus problemas devam ser atribuídas à crise fiscal. Sem dúvida, a dependência da previdência social, pelo menos entre alguns grupos e em algumas situações, é uma realidade; e as pressões fiscais do Estado do bem-estar social são mais do que visíveis. Contudo, eu examinaria as tensões enfrentadas pelas instituições de previdência social nos dias de hoje exatamente em termos das transformações sociais que constituíram o enfoque central de minha discussão neste capítulo.

As instituições de previdência social com as quais Marshall se preocupava desenvolveram-se em uma época em que a maior parte dos estilos de vida social era mais estável que hoje, e quando a vida em geral continuava a ser vivida como destino. Desse modo, os sistemas de previdência social foram instituídos com base na pressuposição de que o Estado pode oferecer garantias contra várias categorias de risco, sendo cada uma tratada como se fosse semelhante aos riscos da natureza. O indivíduo poderia ser ou ficar pobre, doente, inválido, ou divorciar-se. O Estado poderia intervir para proteger os que são afetados por esses riscos. No mundo de hoje – mais ativo e reflexivo, embora preocupantemente instável –, essas pressuposições não fazem mais sentido como no passado. O divórcio, por exemplo, agora não afeta apenas uma minoria e não representa algo que simplesmente "acontece" aos indivíduos. O problema não é apenas, e talvez nem principalmente, como financiar as instituições de previdência social: é como reorganizar essas instituições de modo a fazê-las se enquadrarem na vida reflexiva muito mais ativa que a maioria de nós leva na atualidade. E, nesse ponto, é preciso integrar um novo pensamento sobre cidadania com uma reavaliação da democracia e suas possibilidades.

13
Admirável mundo novo: o novo contexto da política

Meu tema é um mundo que nos colheu de surpresa – mundo de incerteza fabricada. (Ver Capítulo 2.) A vida sempre foi um negócio arriscado. A intromissão de incertezas fabricadas em nossa vida não significa que a existência, em termos individuais ou coletivos, tenha se tornado mais arriscada do que antes. Em vez disso, as fontes e o escopo do risco alteraram-se. Risco fabricado é o resultado da intervenção humana na natureza e nas condições da vida social. As incertezas (e oportunidades) criadas por esse risco são novas, em sua maioria. Não podem ser tratadas com métodos antigos; os tipos de reação que, hoje, poderíamos ter a elas frequentemente referem-se tanto a "controle dos danos" e a "reparo" quanto a um processo constante de crescente conhecimento.

O avanço da incerteza fabricada representa o resultado do desenvolvimento estável das instituições modernas, mas esse tipo de incerteza também teve crescimento *acelerado* em consequência de uma série de mudanças que transformaram a sociedade (e a natureza) ao longo das últimas quatro ou cinco décadas. A identificação dessas mudanças torna-se vital se quisermos entender as alterações do contexto da vida política nos dias de hoje. Três conjuntos de mudanças têm especial importância. São os discutidos no capítulo anterior, referentes à globalização, à destradicionalização e à intensificação da reflexividade social. Essas transformações ajudam a explicar, entre outras coisas, o declínio do socialismo. Sob a forma do comunismo soviético (no Oriente) e do "acordo keynesiano da previdência social" (no Ocidente), o socialismo funcionou a contento enquanto, em sua maior parte, os riscos eram externos (e não fabricados) e nos lugares em que o nível de globalização e reflexividade social era relativamente baixo. Como essas condições não mais existem, o socialismo entra em colapso ou fica na defensiva – e, sem dúvida, não se encontra mais na vanguarda da "história".

O socialismo fundamentou-se em um modelo cibernético de vida social, que constitui profundo reflexo da perspectiva do Iluminismo, citada em outro ponto deste livro. Segundo o modelo cibernético, um sistema (no caso do socialismo, a economia) pode ser mais bem organizado quando subordinado a uma inteligência diretiva (o Estado, entendido de uma forma ou de outra). Entretanto, embora possa funcionar com certa eficácia para sistemas mais coerentes – no caso, uma sociedade dotada de baixa reflexividade, com estilo de vida baseado em hábitos bastante arraigados –, esse tipo de organização não opera da mesma forma no caso de sistemas altamente complexos.

Sistemas muito complexos dependem de grande quantidade de contribuições dos níveis inferiores para assegurar sua coerência (proporcionadas por uma multiplicidade de decisões locais sobre preços, produção e consumo em situações de mercado). É provável que o cérebro humano também funcione dessa maneira. No passado, pensava-se que o cérebro era um sistema cibernético, em que o córtex era responsável pela integração do sistema nervoso central como um todo. As teorias atuais, contudo, dão mais destaque à importância das contribuições dos níveis inferiores na promoção de eficiente integração neural.

A proposição de que o socialismo está passando por sérias dificuldades é muito menos controversa agora do que há bem poucos anos. E acho que esta minha segunda asserção é mais heterodoxa: o conservadorismo enfrenta problemas tão profundos quanto o socialismo. Mas como? O conservadorismo não triunfou em todo o mundo na esteira da desintegração do projeto socialista? Nesse ponto, no entanto, devemos fazer uma distinção entre o conservadorismo e a direita. O que hoje passou a ser entendido como "a direita" é o neoliberalismo, cujos vínculos com o conservadorismo são tênues, na melhor das hipóteses. Isso porque, se conservadorismo significa alguma coisa, quer dizer desejo de conservar – e, especificamente, preservar a tradição, como "sabedoria herdada do passado". O neoliberalismo não é conservador nesse sentido (bastante elementar). Ao contrário, aciona processos radicais de mudança, estimulados pela expansão incessante dos mercados. Paradoxalmente, a direita nesse ponto ficou radical, enquanto a esquerda se esforça para conservar – tentando proteger, por exemplo, o que resta do Estado do bem-estar social.

Em uma sociedade pós-tradicionalista, a conservação da tradição não pode manter o sentido de outrora, como a preservação relativamente não reflexiva do passado. Acontece que a tradição defendida na forma tradicional se torna fundamentalismo, visão dogmática demais para fundamentar um conservadorismo que procura alcançar a harmonia social (ou "uma nação") como uma de suas principais *raison d'être*.

O neoliberalismo, por sua vez, reveste-se de uma contradição interna cada vez mais visível. Por um lado, o neoliberalismo é hostil à tradição – e, na verdade, constitui uma das principais forças que assolam a tradição em todos os lugares, em consequência da promoção das forças de mercado e de um individualismo agressivo. Por outro, ele depende da persistência da tradição para sua legitimidade e seu vínculo com o conservadorismo nestas áreas: nação, religião, gênero e família. Não tendo nenhuma justificativa teórica adequada, sua defesa da tradição nessas esferas em geral assume a forma de fundamentalismo. O debate sobre os "valores da família" é um bom exemplo. Supõe-se que o individualismo liberal impere no mercado – e o alcance dos mercados estende-se bastante. Entretanto, a expansão por atacado da sociedade de mercado é uma força importante na promoção das mesmas influências desintegradoras da vida familiar, que o neoliberalismo, em seu traje fundamentalista, diagnostica e combate. Na verdade, trata-se de uma fórmula instável.

Como o socialismo e o conservadorismo se desintegraram, e o neoliberalismo é paradoxal, será que, então, se poderia voltar para o "liberalismo" em si (capitalismo mais democracia liberal, todavia desprovido dos fundamentalismos da Nova Direita) ao estilo, digamos, de Francis Fukuyama? Creio que não, por razões que explicarei agora de forma simplificada e, mais adiante, analisarei com mais profundidade. O capitalismo em constante expansão não se defronta apenas com os limites ambientais em termos dos recursos da terra, mas com os limites da modernidade sob a forma de incerteza fabricada; a democracia liberal, alicerçada em um sistema de partidos eleitorais e operando no âmbito do Estado-nação, não é bem equipada para atender às demandas de cidadãos reflexivos em um mundo globalizante; e a combinação de capitalismo com democracia liberal fornece apenas meios limitados de geração de solidariedade social.

Tudo isso revela com muita clareza o esgotamento das ideologias políticas conhecidas. Portanto, será que deveríamos admitir, como afirmam alguns dos pós-modernistas, que o Iluminismo se esgotou e, de certa forma, temos de aceitar o mundo no estado em que se encontra, com todas as suas crueldades e limitações? Claro que não. Praticamente, a última coisa de que precisamos agora é uma espécie de "novo medievalismo", uma confissão de impotência diante de forças maiores que nós. Vivemos em um mundo radicalmente danificado, que precisa de medidas radicais. Há, no entanto, uma questão muito difícil e real a ser enfrentada: a relação problemática entre o conhecimento e o controle, exemplificada pela difusão do risco fabricado. O radicalismo político não pode mais inserir-se, como o fez o socialismo, no espaço entre um passado abandonado e um futuro construído pelos seres humanos. E, com certeza, não pode ficar a favor do radicalismo neoliberal – um abandono do passado conduzido pela ação errática das forças de mercado. A possibilidade, até mesmo a necessidade, de uma política radical não se extinguiu com tudo o que acabou – mas tal política só pode ser vagamente identificada com as orientações normais da esquerda. Deve lidar com um mundo que se defrontou com os limites da modernidade.

O que poderia ser chamado de "conservadorismo filosófico" – uma filosofia de proteção, conservação e solidariedade – hoje adquire nova importância para o radicalismo político. Nesse caso, a ideia de conviver com a imperfeição, ênfase principal da filosofia conservadora, poderia ser transformada em uma vantagem radical. Um programa político radical – que leve em consideração as origens das coisas – precisa reconhecer que a confrontação com o risco fabricado não pode tomar a forma de "mais do que já se verifica", uma exploração contínua do futuro à custa da proteção do presente ou do passado.

Sem dúvida, não é por acaso que são exatamente esses os temas dessa força política com a maior pretensão de herdar o manto do radicalismo de esquerda: o movimento verde. Tal pretensão contribuiu para ocultar as afinidades, não fosse por isso, bastante óbvias entre o pensamento ecológico, em especial a "ecologia profunda", e o conservadorismo filosófico. Em cada caso existe uma ênfase sobre conservação, recuperação e reparo. A teoria política verde, contudo, torna-se presa da "falácia naturalista" e é acossada por seus fundamentalismos. Ou seja: suas propostas dependem de um chamamento para a volta à "natureza". Entretanto, a natureza não existe mais! Já não podemos defender a natureza na forma natural do mesmo modo que não podemos defender a tradição na maneira tradicional – embora, com muita frequência, ambas *precisem* ser defendidas.

Um arcabouço para a política radical

Nossa relação com a natureza – ou com o que já não é natureza – representa uma entre outras dimensões institucionais da sociedade moderna, ligada sobretudo ao impacto da indústria, ciência e tecnologia. Embora intimamente associadas a ela, as consequências do industrialismo podem ser distinguidas da influência em parte independente do capitalismo, definido como sistema de mercado competitivo do empreendimento econômico, em que os produtos e a força de trabalho são *commodities*. Se a força antagônica do socialismo arrefeceu, será que o sistema capitalista deve reinar inconteste? A meu ver, não. Os mercados capitalistas incontrolados ainda geram muitos dos problemas apontados pelos socialistas, inclusive o predomínio dos imperativos econômicos sobre todos os demais, a transformação universal de quase tudo em *commodities* e a polarização da riqueza e da renda. Sem dúvida, a crítica dessas tendências continua tão importante como sempre, mas hoje não pode ser desenvolvida de forma eficaz a partir do modelo cibernético do socialismo.

O poder político e administrativo não deriva diretamente do controle dos meios de produção, independentemente do que Marx possa ter dito sobre o assunto. Em oposição ao autoritarismo político está a influência da democracia – o termo preferido do momento, pois quem não é democrata nos dias de hoje? Contudo, a questão é exatamente o que devemos entender por democracia, pois, justamente no momento em que parecem estar se espalhando por toda parte, encontramos os sistemas democráticos liberais sob tensão logo em suas sociedades de origem.

A meu ver, o problema da democracia tem íntima ligação com uma outra dimensão da ordem social moderna: o controle dos meios da violência. A administração da violência, em geral, não faz parte das formas convencionais de teoria política, quer seja de esquerda, quer de direita, quer liberal. No entanto, sempre que, como nas condições sociais atuais, muitas culturas diferentes passam a manter contato entre si, o choque de fundamentalismos torna-se uma questão muito preocupante.

Com base nos comentários precedentes, desejo propor um arcabouço de seis tópicos para a reconstituição da política radical, utilizando o conservadorismo filosófico, porém preservando alguns dos valores centrais ligados até agora ao pensamento socialista. Não tenciono fazer o estudo detalhado que seria necessário para justificá-los plenamente ou para acrescentar pormenores às implicações das políticas.

1 Deveria haver interesse em reparar as *solidariedades danificadas*, o que às vezes pode envolver a preservação seletiva, ou, talvez, até mesmo a reinvenção, da tradição. Esse teorema aplica-se a todos os níveis que ligam as ações individuais não só a grupos ou mesmo Estados, mas a sistemas mais globalizados. É importante não confundir com a ideia de renovação da sociedade civil, agora tão popular entre alguns segmentos da esquerda. O conceito de uma "sociedade civil" situada entre o indivíduo e o Estado, por razões que não devo abordar neste trabalho, fica sob suspeita quando aplicado às condições sociais do momento. Hoje deveríamos comentar mais sobre o reordenamento das condições da vida individual e coletiva, que, na verdade, produzem formas de desintegração social, mas também oferecem novas bases para a geração de solidariedades.

A avaliação adequada da natureza do individualismo na sociedade atual constitui um ponto de partida. O neoliberalismo destaca a importância do individualismo, contrastando-o com o desacreditado "coletivismo" da teoria socialista. Contudo, por "individualismo" os neoliberais entendem o comportamento egoísta do mercado, voltado para a maximização de lucros. Em minha opinião, trata-se de uma forma errônea de interpretar o que, mais apropriadamente, deveria ser concebido como a expansão da reflexividade social.

Em um mundo de alta reflexividade, o indivíduo deve alcançar certo nível de autonomia de ação como condição para ser capaz de sobreviver e construir uma vida, entretanto, autonomia não equivale a egoísmo e, além disso, implica reciprocidade e interdependência. Por isso, a questão da reconstrução das solidariedades sociais não deveria ser tida como a proteção da coesão social em torno das vantagens de um mercado egoísta. Deve ser entendida como autonomia e interdependência conciliadoras nas várias esferas da vida social, inclusive no domínio econômico.

Tomemos como exemplo a esfera familiar – um dos palcos principais em que a destradicionalização avançou em ritmo veloz. Os neoliberais demonstraram, com bastante propriedade, uma preocupação com as tendências desintegradoras que atingem a família, mas a noção de que possa haver uma volta direta aos "valores tradicionais da família" não constitui um bom começo. Em primeiro lugar, à luz de pesquisas recentes, sabemos que a vida em família no início dos tempos modernos muitas vezes revelou um lado negativo bastante pronunciado – como o abuso físico e sexual de crianças e a violência física de maridos contra as mulheres. Em segundo lugar, provavelmente, nem as mulheres, nem as crianças renunciarão aos direitos conquistados, os quais, no caso das mulheres, também caminham lado a lado com seu amplo envolvimento na força de trabalho remunerada.

Visto que, mais uma vez, não há precedentes históricos reais, não sabemos até que ponto a vida familiar poderá ser efetivamente reconstruída de forma a contrabalançar autonomia e solidariedade. Entretanto, alguns dos meios para atingir tal objetivo tornaram-se bastante evidentes. A intensificação da solidariedade em uma sociedade destradicionalizante depende do que pode ser chamado de *confiança ativa*, aliada à renovação da *responsabilidade* pessoal e social pelos outros. Confiança ativa é aquela que tem de ser conquistada em vez de originar-se da condição pretensamente inerente a posições sociais preestabelecidas ou de papéis relacionados com o gênero. Confiança ativa pressupõe autonomia, e não oposição a ela, e constitui poderosa fonte de solidariedade social, uma vez que a concordância é oferecida livremente, sem necessidade de ser imposta pelas coações tradicionais.

No contexto da vida em família, a confiança ativa envolve o *comprometimento* com o outro, ou outros, comprometimento este que também implica o reconhecimento de obrigações que se estendem ao longo do tempo. O fortalecimento dos comprometimentos e das obrigações familiares, desde que se baseiem na confiança ativa, em absoluto não parece incompatível com as diversas formas sem precedentes de família que surgem em todas as sociedades industrializadas. É provável que as altas taxas de separação e divórcio tenham vindo para ficar, todavia é possível observar muitos modos pelos quais tal fato pode enriquecer, e não destruir, a solidariedade social. O reconhecimento da importância vital dos direitos da criança e das responsabilidades em relação a ela, por exemplo, poderia propiciar o meio para a consolidação dos laços de parentesco ao nosso redor – entre, digamos, dois casais que são pais, sendo também padrastos e madrastas, e as crianças com as quais eles convivem. As famílias reconstruídas podem trazer consigo uma gama bastante rica de vínculos de parentesco, quase igual à dos grandes grupos familiares pré-modernos.

2 Devemos reconhecer a centralidade crescente do que chamarei de *política de vida* para os domínios formais e menos ortodoxos da ordem política. A visão política da esquerda sempre foi intimamente ligada à ideia de emancipação. Emancipação significa liberdade, ou melhor, liberdades de vários tipos: liberdade do controle arbitrário da tradição, do poder arbitrário e das restrições decorrentes da privação material. Política emancipatória é uma política de oportunidades de vida e, portanto, é central à

criação da autonomia de ação. Nessas condições, claro que a política emancipatória é importantíssima para um programa político radical. Hoje, no entanto, soma-se a ela uma série de preocupações resultantes das mudanças analisadas anteriormente – a transformação da tradição e da natureza no contexto de uma ordem cosmopolita globalizante. A política de vida não é uma política de oportunidades de vida, mas de estilo de vida. Diz respeito às controvérsias e lutas em torno do modo pelo qual (na qualidade de indivíduos e de humanidade coletiva) devemos viver em um mundo onde o que sempre foi estabelecido pela natureza ou pela tradição agora está sujeito a decisões humanas.

A política de vida engloba problemas e dilemas ecológicos, mas entende que estes estão associados a questões mais amplas de identidade e escolha de estilo de vida – inclusive algumas questões fundamentais suscitadas pelo feminismo. Seria um erro básico considerar a política de vida como apenas uma preocupação dos mais ricos. Na verdade, em alguns aspectos ocorre o oposto. Alguns dos grupos mais pobres encontram problemas mais profundos na destradicionalização. Desse modo, grande número de mulheres vem abandonando o casamento e procurando refazer a vida – hoje, uma alta proporção de casamentos, na maior parte dos países ocidentais, é desfeita por iniciativa das mulheres, o que representa enorme e importante mudança. Muitas, porém, tornam-se parte dos "novos pobres", sobretudo quando são mães e chefes de família sozinhas. Derrotadas economicamente, elas também se vêem obrigadas a administrar novas formas de vida doméstica e de relações familiares.

O surgimento da política de vida ajuda a explicar por que alguns tipos de questão – tais como o aborto – acabam aparecendo de forma tão proeminente na agenda política, mas a política de vida também incide sobre áreas mais "comuns" como trabalho, emprego e desemprego. A exemplo de tantas outras áreas da vida social, o trabalho era vivenciado por muitos, até bem recentemente, como destino. A maioria dos homens já esperava começar a trabalhar relativamente cedo e prosseguir até a idade de aposentar-se. Para muitas mulheres, a perspectiva complementar era o confinamento ao meio doméstico. O protesto contra essa "sina" foi, antes de tudo, um instinto principalmente emancipatório. Isso também é válido para o movimento sindicalista, dominado por homens e desenvolvido com mais vigor entre os trabalhadores manuais, que mais que quaisquer outros vivenciavam o trabalho como uma determinada série de condições, com pouca liberdade de ação. Foi o que também ocorreu com as primeiras manifestações do feminismo.

Nos dias de hoje, mesmo entre os grupos mais carentes, em geral, nem o trabalho remunerado, nem a domesticidade são tratados como destino (o desemprego, embora incorretamente, o é com mais frequência). Há uma ampla consciência reflexiva sobre o seguinte: o que conta como "trabalho" é definido de forma muito mais ampla que antes, e trabalho é uma noção problemática e contestada. Dadas as mudanças na estrutura das classes sociais, agora poucas pessoas seguem automaticamente a profissão dos pais ou as ocupações típicas de comunidades trabalhadoras homogêneas. Mesmo – ou talvez principalmente – em relação ao cenário de um mercado de trabalho que vem diminuindo, fica claro que há decisões a serem tomadas e prioridades a serem consideradas, não apenas sobre tentar conseguir um trabalho em vez de outro, mas a respeito de que lugar deve ser reservado ao trabalho em comparação com outros valores da vida.

3 Aliada à generalização da reflexividade social, a confiança ativa envolve a concepção de *política gerativa*, que é bastante conhecida na atualidade. A política gerativa situa-se no espaço que une o Estado à mobilização reflexiva na sociedade em geral. Por razões já discutidas, o Estado pode funcionar como inteligência cibernética apenas em grau limitado. No entanto, as limitações do neoliberalismo, com sua ideia do Estado mínimo, ficaram bastante visíveis. Política gerativa é aquela que procura deixar que os indivíduos e os grupos façam as coisas acontecerem, em

vez de recebê-las já prontas, no contexto das preocupações e objetivos sociais gerais.

A política gerativa envolve:

a) esforço para atingir os resultados desejados (uma frase que, entretanto, compreende um conjunto de problemas difíceis), proporcionando as condições para a mobilização ou engajamento social;
b) criação de circunstâncias em que se possa construir e sustentar a confiança ativa, seja nas instituições do governo como tal ou em outros órgãos relacionados;
c) concessão de autonomia aos indivíduos atingidos por programas ou políticas específicas, na verdade com o objetivo de desenvolver essa autonomia em muitos contextos;
d) estímulo ao desenvolvimento de princípios éticos de ação, rejeitando não só a indiferença do socialismo (algumas de suas versões) no tocante à ética, mas também o infeliz casamento neoliberal dos princípios de mercado com o autoritarismo; e
e) descentralização do poder político: a descentralização é a condição para a eficácia política em razão da exigência de fluxo de informações a partir da base e do reconhecimento de autonomia. Contudo, a disputa entre o poder descentralizado e o centro político é um jogo equilibrado. A descentralização pode fortalecer a autoridade central, quer seja em decorrência de trocas políticas ou da criação de maior legitimidade.

A política gerativa constitui uma defesa da política do *domínio político*, mas não se situa na velha oposição entre o Estado e o mercado. Atua propiciando condições materiais e estruturas organizacionais para as decisões sobre política de vida tomadas por indivíduos e grupos na ordem social mais ampla. Essa política tem como alicerce a conquista de confiança ativa nas instituições governamentais e nos órgãos a elas vinculados. Embora talvez pareça o contrário, a política gerativa é, na atualidade, o principal meio para uma abordagem eficiente dos problemas de pobreza e exclusão social.

A política gerativa não é uma panaceia. O caráter do Estado em constante mudança e o fato de mais ou menos toda a população viver no mesmo "espaço discursivo", como o Estado e os órgãos governamentais, geram novos dilemas e contradições políticas profundas. Por exemplo, onde o sistema político nacional se tornou apenas um entre outros pontos de referência para a vida de um indivíduo, muitas pessoas talvez nem sempre "prestem atenção" a tudo o que ocorre no domínio político, muito embora possam estar mentalmente "em contato" de forma mais constante que antes. O "desligamento" talvez demonstre a insatisfação com as trapalhadas dos políticos, mas pode também significar um alerta específico a questões que a pessoa considera importantes. Nesse caso, a confiança pode mesclar-se com ceticismo em uma combinação desconfortável.

4 As deficiências da democracia liberal em uma ordem social reflexiva globalizante sugerem a necessidade da promoção de formas mais radicais de democratização. Nesse ponto, eu reafirmaria a importância da democracia dialógica. Entre as muitas formas e aspectos da democracia debatidos na literatura nos dias de hoje, podem-se distinguir duas dimensões principais de uma ordem democrática. Por um lado, a democracia é um veículo para a representação de interesses. Por outro, é um modo de se criar uma arena pública em que questões controversas – em princípio – possam ser resolvidas ou, pelo menos, administradas por meio do diálogo, e não por meio de formas preestabelecidas de poder. Embora provavelmente o primeiro aspecto tenha recebido mais atenção, o segundo tem pelo menos a mesma importância.

A extensão da democracia dialógica formaria uma parte (apesar de não ser a única) de um processo do que, no capítulo anterior, chamei de democratização da democracia. Onde o nível de reflexividade social permanece muito baixo, a legitimidade política continua dependendo sensivelmente do simbolismo tradicional e dos modos preexistentes de fazer as coisas. Todos os tipos de patronagem e corrupção não apenas podem sobreviver, mas, na liderança política, tornar-se procedimentos aceitos. Contudo, em uma ordem mais reflexiva – em que as pessoas também estão livres para ignorar um pouco o cenário político formal, se desejarem –, tais práticas estão sujeitas a ser questionadas.

Maior transparência por parte do governo contribuiria para a democratização da democracia, mas também esse é um fenômeno que se estende a áreas diferentes da esfera política formal. Pode-se sugerir que, fora do ambiente estatal, é possível promover a democracia dialógica em três contextos principais. Na área da vida pessoal – relações entre pais e filhos, relações sexuais, relações de amizade –, a democracia dialógica avança tendo em vista que esses relacionamentos são organizados mediante o diálogo, e não por intermédio do poder vinculado. O que chamei de democracia das emoções baseia-se na integração da autonomia com a solidariedade citada anteriormente. Pressupõe o desenvolvimento das relações pessoais em que a confiança ativa é mobilizada e mantida mediante a discussão e a troca de ideias, e não pelo poder arbitrário de um ou outro tipo.

Desse modo, para pais e filhos, a autoridade dos pais já não seria uma "condição" inerente à vida; haveria negociação mais ativa entre ambas as partes. Tendo em vista que venha a existir, a democracia das emoções teria consequências importantes para o avanço da democracia pública formal. Indivíduos que apresentam um bom entendimento da própria estrutura emocional e conseguem manter uma comunicação pessoal eficiente com os outros têm probabilidade de estar bem preparados para maiores tarefas e responsabilidades de cidadania.

A democracia dialógica também pode ser mobilizada por meio de atividades de grupos de autoajuda e movimentos sociais. Tais movimentos e grupos expressam a reflexividade ampliada da atividade social local e global, bem como contribuem para essa reflexividade na atualidade. Nas sociedades contemporâneas, um número muito maior de pessoas pertence a grupos de autoajuda do que a partidos políticos. As características democráticas dos movimentos sociais e dos grupos de autoajuda residem, em grande parte, no fato de abrirem espaços para o diálogo público sobre as questões que lhes dizem respeito. Eles podem fazer que aspectos da conduta social não discutidos anteriormente, ou já "instalados" por práticas tradicionais, sejam introduzidos no domínio discursivo. Podem contribuir para a contestação das definições "oficiais" das coisas; todos os movimentos feministas, ecológicos e pela paz chegaram a esse resultado, como também inúmeros grupos de autoajuda.

Alguns desses movimentos e grupos têm abrangência intrinsecamente global, e, portanto, podem contribuir para a difusão mais ampla das formas da democracia dialógica. Levando em conta que a ideia de um governo mundial não é plausível, os mecanismos de democracia dialógica, que atuam não só por meio dos Estados e órgãos internacionais, mas também mediante uma diversidade de outros agrupamentos, adquirem importância fundamental. Por muito tempo, as influências democratizantes em âmbito global foram vistas nos termos convencionais da teoria das relações internacionais. O cenário internacional foi colocado "acima" do nível dos Estados-nações. Nessa concepção, a democratização significaria a construção de uma democracia liberal mais ampla. As áreas "vazias" ou "anárquicas" que ligam os Estados, em outras palavras, teriam de ser preenchidas. Essa ideia, é claro, não deixou de ser pertinente, mas parece ter importância mais restrita onde a globalização e a reflexividade estão interligadas de forma tão profunda. Até porque muitas relações globalizantes não fluem pelo Estado-nação, mas, em grande parte, evitam-no.

5 Devemos estar preparados para *repensar o Estado do bem-estar social* de maneira profunda. Em muitos países o que resta da ideologia socialista ficou concentrado na proteção do Estado do bem-estar social contra os ataques dos neoliberais. Foi escrito

pelo menos um livro[1] recorrendo ao conservadorismo filosófico para defender as instituições de previdência social – como instituições que têm um histórico comprovado e resistiram ao "teste do tempo". E, de fato, é muito provável que haja aspectos básicos do Estado do bem-estar social a serem preservados contra o assolamento potencial das contenções de custos ou da privatização. Em termos de confiança e solidariedade, por exemplo, os serviços da previdência social muito frequentemente incorporam comprometimentos que seriam simplesmente excluídos caso fosse introduzida uma orientação "empresarial", mais influenciada pelo mercado.

Entretanto, o Estado do bem-estar social foi constituído como um pacto ou "acordo de classes" em condições sociais que agora apresentam alterações profundas, e seus sistemas de seguro social foram criados para lidar mais com o risco externo que com o risco fabricado. Alguns dos principais aspectos problemáticos do Estado do bem-estar social agora já foram identificados com clareza suficiente, em parte graças às críticas neoliberais. O Estado do bem-estar social não vem sendo totalmente eficiente no combate à pobreza nem na distribuição, em larga escala, de renda ou de riqueza. Foi vinculado a um modelo implícito de papéis tradicionais associados ao gênero que pressupõe a participação masculina na força de trabalho remunerada, com um "segundo plano" de programas voltados para as famílias sem um homem para sustentá-la. As burocracias do Estado do bem-estar social, a exemplo de todas as formas de burocracia, tenderam a tornar-se inflexíveis e impessoais, e é provável que a dependência da previdência social seja, em parte, um fenômeno real, não apenas uma invenção do neoliberalismo. Por fim, o Estado do bem-estar social foi consolidado no período pós-guerra, quando parecia improvável que níveis de desemprego cronicamente altos voltassem a instalar-se.

---

[1] Tannsjo, T. *Conservatism for Our Time*. London: Routledge, 1990.

A reconstrução das instituições de previdência social é uma questão complexa, e eu não poderia pretender discuti-la como ela bem merece neste espaço. Contudo, um repensar radical do Estado do bem-estar social provavelmente envolveria o esmiuçamento de seus componentes fundamentais. Agora urge fazer um novo pacto, mas este não pode mais assumir a forma de distribuição de benefícios de cima para baixo. Em vez disso, as medidas da previdência social para combater os efeitos polarizadores do que, afinal de contas, continua sendo uma sociedade de classes, deverão capacitar para o exercício da autonomia e da responsabilidade, em vez de serem meras distribuidoras de benefícios. Deverão levar em consideração exatamente aquela reconstrução da solidariedade social, já mencionada, nos âmbitos familiar e da cultura cívica mais ampla. E esse pacto precisará dedicar a devida atenção ao gênero, não apenas à classe.

O enfrentamento da incerteza fabricada cria todo um novo espectro de problemas – e, como sempre, de oportunidades – para a reforma da previdência social. Então se deveria pensar em reconstrução segundo modelos de *previdência social positiva*. O Estado do bem-estar social cresceu como um modo de proteção contra os infortúnios que "acontecem" às pessoas; sem dúvida, em relação ao seguro social, basicamente recolhem-se os cacos depois que a desgraça ocorre. A previdência social positiva, ao contrário, enfatiza muito mais a mobilização de medidas para a política de vida, com o objetivo, mais uma vez, de vincular a autonomia às responsabilidades pessoais e coletivas.

Um exemplo seria a área de assistência médica, agora tão profundamente afetada pelos dilemas fiscais do Estado. Os sistemas de assistência médica ainda se baseiam sobretudo no tratamento das doenças após terem sido contraídas. Uma reação comum dos críticos desses sistemas consiste na defesa de um papel maior para a medicina preventiva, o que sem dúvida é correto e apropriado. Mais abrangente, no entanto, é a sugestão de que devemos abandonar o chamado modelo "biomédico" de saúde e doença, a favor de um que dê maior destaque ao holismo e, mais especificamente, associe a saúde à conservação e proteção do meio ambiente. Tal abordagem envolveria um novo estudo crítico da inter-relação existente entre a saúde positiva e a transformação dos estilos de vida local e global. A redução da ecotoxicidade, que demanda ação coletiva, bem como a pressuposição de novas responsabilidades pessoais, seria uma medida de assistência médica com implicações mais profundas do que qualquer tentativa já aplicada nos sistemas atuais de saúde.

6 Um programa de política radical, por razões já mencionadas, deve estar preparado para enfrentar *o papel da violência* nos assuntos pertinentes ao ser humano. O fato de ter deixado esse tema por último não significa em absoluto que seja menos importante. Todavia, é um dos problemas de abordagem mais difícil em termos de teoria política conhecida. Nem o pensamento socialista, nem o liberalismo estabeleceram perspectivas ou conceitos pertinentes à criação de uma teoria política normativa da violência, e o pensamento direitista, por sua vez, tendeu a achar que a violência é uma característica inevitável e endêmica da vida humana.

O tópico é vasto. A influência da violência, afinal, estende-se da violência masculina contra as mulheres à violência eventual de rua, culminando com a guerra em larga escala. Será que existem encadeamentos que vinculem essas várias situações e que, portanto, possam ser pertinentes a uma teoria da pacificação? Penso que sim, e eles nos levam de volta aos temas do fundamentalismo e da democracia dialógica.

Em quaisquer circunstâncias sociais, existe apenas um número limitado de modos pelos quais se pode lidar com um choque de valores. Um deles é mediante a segregação geográfica; é claro que indivíduos com inclinações conflitantes ou culturas antagônicas poderão coexistir se tiverem pouco ou nenhum contato direto. Um outro modo, mais ativo, é o afastamento. Um indivíduo ou grupo que não se dá bem com outro pode simplesmente romper o contato ou mudar-se, como pode ocorrer em um divórcio.

Um terceiro modo de lidar com a diferença individual ou cultural é pelo diálogo. (Ver Capítulo 2.) Nesse caso, um choque de valores tem, em princípio, possibilidade de funcionar de maneira positiva – pode ser um meio para melhorar a comunicação e a autocompreensão. A melhor compreensão do outro leva ao maior entendimento de si mesmo e da própria cultura e, portanto, a maior entendimento e mutualidade. Por fim, o choque de valores pode ser resolvido com o uso da força ou da violência.

Na sociedade globalizante em que agora vivemos, as duas primeiras dessas quatro opções reduzem-se drasticamente. Nenhuma cultura, Estado ou grupo de porte consegue isolar-se da ordem cosmopolita global com muito sucesso, e, apesar de, em algumas situações, ser uma possibilidade para os indivíduos, o afastamento não constitui opção disponível a entidades sociais maiores.

A relação entre o diálogo e a violência, situada no limiar de possíveis fundamentalismos, torna-se, desse modo, mais grave e tensa para todos nós na atualidade. Essa redução de opções é perigosa, mas também oferece fontes de esperança. Isso porque, como sabemos, o diálogo às vezes consegue substituir a violência e, como também é de nosso conhecimento, o fato pode ocorrer tanto em situações da vida pessoal como em cenários sociais muito mais amplos. O "fundamentalismo embasado no gênero" que homens violentos mantêm em relação a suas parceiras e, talvez, em relação às mulheres em geral, pode – ao menos em casos individuais – ser transformado mediante maior autocompreensão e comunicação. O diálogo entre grupos culturais e Estados representa tanto uma força que age diretamente contra as doutrinas fundamentalistas quanto um meio de substituir o emprego da força militar pela conversação.

O lado negativo é óbvio. Está claro que a violência muitas vezes origina-se dos conflitos de interesses e das lutas pelo poder, assim, há muitas condições estritamente materiais que deveriam ser alteradas para combatê-la e reduzi-la.

Além disso, hoje as forças centrífugas de dispersão dentro das sociedades e entre elas talvez sejam grandes demais para serem administradas sem explosões de violência em pequena e larga escala. Contudo, as relações analisadas entre autonomia, solidariedade e diálogo são reais e correspondem a mudanças observáveis nos cenários locais de interação, bem como na ordem global.

Final: a questão da atuação

E o problema da atuação? Admitindo-se que ainda haja uma pauta para a política radical, a quem caberia implementá-la? "Política radical" ainda significa o mesmo que "política de esquerda"?

A resposta à última pergunta, sem dúvida, é "não". Entretanto, visto que a direita aderiu ao neoliberalismo, o futuro sucesso dos partidos esquerdistas provavelmente vai depender de seu nível de colonização do terreno que procurei identificar. Os partidos de esquerda terão de trabalhar em parceria com muitos outros grupos e movimentos se quiserem demarcar e manter esse território. E terão de combinar reparo e recuperação com uma aceitação, com cautela, da imperfectibilidade das coisas.

14
O Partido Trabalhista e a política britânica

Ideias

Alguns anos atrás, fracasso e desânimo eram o que prevalecia nos círculos do Partido Trabalhista. Em 1992, parecia que o partido pelo menos não permitiria que os *tories*, ou seja, os conservadores, obtivessem uma maioria esmagadora. Margaret Thatcher não contava mais, e John Major não se demonstrava, para dizer o mínimo, a pessoa com probabilidade de conseguir uma quarta vitória para o Partido Conservador. O que levou os trabalhistas ao subsequente desespero não foi o temor de que, contra todas as previsões do grande número de pesquisas de opinião, Major os vencesse, mas de que o total de votos obtidos pelo Partido Trabalhista nas eleições não passasse de pouco mais de um terço.

Logo os urubus começaram a remexer os cadáveres das esperanças dos trabalhistas. Será que a Grã-Bretanha estava se tornando um Estado com poder unipartidário, uma espécie de Japão, Itália ou México anglo-saxônico? E a velha pergunta dos anos 60 foi resgatada e feita mais uma vez: será que algum dia o Partido Trabalhista conseguirá vencer novamente? Ou, de forma mais específica, os trabalhistas seriam capazes de conseguir uma vitória sem aliar-se aos liberais democratas?

Após a passagem de dois líderes trabalhistas, o *fog* dissipou-se como por milagre. Os notáveis do Partido Conservador começaram a alertar que, se a situação não fosse revertida, os *tories* é que acabariam ficando uma geração fora do poder.

Grandes esperanças podem ser frustradas, tal como ficou comprovado com a eleição geral de 1992. A abordagem do parto – forçar mais uma vez – poderia levar novamente à mesma desilusão. Então, o que o Partido Trabalhista deveria fazer? Embora a pergunta contenha muitas implicações domésticas, não pode ser abordada em separado dos grandes dilemas enfrentados por todos os partidos socialistas na atualidade. Entre 1990 e 1994, fui convidado para nada menos que cinco diferentes congressos em vários países com o mesmo título, comum, mas aparentemente irresistível: "O que resta?". Bem, o que resta para o Partido Trabalhista quando o socialismo parece estar praticamente morto e enterrado? Sugiro que não se deva começar a responder a essa pergunta com uma análise exaustiva das tradições socialistas na esperança de encontrar novas ideias que ainda pareçam pertinentes. O que se deve é perguntar o que aconteceu com o conservadorismo. Isso porque os problemas dos *tories* têm causas mais profundas do que as rusgas sobre o tratado de Maastricht.

As origens das rupturas do conservadorismo repousam na crescente distância que se abriu entre o conservadorismo e a direita – termos que outrora significavam mais ou menos a mesma coisa. (Ver Capítulo 13.) Existem muitas diferentes versões de conservadorismo, com vários níveis de sofisticação. Todavia, conservadorismo, em qualquer roupagem, nada significa se não encerrar o sentido de "conservar". Especificamente, conservadorismo diz respeito à preservação da tradição, das ligações orgânicas entre o passado, o presente e o futuro. Conservadorismo já foi sinônimo de direita porque a proteção da tradição significava o mesmo que a defesa da hierarquia e do governo da minoria. Tratava-se de uma defesa organizada não apenas contra o socialismo, mas principalmente contra o capitalismo, o grande destruidor da estabilidade e da hierarquia aristocrática. Isso porque, com a pressa avassaladora do empreendimento capitalista, nas famosas palavras de Marx, "tudo o que é sólido desmancha no ar".

Hoje a direita ainda se acha conservadora. Os conservadores, entretanto, acabaram por aprovar completamente o que desprezavam no passado – o capitalismo competitivo e o domínio do mercado. Em consequência, sua posição e perspectivas sobre o mundo tornaram-se totalmente autocontraditórias, pois, como Marx destacou, nada é mais corrosivo para as tradições, hábitos e formas de coesão social já instituídos do que o cultivo generalizado das relações de mercado. O conservador de hoje ainda quer conservar – proteger a "família tradicional", os símbolos tradicionais de legitimidade do Estado, a religião e a identidade da nação. No entanto, tudo isso vem sendo destruído, exposto, esmagado e nivelado pelas mesmas forças de mercado que o conservadorismo moderno fomenta.

Por um lado, então, há um libertarismo econômico que traz embutida a aceitação ativa da concorrência global; por outro, um recuo às estruturas e aos hábitos arraigados que demandam autoridade tradicional, moralidade e obediência. O fato de a campanha da "volta às questões básicas" ter sido tão lamentável não teve tanto a ver com as trapalhadas sexuais de alguns parlamentares *tories* como com sua natureza inerentemente autofrustrante. Livres mercados e um Estado forte, cada vez mais centralizado – a combinação é tão contraditória quando examinada com calma, que apenas a força da personalidade de Thatcher poderia tê-la feito parecer plausível por tanto tempo. Talvez não seja de surpreender que seus críticos aparentemente a respeitavam e temiam tanto quanto seus admiradores. Contudo, foi o próprio thatcherismo que destruiu Thatcher e ajudou a acabar com o conservadorismo.

Ideologicamente, o conservadorismo não tem nenhum caminho a seguir nos dias de hoje. O thatcherismo sempre se distinguiu por certa inflexibilidade íntegra. Todavia, quanto mais acentuados se tornaram seus paradoxos, mais essa característica se dissolveu em uma espécie de culto evasivo, embora obstinado, das forças de mercado. O thatcherismo sem Margaret Thatcher é constrangedor. Mais privatização e cortes adicionais nos gastos públicos, aliados a reduções na tributação direta, implementadas em momentos estratégicos: uma bela fórmula para políticos que ao mesmo tempo lamentam o avanço da desintegração social e da decadência moral! No entanto, o caminho de volta à política de uma só nação defendida pelo *toryismo* estaria interrompido mesmo que houvesse vontade política de segui-lo. Até porque o conservadorismo de uma só nação dependia de formas de tradição, deferência e hábitos que o conservadorismo de livre mercado definitivamente contribuiu para enfraquecer.

Talvez seja esse o ponto a partir do qual os trabalhistas devam iniciar sua reestruturação. Por que não entrar em cena e ocupar o território central conservador que a direita impossibilitou que os *tories* mantivessem? Vamos – pode-se dizer – nos opor à capitulação ao mercado; recriar as comunidades; e destacar os deveres e as obrigações em vez de nos guiar pela costumeira preocupação esquerdista com os direitos. O Partido Trabalhista, portanto, deveria apostar na recriação da vida em família, das virtudes cívicas e das obrigações mútuas.

Os comunitários de hoje – pessoas que defendem a recriação das comunidades sociais –, como Amitai Etzioni nos Estados Unidos, têm em mente uma ideia bem ampla de comunidade. Etzioni refere-se às comunidades que ele deseja desenvolver como se fossem um conjunto de caixas chinesas. As comunidades menores, tais como as famílias e os bairros, aninham-se no interior das maiores, como as cidades pequenas e as grandes. E estas, por sua vez, fazem parte de regiões mais amplas que podem compreender a comunidade nacional e, talvez, ir além dela. Etzioni vê o ressurgimento da comunidade em todos esses níveis como parte de um projeto moral abrangente – com equilíbrio entre direitos e responsabilidades. A exemplo da acusação feita por Tocqueville no século XIX à sociedade norte-americana, Etzioni argumenta que a proliferação de direitos enfraquece a dependência mútua. A visão de Etzioni é uma versão mais liberal do "princípio do dever" de David Selbourne.

Será que faz algum sentido falar sobre a recuperação da comunidade dessa forma? Penso que sim, entretanto não como sustentam os comunitários. Em primeiro lugar, o diagnóstico está correto apenas em parte. Não foi a expansão dos direitos que comprometeu a coesão social e o sentido de responsabilidade para com os outros, mas os efeitos corrosivos das forças de mercado. E, exceto em uma acepção livre do termo, a tentativa de reviver a ideia de comunidade não é o caminho a seguir. Dizer que "os indivíduos prosperam apenas em comunidades fortes" pode ser útil, talvez, como *slogan* contra o neoliberalismo. Contudo, é totalmente implausível pensar que uma sociedade moderna seja, ou se torne, um conjunto de caixas de comunidades, se "comunidade" significar um grupo unido por fortes vínculos associados a um nítido conjunto de valores comuns. Comunidades, nesse sentido, podem causar mais desarmonia que integração e, em geral, também são autoritárias. Afinal, onde se podem encontrar as comunidades britânicas mais fortes? Na Irlanda do Norte. É quase inevitável que comunidades intimamente ligadas gerem indivíduos considerados membros do grupo e também elementos excluídos desse grupo. Devemos trabalhar com modelos diferentes de coesão social a partir da noção de comunidade existente nos dias de hoje. Não adianta supor que estamos sofrendo de excesso de individualismo ou de direitos, nem que o comunitarismo, aliado à reafirmação dos direitos cívicos, constitui uma resposta adequada.

Precisamos, antes de tudo, de uma avaliação do que sejam as mudanças sociais e econômicas que se alastram nos países industrializados. *Há* um novo individualismo em toda parte, que deve ser analisado por todos os partidos políticos, mas que não é apenas o resultado do thatcherismo nem a expressão de um vale-tudo egoísta. Os erros básicos do thatcherismo foram equiparar o novo individualismo com egoísmo do mercado e optar por uma teoria (a de Hayek) segundo a qual, via mercado, egoísmos múltiplos acabam servindo ao bem público.

O novo individualismo representa uma mistura de pontos positivos e negativos. Na ordem cada vez mais global, que constitui o contexto de nossas atividades diárias, todos temos de construir a vida de maneira muito mais ativa que antes. Mesmo sem os efeitos corrosivos dos mercados, as tradições e os hábitos arraigados perdem a força. O resultado é uma mistura de emancipação e ansiedade, intensificada por novos tipos de incerteza. Como disse no Capítulo 12, nossa vida se torna cada vez menos dependente do destino. O destino do homem não é mais tornar-se necessariamente responsável pelo sustento da família e trabalhar todas as semanas, desde o início da idade adulta até a aposentadoria. O destino da mulher já não é contentar-se com a vida doméstica. O casamento não representa mais um "estado natural", e sim um relacionamento negociado – com igualdade implícita, se não real –, do qual qualquer uma das partes poderá sair com relativa facilidade. Todos temos de enfrentar, para melhor ou para pior, as consequências dessas mudanças, e é exatamente essa luta que constitui o individualismo. O Partido Trabalhista deveria procurar tirar proveito do novo individualismo em vez de contrapô-lo a definições arcaicas de comunidade e dever. Ao mesmo tempo, deve separar esse individualismo da ação das forças de mercado, no plano conceitual e na prática.

Vamos considerar como exemplo a posição e as perspectivas daqueles a que muitos continuam insistindo em chamar de "aposentados ou pensionistas" – as pessoas com mais de 65 anos. O novo individualismo está invadindo a vida dos idosos e vem alterando a natureza real da velhice. O termo "aposentado ou pensionista" sugere alguém fraco e enfermo que precisa do apoio do Estado para sobreviver. No entanto, hoje, a proporção das pessoas entre 65 e 75 anos necessitadas de assistência institucional regular não é maior que a dos indivíduos entre 25 e 35 anos de idade. Os idosos também detêm uma parcela substancial da riqueza da nação. Quaisquer que sejam as decisões concretas tomadas a respeito do tema aposentadoria e pensão, por que não começar pela premissa de que os idosos representam importante recurso para a sociedade em um sentido mais amplo, e não um "problema" a ser tratado?

O restabelecimento dos vínculos entre as gerações, afinal de contas, deveria ser fundamental para os programas políticos interessados na promoção da coesão social, e o fato implica a boa acolhida à diversidade em vez de sua repressão. No momento, as pessoas mais velhas encontram-se em um "gueto do bem-estar social", o que na prática constitui uma forma de dependência da previdência social. O reconhecimento do impacto do novo individualismo poderia significar a supressão da aposentadoria involuntária, além de outras inovações. Não se deve subestimar a importância da superação das lutas que podem trazer desarmonia entre os mais velhos e os mais novos. Nos EUA, por exemplo, tem-se falado seriamente em "guerra das gerações", enquanto na Holanda dois "partidos de idosos", com programas que enfureceram muitos eleitores mais jovens, garantiram algumas cadeiras na assembleia nacional.

Claro, é para a família que convergem as muitas correntes atuais de mudança social, afetando o gênero, a sexualidade, o casamento e o trabalho. "Devemos voltar à família tradicional!", afirma a direita, ao mesmo tempo em que suas políticas econômicas aumentam as pressões sobre a vida em família. Entretanto, não há volta possível à família tradicional, que, de qualquer forma, é um mito que simplesmente se desfaz à luz de um exame mais detalhado ao longo da história. Como demonstrou Stephanie Coontz, em relação aos EUA, no seu livro *The Way We Never Were* [*Como nunca fomos*], a família tradicional em que pai e mãe em geral estavam por perto e na qual as mães eram livres para dedicar-se aos filhos praticamente não existia.

A ideia comunitária de criar famílias fortes não é tola. Etzioni enfatiza que uma renovação da família hoje teria de reconhecer a igualdade entre os sexos, bem como o compartilhamento nos trabalhos domésticos e na criação dos filhos. O *slogan* "filhos em primeiro lugar" faz bastante sentido nesse contexto, sobretudo com uma representação tão exagerada de filhos entre os "novos pobres". Todavia, as famílias não serão muito parecidas com a família tradicional da mitologia conservadora e estão fadadas a aceitar a diversidade; e não é verdade que famílias fortes inevitavelmente produzam uma sociedade mais ampla e coesa.

As famílias tradicionais não eram centradas no casamento acima de tudo, porém em um conjunto mais amplo de laços e obrigações de parentesco; na verdade, era isso que fortalecia as famílias. Não é de todo impossível supor que esses vínculos e obrigações possam torná-las fortes outra vez – afinal, com taxas de divórcio, mas também de casamentos após o divórcio, tão altas, as pessoas estão quase sempre envolvidas em uma combinação de novos laços de parentesco. Se modelarmos a "família forte" com base nas famílias tradicionais, as mães solteiras não constituirão ameaça à estabilidade familiar, como alegam alguns críticos de direita. A ausência do marido não deve ser interpretada como o isolamento dessas mães ou de seus filhos. Ao contrário, muitos fazem parte de ricas redes de relações de parentesco, construídas com base em sua participação ativa.

Famílias fortes, contudo, não formam necessariamente comunidades fortes, e pelo mesmo motivo a própria noção de comunidade é suspeita. Na Itália, por exemplo, a família é forte, entretanto a integração cívica é frágil. O "privatismo familiar" pode representar o mesmo perigo para a coesão cívica mais ampla que qualquer outra forma de grupo ou comunidade fechados. A tolerância à diversidade familiar deveria fazer parte de um cosmopolitismo do qual, agora, depende a ordem social mais ampla, em vez de depender da comunidade. Por cosmopolitismo, entendo uma preparação exatamente para que o indivíduo *não* se influencie demais pelos estilos de vida de qualquer grupo ou comunidade de que é membro e tampouco seja muito dependente deles. Acontece que o segredo da ordem social atualmente – no plano local, nacional e também em escala global – é ser capaz de dar-se bem com estilos de vida diferentes daquele com que se está acostumado e talvez atribuir-lhes valores positivos.

O que resta? Essas observações de certa forma nos levam a uma resposta, pelo menos na situação em que o Partido Trabalhista se encontra no momento, mas não avança o suficiente. Não adianta fingir que, de certo modo, a prática socialista poderá ser reformulada e atualizada talvez pela varinha mágica da comunidade.

Quando, cerca de 25 anos atrás, Eric Hobsbawm nos brindou com sua famosa conferência sobre a "Interrupção da marcha do avanço do Partido Trabalhista", o autor concentrou-se na taxa decrescente de filiação a sindicatos e considerou ponto pacífico a associação entre a chegada do socialismo e a ascendência da classe trabalhadora. Como as coisas mudaram desde então! A "marcha do avanço do Partido Trabalhista", com seus matizes militares, parece pertencer a uma época totalmente diferente. A confiante marcha do avanço transformou-se em retirada desordenada. Praticamente nenhuma das ideias em que Hobsbawm e tantos outros depositaram sua confiança sobreviveu. E ao longo dos últimos 25 anos, o tamanho da classe de trabalhadores manuais diminuiu quase à metade. O socialismo do Partido Trabalhista, ao contrário da esquerda revolucionária, não se baseava na centralidade da luta de classes; todavia, como mostra o próprio nome, revelava uma preocupação com a divisão de classes e era explicitamente um "partido de classe", não obstante o papel ocupado por intelectuais e outros grupos de classe não operária no partido.

O apelo a um retorno ao socialismo ético ou até cristão não consegue esconder o obsoletismo atual das doutrinas básicas que deram forma ao partido. Observemos esta lista: a direção planejada ou "racional" da economia; a "socialização" dos meios de produção; a chegada da própria classe trabalhadora ao poder; a expansão progressiva do Estado do bem-estar social; o desaparecimento gradual do capital privado – a relação não para por aqui. Os conservadores não vão mudar de nome, muito embora suas políticas tenham eliminado a maior parte do que eles outrora desejavam conservar. O Partido Trabalhista também não precisa fazê-lo, e, sem dúvida, o "socialismo" ainda fará parte de seu léxico oficial. O termo, no entanto, simplesmente não consegue transmitir o mesmo sentido de antes.

As divisões de classes não foram superadas pelas mudanças que contribuíram para eliminar a importância do socialismo como sistema de gestão econômica. A diminuição do tamanho da classe trabalhadora industrial, sem dúvida, aliada à crescente fluidez do capital internacional, alterou a forma da estrutura de classes – como também o fizeram os anos de thatcherismo. Também importante, contudo, é que o que destacava a classe, ou seja, sua relevância para a ação social e para as instituições, também mudou.

Tal fato nos remete uma vez mais ao novo individualismo. No passado, uma classe se expressava exatamente como comunidade. Os grupos da classe trabalhadora muitas vezes formavam comunidades, quer em aldeias ou cidades locais, quer em clubes e associações educacionais. Os remanescentes ainda existem, é claro, mas a divisão de classes agora assume a forma individualizada ou "biográfica" com muito mais frequência. Os "novos pobres", como crianças, mães solteiras ou desempregados crônicos, não formam comunidades. O que eles têm em comum é apenas a exclusão da participação condigna no mercado de trabalho.

A consequência é que, em geral, classe não é mais vivenciada como classe, mas como outras formas de vantagem e desvantagem, muitas das quais estão relacionadas ao consumo, e não à produção. Por isso, e não apenas por causa do encolhimento da classe trabalhadora, ao Partido Trabalhista não faz nenhum sentido definir-se na atualidade como um partido de classe.

Então, o que o partido deveria representar em meio a tanta mudança? Será que o socialismo pode ter algum significado como visão ética, talvez ligada, de certa forma, ao comunal? O socialismo significou tantas coisas diferentes no passado, além de sua preocupação com a gestão econômica, que o campo está aberto por completo. Seria difícil negar a existência, hoje, de um lugar obrigatório para a ética na esfera política, especialmente em uma sociedade em que tudo está se abrindo ao mercado.

O socialismo cristão, mesmo quando entendido na versão ecumênica de R. H. Tawney, com certeza não se encaixará em uma ordem social pluralista em que diferentes religiões e grupos étnicos – na verdade, comunidades – devem coexistir. Se o termo "socialismo" ainda for utilizado para definir uma perspectiva política geral, minha sugestão é que ele seja identificado com uma atitude de cuidado. Cuidado implica uma ética de responsabilidade para consigo mesmo, com os outros e com a estrutura do mundo material. Cuidado é o oposto de egoísmo, entretanto não deve ser equiparado a altruísmo. Até porque o cuidado consigo mesmo – uma atitude responsável com o ego e o corpo – é a base da capacidade de interessar-se pelos outros e preocupar-se com eles.

Uma ética do cuidado preserva os elementos fundamentais dos valores socialistas, quando se imagina o socialismo sempre interessado na interdependência humana. O cuidado com os outros acarreta a aceitação da responsabilidade pelo seu bem-estar, não com o objetivo de dominá-los, mas de protegê-los e acalentá-los.

O termo "cuidado" poderia ser transformado em um *slogan* vazio e, por isso, precisa receber conteúdo para exercer alguma influência sobre a dura realidade. Como destacou Marx há muitos anos, uma atitude ética por si só não gera estratégias políticas e, às vezes, pode até impedi-las. E a contestação à desigualdade? E a crítica aos sistemas arbitrários de poder? Afinal, a maioria dos socialistas, ao contrário dos primeiros comunistas, fizeram um enorme esforço para se tornarem práticos e realistas.

A igualdade e a democracia certamente deveriam continuar sendo imperativos centrais na perspectiva política do Partido Trabalhista. Esses valores ainda servem como identificação de uma esquerda, já que em muitos outros aspectos o pensamento político dos trabalhistas deve condenar dogmas tanto de direita quanto de esquerda. Realismo político agora significa abandonar esses mesmos dogmas, e radicalismo político quer dizer não ter medo de pensar sobre eles de forma abrangente.

Uma virada para a "comunidade" por parte do Partido Trabalhista seria desastrosa se o termo fosse empregado como uma versão mais aceitável de "Estado" – e, portanto, justificasse simplesmente algum tipo de volta ao velho esquerdismo. O novo individualismo veio para ficar, bem como a economia global e a ordem cultural com as quais mantém interligação direta. O socialismo está morto como conjunto de doutrinas econômicas, mas a aspiração a uma sociedade mais solidária e participativa ainda permanece bem viva. Na verdade, contrariando a sabedoria popular do momento, eu diria que essa aspiração é intensificada pelo advento do novo individualismo.

Individualismo, nesse caso, não tem nada em especial a ver com mercados ou consumismo. Diz respeito ao desaparecimento da situação que antes chamei de vida vivida como destino. A vida mais ativa e dinâmica levada pelos indivíduos hoje não prejudica a solidariedade social nem a aceitação das responsabilidades sociais. Pelo contrário, tende a pressupô-las, e um programa político pertinente às circunstâncias de hoje estaria interessado em desenvolvê-las ainda mais.

Não podemos fazer as comunidades renascerem em nada parecido com o sentido tradicional, muito menos reviver os deveres. Porém, podemos e devemos procurar promover novas formas de solidariedade social, coesão e cultura cívica. Essas novas formas muitas vezes poderão parecer estranhas porque não estão mais sujeitas às limitações da tradição e do local. Não devemos supor, por exemplo, que o único tipo viável de família solidária seja a (chamada) família tradicional.

O apelo da ideia de comunidade vem da percepção, partilhada por muitas pessoas, da necessidade de reparo ou renovação. Essa percepção representa mais que o saudosismo distorcido de um passado idealizado de segurança e estabilidade. Provém de uma consciência sobre o dano que o desenvolvimento econômico, quando dominado pelas forças absolutamente desgovernadas do mercado, pode ocasionar. Conversas sobre famílias fortes, ressurgimento de localidades, reconstrução de uma cultura cívica – tudo isso expressa a necessidade de novo desenvolvimento das relações orgânicas entre o passado e o futuro, bem como de reintegração das gerações. Outrora essas ideias distinguiam-se como conservadoras, mas quando o conservadorismo se volta contra si mesmo, elas, de repente, se tornam radicais.

Ninguém deveria se surpreender com o fato de serem exatamente esses os temas destacados pela teoria política verde. Portanto, será que deveríamos prever o "esverdeamento" do Partido Trabalhista? Trata-se de um caça-votos medíocre – ou pelo menos é o que parece, a exemplo do destino dos próprios partidos verdes, sobretudo na Grã-Bretanha. Eu não teria tanta certeza, no entanto. As formas mais importantes e interessantes de pensamento ecológico na atualidade não se preocupam com a volta à natureza nem se posicionam contra todo crescimento econômico. Elas prosseguem o embate crucial com o capitalismo, que sempre foi o fio condutor do socialismo, mas de outras formas; e esse embate crucial é o ponto em que até mesmo um partido ex-socialista ainda deve estar interessado também.

Orientações das políticas

A natureza contraditória do conservadorismo moderno propicia grandes oportunidades políticas ao Partido Trabalhista. Entretanto, são imensas as dificuldades para a criação de uma agenda política alternativa. Como poderemos chegar ao que Tony Blair chama de uma "sociedade dinâmica de mercado" sem comprometer os mesmos valores comunais que ele deseja fortalecer? Será que agora os governos nacionais não estão, de alguma forma, mais ou menos condenados à impotência diante das forças do mercado global? Mesmo que não estejam, como o Partido Trabalhista poderá manter os ideais de igualdade e inclusão social que representa, considerando-se que a nacionalização já não é uma opção, e o Estado do bem-estar social passa por dificuldades?

Conversas sobre comunidade não serão de grande valia pelos motivos apresentados anteriormente. Há reparos a serem feitos, e as esperanças de uma renovação social e cívica não constituem apenas racionalização de desejo. Quaisquer tentativas nesse sentido fracassarão ou se tornarão opressivas, caso não caminhem lado a lado com a semente do novo individualismo. Ao mesmo tempo, elas, de algum modo, deverão lidar eficientemente com as influências mais globais, para as quais o novo individualismo de fato representa uma resposta.

Qual deverá ser a grande ideia do Partido Trabalhista? A meu ver, de fato, deverá ser a ideia de renovação ou reestruturação cívica, mesmo que os outros partidos também queiram impor sua participação. Contudo, para ter alguma chance, tal projeto deverá estar preparado para pensar de forma radical em cinco áreas principais: a modernização do Estado; o processo de geração de riqueza, em oposição à distribuição; a reforma das instituições da previdência social; o enfrentamento eficaz do desemprego e de uma série de problemas dele decorrentes; e a busca de um igualitarismo que provavelmente é a condição necessária para a reestruturação cívica. Claro, todas essas são questões abrangentes, e não pretendo discuti-las de forma exaustiva.

A modernização do Estado talvez seja a área fundamental para o apelo do Partido Trabalhista. Segundo dizem, os assuntos levados à atenção do público pela Carta 88 (*Charter 88*) e por outros grupos defensores de reformas constitucionais interessam a apenas uma pequena parte da população – têm pouco peso eleitoral. Entretanto, por razões associadas à dúvida em saber se os governos nacionais realmente poderão continuar a governar com eficiência, não acredito que isso seja verdade.

A criação de uma constituição impositiva, o desenvolvimento de uma legislação mais segura sobre direitos humanos, a introdução de uma Lei da Liberdade de Informação abrangente e a reforma da Câmara dos Lordes, entre outras mudanças, deverão constar da pauta. A modernização do Estado, no entanto, tem de ser acompanhada da democratização mediante a concessão de autonomia, quer seja acompanhada de representação proporcional, quer não. A democratização via transferência de poderes – direção oposta àquela tomada pelos governos dos *tories* – não é apenas eticamente desejável; é necessária para manter a própria legitimidade do governo em todos os níveis.

A influência do governo nacional esvaziou-se com os efeitos de dois conjuntos de mudanças já apontados: a globalização e o novo individualismo. Agora todos os Estados têm de lidar com um conjunto de cidadãos formado por "pessoas inteligentes" – indivíduos que atuam na mudança de hábitos ligados ao estilo de vida, mas que também, em consequência da influência sobretudo da mídia eletrônica, habitam o mesmo "espaço discursivo" que o governo.

Os processos para o exercício do governo não serão, nem poderão ser, os mesmos de quando existia uma população mais passiva, com padrões de vida mais fixos e mais voltados para os símbolos tradicionais de deferência. Se muitos estão se sentindo mais céticos do que antes em relação à política, não é apenas, nem mesmo principalmente, por causa das atitudes críticas da mídia, mas pela difícil natureza do exercício do governo em si.

Nem por isso, tudo está perdido. Para exercer influência efetiva sobre a sociedade que deve se prestar a comandar, o governo nacional vai ter de se acostumar com uma espécie de processo em espiral de consulta dupla. O governo de hoje, muitas vezes, deverá "descer" a contextos bem locais, até mesmo pessoais, de ação, para depois "galgar" as organizações e os processos mais globais com que terá de lidar em escala crescente. Por exemplo, as novas regulamentações sobre os direitos da criança talvez precisem ser negociadas tanto com as organizações internacionais quanto com os grupos locais aos quais se aplicam ou que tenham de implementá-las. Os processos de consulta dupla implicam a pressão para democratização "de baixo para cima" sempre que possível – na União Europeia (UE), por exemplo – enquanto a democratização "de cima para baixo" requer a concessão de poderes a regiões e localidades.

A modernização do Estado e a concessão de autonomia, por mais radicais que possam parecer no contexto da Grã-Bretanha, não são as únicas mudanças necessárias para renovação da legitimidade política. Em consequência da globalização aliada ao novo individualismo, os mecanismos de confiança política sofreram mudanças – como também mudaram os mecanismos de confiança na indústria, em outros tipos de organização e até mesmo na vida emocional. O surgimento de uma cidadania inteligente caminha lado a lado com a centralidade da confiança ativa na legitimidade do governo. (Ver Capítulo 13.) Um clima de confiança ativa requer visibilidade e, para ser franco, integridade. Quando os indivíduos que ocupam cargos importantes não estão visivelmente comprometidos com os princípios que eles buscam impor aos outros, não é de surpreender que a legitimidade política seja fragilizada.

Um partido que vise promover a dupla democratização não pode deixar de assumir uma posição radical também em outras áreas. Agora, o Partido Trabalhista precisa tornar-se um partido de geração de riqueza, não um partido preocupado com a distribuição acima de tudo. Todavia, é importantíssimo deslocar a definição do que seja riqueza, desvinculando-a da pura e simples riqueza econômica, e levar ao domínio público com lisura outras medidas de criação de riqueza diferentes do PNB. Não há nenhum outro meio pelo qual se possa conciliar o reconhecimento do necessário papel dos mercados com programas de renovação ambiental e cívica. A riqueza social está relacionada com a qualidade de vida, e, muitas vezes, a subserviência à riqueza econômica efetivamente destrói a riqueza social. Nesse ponto, devemos procurar diferenciar *produtividade* de *produtivismo*; por produtivismo, entende-se, nesse caso, qualquer situação em que os custos sociais do crescimento econômico superam os benefícios.

A correção das desigualdades deve ser considerada parte inerente do combate ao produtivismo. Isso porque os custos sociais da desigualdade são altos – e, claro, também podem gerar elevados custos econômicos. Consideremos, por exemplo, os efeitos da desigualdade sobre a saúde. Já está comprovado que as variações nos níveis de saúde entre os países – medidos, por exemplo, pelas taxas de mortalidade – estão mais relacionadas aos níveis de desigualdade do que aos gastos com o sistema de assistência médica. Contudo, o que importa não é a desigualdade econômica em si, mas seus efeitos psicossociais – é a experiência da privação e seu impacto sobre a qualidade de vida que contam.

O Estado do bem-estar social há tempos vem sendo o principal veículo utilizado pelo Partido Trabalhista para tentar combater as desigualdades. No entanto, já está bastante comprovado que o sistema de previdência social nunca foi tão eficiente nesse respeito. A redistribuição via Estado do bem-estar social vem se dando principalmente ao longo do ciclo de vida, e não de uma classe ou grupo de renda para outro.

O Partido Trabalhista deverá estar preparado para pensar de forma radical sobre o futuro do Estado do bem-estar social. No curto prazo, a defesa dos sistemas de previdência social, sobretudo do Serviço Nacional de Saúde (NHS) da Grã-Bretanha, é importante e granjeia enorme apoio público. Tem também uma lógica mais ampla quando visto no contexto das reformas dos *tories*. A introdução de princípios de mercado em ambientes que funcionam em grande parte mediante a ética do cuidado desfaz as formas de confiança que não são geradas por contraprestações monetárias. Uma vez perdidas, são difíceis de ser recuperadas.

No entanto, de nada adiantará ao Partido Trabalhista calcar suas políticas de longo prazo na manutenção do Estado do bem--estar social em sua forma atual nem na proposta de, no geral, gastar mais que os *tories* estão dispostos a despender. Não faz sentido transformar o Estado do bem-estar social, em geral, ou o NHS, em particular, em lema. Ambos devem ser observados tendo como pano de fundo as transformações socioeconômicas a que me referi anteriormente, sobretudo se a ideia de renovação social e cívica não for apenas retórica.

A análise, como sempre, é o segredo do prognóstico. A crise do Estado do bem-estar social é comumente considerada uma crise fiscal – e é justamente esse campo para o qual os vários partidos conduzem os debates sobre o bem-estar social na atualidade. Segundo a visão da esquerda, de qualquer modo, as tensões do sistema de previdência social são parte da mentalidade "se não puder pagar, não paga" descrita (com certeza, de forma errônea) por Galbraith como a cultura do contentamento. Não acho, porém, que isso seja correto; nesse ponto é preciso haver uma enorme mudança na interpretação.

As dificuldades do Estado do bem-estar social, sobretudo em relação ao seguro social e à assistência médica, devem ser entendidas não tanto como crise fiscal, mas como crise de administração de riscos. O Estado do bem-estar social sempre tem sido, acima de tudo, um sistema previdenciário, destinado a combater os perigos enfrentados pelos indivíduos ou grupos. Desenvolveu-se, antes e também depois de 1945, principalmente como meio para tratar dos riscos externos – infortúnios que afetam as pessoas sem que estas tenham culpa. Assim, indivíduos podem se ver abandonados por seus cônjuges, vivendo na pobreza, sem emprego, doentes, inválidos, envelhecendo, e assim por diante. O risco fabricado, contudo, é um risco de caráter inconstante, que não pode ser calculado com facilidade por método atuarial. O que "fazemos acontecer" se torna muito mais entrelaçado com o que "nos acontece". Portanto, cria-se uma torrente de incertezas e ansiedades que afetam tanto o mundo social quanto o natural. A natureza é contagiada de forma tão abrangente pelo risco fabricado, que deixa de ser natureza. A grande transição, nesse caso, é o ponto em que não mais nos preocupamos tanto – como os seres humanos há séculos vêm tendo de se preocupar – com o que a natureza poderia fazer por nós, mas sim com o que fizemos para a natureza.

Tudo isso parece estar a anos-luz dos problemas comuns do NHS? Bem, não está. Uma das maiores dificuldades no tocante aos sistemas de assistência médica existentes é que se gastam enormes quantias de dinheiro com o tratamento de doenças, como forma de risco externo. Como a maior parte dos serviços do seguro social, estes são destinados a recolher os cacos quando as coisas não dão certo, como se os motivos que fazem as coisas saírem erradas não estivessem nas mãos de ninguém.

É claro que em muitas situações tal suposição ainda tem validade. As causas de uma série de doenças, por exemplo, são contestadas ou desconhecidas, enquanto em outros casos pode não haver tratamentos eficazes. Contudo, na assistência médica, bem como no seguro social, o risco fabricado e o novo individualismo criam condições para o desenvolvimento de novas formas de responsabilidade, integração social e reparo ambiental. Nesse caso, os pontos em questão têm efeitos muito mais significativos do que a ênfase na medicina preventiva, e não no tratamento médico. Estão relacionados com o estímulo a hábitos relacionados a estilos de vida que consideram a saúde uma meta positiva e com o cuidado pelo meio ambiente, em vez de concentrarem-se apenas em evitar a doença ou em seu tratamento.

É óbvio que no campo da saúde e da doença há difíceis decisões éticas e financeiras a serem tomadas. Alguns equipamentos médicos imprescindíveis são caros; os avanços nos tratamentos aumentam os custos em vez de reduzi-los, à medida que se expande o campo dos problemas tratáveis. A assistência ao idoso frágil muitas vezes tem de ser contínua e não pode ser pouco dispendiosa. Até mesmo os sistemas de saúde com as maiores verbas terão de enfrentar problemas de racionamento, o que deverá tornar-se mais, e não menos, grave no futuro. Os dilemas a serem resolvidos, todavia, não se encontram apenas, nem mesmo principalmente, na estreita área de serviço estatal *versus* privatização.

Encontram-se nas relações entre a assistência médica comunal e a responsabilidade pessoal gerada pelo novo individualismo. A doença é algo que nos acontece por azar, não é? Não, na verdade, não é isso. Como quase todos os demais aspectos de nossa vida, a saúde e a doença são cada vez menos uma questão de apenas sorte – talvez com exceção das pessoas muito idosas.

Suponhamos, primeiro de tudo, que vamos assumir a saúde positiva, não a evitação da doença, como valor fundamental. A capacidade de empenho das pessoas para conseguir a saúde positiva é influenciada por vários fatores vinculados às responsabilidades pessoais ou coletivas – responsabilidades que temos para com nós mesmos e nosso corpo ou para com os outros. A maioria das doenças não tem origem biológica. Depende de quem a pessoa é, de como ela vive e do estado do ambiente social e físico que a cerca.

As formas de assistência médica voltadas para o risco fabricado deverão procurar criar uma nova fusão entre responsabilidades pessoais e coletivas para a saúde positiva – a maioria delas não funcionaria por meio do sistema de assistência médica, conforme normalmente definido. O combate à pobreza, o controle da poluição ambiental, a promoção da responsabilidade pelo estilo de vida pessoal e a democratização do acesso ao conhecimento sobre assistência médica são as direções nas quais deveremos seguir no futuro. Todos esses fatores estão inter-relacionados e têm ligação direta com a renovação social e cívica.

Como tudo isso vai diminuir a lista de espera para tratamentos cirúrgicos de articulações do quadril? Não vai, é claro, pelo menos no curto prazo (embora as articulações do quadril e outras deteriorem menos se a pessoa fizer um pouco de exercício, mas com regularidade, ao longo da vida). Contudo, a combinação entre estilo de vida responsável e políticas ambientais ativas pode levar à economia de gastos com resfriados. Todas as doenças associadas ao tabagismo que, por exemplo, causam 10 mil mortes ao ano no Reino Unido são, em princípio, evitáveis. As campanhas contra o fumo nos EUA, sobretudo aliadas a outras medidas contra os riscos de doença cardíaca, demonstram o que se pode conseguir.

Segundo algumas estimativas, nada menos que 80% das doenças outrora tidas como mais ou menos inevitáveis na velhice estão relacionadas com o estilo de vida – originam-se do modo de vida dos indivíduos, de seus padrões alimentares e das toxicidades ambientais ou, então, estão vinculadas a esses fatores. Embora ninguém saiba ao certo, alguns cientistas afirmam que a origem de grande proporção dos casos de câncer se encontra em toxicidade ambiental evitável. E realmente sabemos que a poluição provoca, ou agrava, muitos casos de doença pulmonar.

No que diz respeito à democratização da assistência médica, os países mais ricos podem tirar uma lição das políticas originalmente desenvolvidas para as nações mais pobres. A publicação *Where There Is No Doctor* [*Onde não há médico*], de David Werner, é um dos manuais mais conhecidos sobre assistência médica, destinado às pessoas mais pobres dos países em desenvolvimento. Werner salienta os seguintes princípios: a assistência médica não só é direito de todos, como também responsabilidade de todos; o cuidado consciente do indivíduo consigo mesmo deve ser a meta principal de qualquer programa de saúde; os conhecimentos médicos não podem constituir segredo guardado por alguns poucos eleitos, devendo ser compartilhados livremente por todos; as pessoas com pouca educação formal merecem tanta confiança quanto as altamente instruídas – e são tão inteligentes quanto elas; os cuidados básicos com a saúde não deveriam ser determinados, mas estimulados. Todos esses princípios são generalizáveis.

Consideremos novamente o "problema" da população em processo de envelhecimento, supondo-se que seja fonte de dificuldades para o Estado do bem-estar social. Uma abordagem radical extrapolaria a questão de que tipos de sistema de aposentadoria e pensão são apropriados e como deveriam ser financiados. Não desejo negar a existência desses dilemas, porém, uma vez mais, os termos de referência do debate deveriam ser alterados. Creio oportuno nesse ponto considerar as questões de desemprego e pobreza.

Em geral, não se nota que muitas pessoas acima de 65 anos estariam desempregadas se não fosse pelo modo como a aposentadoria compulsória falsifica os dados. Estar desempregado é querer ter emprego remunerado, sem conseguir encontrar nenhum – ou mais precisamente, algum que permita a utilização das qualificações e capacidades do indivíduo. Em pesquisas com pessoas a partir de 65 anos de idade, 40% dos homens e mulheres sem trabalho remunerado dizem que, se conseguissem encontrar, gostariam de ter um emprego. Se a ideia convencional de aposentadoria fosse abolida, o resultado aparentemente seria uma redução líquida no número de empregos disponíveis por pessoa na população. Em outras palavras, o resultado seria o aumento do nível geral de desemprego. Mas seria mesmo? Não, com quase toda certeza, se a eliminação do desemprego ortodoxo fosse acompanhada de políticas que permitissem a aposentadoria muito mais cedo, se desejada, o afastamento em meio de carreira a ser "compensado" depois e mais outras inúmeras possibilidades similares existentes.

Sempre que possível, considere um problema uma oportunidade – é uma boa máxima em psicoterapia e também se aplica à elaboração de políticas na esfera da política. Agora que há o mesmo número de mulheres e homens – na verdade, um pouco mais de homens – com trabalhos remunerados, "pleno emprego" possivelmente já não pode significar a mesma coisa que no auge do keynesianismo. Deve haver planos de curto prazo que poderão ajudar a reduzir as taxas oficiais de desemprego; já existem várias medidas, embora seja provável que as influências mais importantes ainda estejam por vir da economia global. Contudo, hoje, um número muito maior de pessoas dispõe de trabalho remunerado nas sociedades ocidentais em comparação com o que sempre era considerado o pico do "pleno emprego" no Estado do bem-estar social keynesiano. A questão agora não é "pleno emprego ou não", mas "emprego em que condições e para quem?".

O combate ao desemprego, mesmo a médio prazo, não pode ser separado de uma série de outros temas que merecem lugar de destaque na agenda política – temas esses que afetam sobretudo a igualdade sexual, a família e a proteção do meio ambiente. Devemos entender que emprego remunerado não diz respeito apenas à produção de riqueza, mas também à sua distribuição – e às suas consequências sob a forma de riqueza social. Políticas visando à distribuição equitativa do trabalho remunerado mostram a direção a ser seguida.

Um cenário possível: não se progride para maior igualdade sexual, ou a divisão do trabalho doméstico, ou a participação ativa do pai e da mãe na criação dos filhos. Resultado: "flexibilidade" significa a criação de muitos dos chamados *McJobs*, ocupados principalmente por mulheres; os níveis gerais de desemprego permanecem altos, com os homens representando uma alta porcentagem das pessoas desempregadas há bastante tempo; os homens, ao mesmo tempo, dominam os empregos mais bem remunerados, que, muitas vezes, exigem uma devoção escrava.

Outro panorama possível: há um movimento no sentido da igualdade sexual, que implica maior envolvimento mútuo nas tarefas domésticas, mesmo na criação dos filhos. Resultado: flexibilidade significa uma diversidade de situações em que os empregos remunerados harmonizam-se com outras tarefas e prazeres; o desemprego não tem necessariamente um sentido negativo e, em qualquer caso, é entendido em termos sociais, e não puramente econômicos; há uma distribuição mais justa de ocupações entre os sexos.

O primeiro cenário representa o que temos; o segundo, o que deveríamos almejar. A transição de um para o outro, entretanto, dependerá na mesma medida do que ocorre tanto fora da área de emprego quanto dentro dela. Nesse ponto, o tema do novo individualismo e sua relação com a renovação cívica retorna a pleno vapor. As reivindicações feitas pela mulher de autonomia e de igualdade constituem parte básica desse individualismo. A entrada de grande número de mulheres na força de trabalho remunerada colocou em xeque muitas outras estruturas na sociedade contemporânea. A renovação cívica dependerá profundamente do progresso no sentido de um novo acordo entre os sexos, e não apenas das relações existentes (demonstradas por Beatrix Campbell) entre o desemprego, a masculinidade frustrada e o crime.

Entre outras medidas, a reforma do sistema de previdência social é muito importante. Os planos de previdência social na Grã--Bretanha ainda se baseiam na pressuposição de que os homens são os que proveem e as mulheres, as que cuidam (geralmente não remuneradas). As reformas da previdência social deverão visar não apenas desarmar as armadilhas da pobreza que possam surgir como também pôr um ponto final à situação que, na verdade, constitui grande desestímulo à possibilidade de um pai cuidar dos filhos em período integral ou mesmo durante meio dia.

O engajamento bem-sucedido na concorrência global implica várias exigências básicas, sobretudo referentes à estrutura do empreendimento empresarial e à tecnologia. No entanto, a concorrência global não é, tampouco deve ser entendida como somente uma luta para alcançar o desenvolvimento econômico. O que está em debate é a concorrência social ou de estilo de vida. Índices oficiais de desemprego entre diferentes países sempre são contrastados como se a comparação tivesse sentido claro. Todavia, não é assim, a menos que também se comparem, entre outras coisas, os números absolutos, em uma força de trabalho, daqueles que desejam e dos que não querem trabalho remunerado, e quais outros tipos de trabalho são desenvolvidos, bem como por quem.

Se houver intenção efetiva de conciliar o encaminhamento de soluções para o desemprego com a renovação cívica, estratégias que promovam a redistribuição do trabalho e dos empregos remunerados deverão prevalecer sobre a quantidade de empregos criados. Os empregos gerados no Reino Unido durante os anos 80 estavam, em sua grande maioria, no setor de serviços e 90% deles constituíam trabalho eventual ou de meio expediente sem nenhuma perspectiva de carreira. Conforme demonstrado por André Gorz, os empregos em serviços pessoais têm pouco ou nenhum efeito de "substituição produtiva". Nos primeiros períodos de crescimento econômico, a produção industrial e a tecnologia possibilitaram que muitas tarefas – que antes eram feitas com uso intensivo de recursos – fossem realizadas com muito maior eficiência. A mecanização e a industrialização da agricultura, por exemplo, permitem a produção de quantidade muito maior de alimentos e de forma muito mais eficiente do que os primeiros sistemas.

A maior parte dos empregos em serviços pessoais, contudo, não representa nada que alguém não possa fazer sozinho. Significa apenas que um indivíduo compra tempo livre transferindo tarefas para outros. Basicamente, é o que acontece com os empregados domésticos, e Gorz sugere que, consequentemente, nas condições modernas cria-se uma grande "classe de empregados domésticos", constituída sobretudo de mulheres. A geração de empregos, portanto, não produz economia de tempo de trabalho em toda a sociedade, mas, em vez disso, transfere o tempo de trabalho para o benefício daqueles que podem gastar mais.

É inegável que as questões envolvidas são difíceis, e há grandes riscos de crescente cisma social. Desde o início da década de 1980, 3% dos empregos vêm desaparecendo a cada ano no Reino Unido, sobretudo em consequência da inovação tecnológica. A tecnologia da informação está ficando cada vez mais barata e "inteligente". Assim, as pessoas perdem os empregos ou, então, os salários têm que ser rebaixados para ficarem condizentes com os custos reduzidos da tecnologia.

No entanto, não é utópico supor que o tempo de trabalho poderia ser distribuído de forma mais equitativa – entre homens e mulheres, assim como entre os ricos e os pobres. Devemos encarar com seriedade o processo de geração de trabalho eventual e a dualização da sociedade entre os ricos e os "novos pobres" como respostas injustas à geração de tempo livre que o redimensionamento tecnológico produz. Uma abordagem estrutural para fazer frente ao desemprego não se concentraria apenas nos desempregados ou nas pessoas envolvidas em trabalho eventual. Enfocaria os mais ricos, com o objetivo de liberar tempo de trabalho sem transferência para serviços remunerados. São duas as necessidades a que os serviços pessoais eventuais atendem: evitação do trabalho enfadonho ou penoso e economia de tempo. Tarefas maçantes sempre existirão, mas um trabalho se torna enfadonho ou penoso, em parte, pela pressão do tempo. A falta de tempo resulta do predomínio do trabalho remunerado sobre os demais aspectos da vida das pessoas – em outras palavras, do produtivismo. A redução do tempo de trabalho, sobretudo se fosse acompanhada de maior participação na criação dos filhos, produziria resultado positivo.

É exatamente esse esforço que poderá contribuir para um renascimento das estruturas familiares e para a meta da renovação cívica. Já não é possível voltar à chamada família tradicional, porém a solidariedade na diversidade não representa uma aspiração utópica. Podemos aspirar à reconstrução da vida familiar de um modo que fortaleça a imposição "filhos em primeiro lugar", e podemos visar ao restabelecimento de formas mais amplas de coesão social. Entretanto, tudo isso não ocorrerá mediante maior rigor nas leis do divórcio nem, muito menos, a partir de divagações fantasiosas sobre os deveres cívicos. Só ocorrerá no contexto de uma reestruturação dos empregos, do trabalho e das obrigações familiares.

Estratégias e opções

Durante vinte anos, a direita representou o que havia de radical, usurpando as tradições de inovação e transformação política do Partido Trabalhista. Se o Partido Trabalhista conseguir sair da redoma que construiu para si mesmo, as perspectivas de reconstrução política na Grã-Bretanha são de fato atraentes – e preocupantes para os outros dois partidos. Sustentei até agora que há uma posição ideológica coerente a ser adotada pelo Partido Trabalhista e que dela emana um conjunto de orientações de políticas integradas. Todavia, como o Partido Trabalhista deveria lidar com os problemas mais concretos que serão enfrentados para caminhar na direção de seus objetivos de mais longo prazo?

Em primeiro lugar, o Partido Trabalhista ainda precisa consolidar o rompimento definitivo com o estatismo do bem-estar social keynesiano – bem como com o antigo esquerdismo – a exemplo de seus novos líderes. A economia está desacelerada e poderá permanecer assim. (Ou talvez não, já que a economia global integrada é nova e ninguém sabe como ela funciona.) Dadas as baixas taxas de crescimento, contudo, o governo não tem receita suficiente para introduzir planos para novos gastos. A forte tentação é de dizer: reflacionaremos, movimentaremos a economia e, quando as coisas melhorarem, haverá mais receita para os gastos. Porém, isso resultaria em uma ameaça a tudo o que os trabalhistas no governo procuram alcançar.

Em segundo lugar, as reformas dos sindicatos devem continuar – mas com objetivos positivos em vista, não os negativos que predominaram até 1979. Tony Blair sinalizou que não voltará atrás a respeito da regulamentação dos *tories* acerca dos mecanismos de negociação salarial e, na verdade, não deve fazê-lo. No entanto, a superação da visão imediatista existente no movimento sindical torna-se tão importante quanto em qualquer outro segmento da sociedade. A sustentação de vínculos estreitos com um movimento sindical renovado não requer que o Partido Trabalhista se apresente como um partido de classe. Provavelmente, novas formas de parceria industrial constituam a condição necessária para a reversão da queda na filiação aos sindicatos, fenômeno que já se estende por muitos anos. O Partido Trabalhista ainda deve ter como objetivo um movimento sindicalista forte; como demonstra a experiência de outros países europeus, sindicatos fortes não criam, mas sim ajudam a reduzir o conflito industrial crônico.

Em terceiro lugar, o Partido Trabalhista não deve ficar com medo de contestar o poder da *City*, como é chamado o centro financeiro de Londres, e deve complementar tal iniciativa com o apoio ativo à renovação a longo prazo da indústria de transformação. Uma atitude positiva em relação à manufatura e um programa de investimentos para transportes e comunicações são absolutamente necessários.

Em quarto lugar, a reforma tributária precisa constar da pauta. A esse respeito, o partido tem de estar preparado para inovar. A redução tributária em termos gerais não pode sequer ser contemplada, pois os recursos estatais já estão parcamente distribuídos e ainda há muitas "boas causas" por aí. Todavia, é óbvio, não significa que a distribuição dos impostos e dos benefícios fiscais deva permanecer intacta. O principal objetivo das mudanças fiscais não deve visar ao aumento da receita pública, mesmo que seja considerado claramente desejável. Deve ser a integração do sistema fiscal com a mudança constitucional e a democratização, por um lado, e com a transformação positiva do Estado do bem-estar social, por outro. Descobrir como reverter a tendência para o surgimento de um novo "pobre excluído" – grupos empobrecidos excluídos da sociedade em geral – é o maior desafio, e deve ser enfrentado com honestidade.

Deixe-me detalhar cada uma dessas questões em separado.

Um bordão deveria ser inscrito na porta do gabinete de todas as autoridades responsáveis pela elaboração das políticas do Partido Trabalhista: "Não flertarei com o keynesianismo!". O que é preciso é uma mudança fundamental da visão econômica. Agora, com base em princípios, não em pragmatismo, o Partido Trabalhista deveria apossar-se do importante campo da economia, criando suas políticas a fim de manter a inflação baixa, e, ao mesmo tempo, buscando gerar investimentos de longo prazo em infraestrutura. O partido enfrentará uma árdua batalha, tanto internamente quanto no mundo financeiro internacional, se quiser livrar-se de sua reputação de defensor de aumento de impostos para cobrir gastos. Contudo, vencer essa batalha é fundamental para a estabilidade financeira no caso de uma vitória eleitoral do Partido Trabalhista.

Keynesianismo, claro, não é o mesmo que gastos públicos como tais. Obviamente, cabe aos trabalhistas eliminar os resíduos da fórmula thatcherista, "a empresa privada é boa, a empresa pública é ruim". Entretanto, tenho minhas dúvidas se um "pequeno retorno ao keynesianismo" poderia funcionar até mesmo no cenário europeu. É provável que a regulamentação da atividade econômica em toda a Europa, incluindo o Capítulo Social, se revele vital para o futuro das economias nacionais europeias. Não há, todavia, muita razão para supor que o keynesianismo no âmbito da UE seja mais plausível que em um só país.

No entanto, por mais benéfico que seja seu longo envolvimento com o movimento sindical, o Partido Trabalhista no poder terá de preparar-se para as difíceis confrontações que o futuro reserva, pois provavelmente serão inevitáveis. Não importa o grau de dependência econômica direta que o Partido Trabalhista apresenta em relação aos sindicatos, o sistema de "um membro, um voto" mudou toda a atmosfera no partido e no país em geral. Qualquer forma de diminuir essa dependência seria desejável, muito embora as perspectivas não sejam das melhores. Só uma pequena parcela da população pertence a um partido político em qualquer país do Ocidente; duvida-se que um esforço concentrado para filiação em massa vá promover uma transformação permanente nas finanças do partido.

O tema da parceria industrial tem sido recorrente nos documentos das políticas que o Partido Trabalhista vem elaborando ao longo dos anos. Como expresso em *Meet the Challenge, Make the Change* [*Enfrente o desafio, faça a mudança*]: "O sucesso econômico depende das boas relações de trabalho e das parcerias na indústria". Bem, é isso mesmo, mas será possível conseguir tais relações se o dragão do desemprego em massa vier a morrer? Acontece que a relativa fragilidade do poder de barganha dos sindicatos nos dias de hoje reflete a decrescente filiação sindical e a disciplina a que o desemprego em larga escala submete as reivindicações salariais.

A questão imediata a ser enfrentada por um governo trabalhista seria a da manutenção da contenção salarial. Sendo realista, independentemente da exposição de seus pontos positivos, a política adotada pelos *tories* de manter baixos aumentos salariais no setor público, como freio sobre os outros setores, teria de ser conservada. Os sindicatos não representam mais a "classe trabalhadora unida", se é que alguma vez o fizeram, e, caso o Partido Trabalhista vá combater os interesses grupais estabelecidos, os sindicatos não poderão constituir exceção. Dada a composição interna do Partido Trabalhista e a grande nostalgia do antigo esquerdismo, os problemas são, no mínimo, extremamente difíceis e, sem o desenvolvimento de uma boa dose de espírito prático político, poderiam revelar-se intransponíveis.

Porém, aconteça o que acontecer, as pressões inflacionárias não poderão ser tratadas apenas com base nas relações industriais, pois as dificuldades no controle da inflação na Grã-Bretanha originam-se de uma "cultura de investimentos" específica que se fortaleceu ao longo do tempo. Várias instituições e estilos de ação econômica ficaram atrelados a ela – o mercado imobiliário, os padrões de consumo em relação à poupança, em conjunto com várias formas de especulação financeira. Esses padrões poderão ser alterados, ou será que já o foram? Há boas razões para otimismo. A Grã-Bretanha tem uma proporção muito mais alta de moradores proprietários que a maioria dos demais países desenvolvidos, e, durante muitos anos, a habitação foi de longe o meio mais confiável de poupança. Tanto o *boom* imobiliário quanto seu subsequente declínio tiveram sérias consequências, difíceis de ser enfrentadas. Contudo, ao que parece, diminuiu por completo a expectativa de que o investimento em habitação sempre irá superar o desempenho dos outros tipos de investimento. Levando em conta que qualquer futura escalada dos preços dos imóveis seja contida, haverá um resultado positivo para as outras formas de consumo e poupança. Todavia, será difícil conseguir movimentar o mercado habitacional outra vez e, simultaneamente, evitar grandes incrementos nos preços.

A estabilidade de preços e salários e o controle da corrupção devem constituir as grandes preocupações que servirão de base para a atitude do Partido Trabalhista em relação à *City*. Será que o partido deveria lançar uma versão renovada da prática dos almoços sofisticados com os líderes do centro financeiro londrino, ou sua postura deveria ser mais crítica e oposicionista? O Partido Trabalhista foi apoiado pelo jornal *Financial Times* na campanha eleitoral de 1992, e não há dúvida de que conta com alguns amigos na *City*. Os paradoxos e as limitações do neoliberalismo não escaparam aos que ganham a vida com negócios vinculados ao mercado.

O capital financeiro não é o bicho-papão que outrora parecia a muitos membros da esquerda, mas o Partido Trabalhista deveria ter a coragem suficiente de defender suas convicções e estar preparado para confrontar-se com os interesses organizados da *City*. "Os sindicatos não deveriam administrar o país" – realmente, não, mas nem a *City* deveria fazê-lo. Os temas de renovação cívica, responsabilidade e coesão social aplicam-se com o mesmo vigor aos centros do poder e aos outros grupos, e, onde houver necessidade, uma nova regulamentação legal deveria ser introduzida. No setor financeiro, bem como em outros, estas medidas óbvias deveriam ser tomadas: as brechas tributárias deveriam ser eliminadas, e, se houver medidas eficazes para determinar um teto aos salários e benefícios dos altos executivos, que disparam à frente da inflação, deveriam então ser adotadas. Até a revista *The Economist* sugeriu recentemente que a remuneração de muitos altos executivos britânicos é excessivamente elevada. É o poder na sala da diretoria, e não a concorrência no mercado que determina os salários e os benefícios. Estudos mostram apenas uma pequena relação entre o salário e as variações nos preços das ações. Verbas rescisórias altíssimas vêm sendo pagas na saída de executivos cujo desempenho foi medíocre ou até péssimo. Talvez seja difícil instituir salários com base no desempenho, no entanto, o objetivo deveria ser claramente a adoção de práticas responsáveis e de visão de longo prazo. Os líderes empresariais da *City* e da indústria devem assumir a responsabilidade de liderar pelo exemplo.

Sem dúvida, não é de hoje que a relação entre a *City* e a indústria de transformação tem sido problemática. Os interesses da *City* tendem a predominar sobre os da indústria, situação que alguns têm considerado como a origem do relativo declínio econômico da Grã-Bretanha. Hoje, no entanto, essa relação tem de ser interpretada sob outra perspectiva e uma gama diferente de problemas deve ser enfrentada.

Tanto o capital financeiro como o industrial tornaram-se muito mais intensivamente globalizados do que eram há apenas poucas décadas. As grandes empresas do Reino Unido atuam em termos globais, comprando e produzindo nos mercados mais baratos e vendendo em todos os lugares possíveis. A *City* é um local importantíssimo na nova economia monetária global, criada nos últimos vinte anos como consequência das telecomunicações globais. A economia global do dinheiro eletrônico é tão nova e está se desenvolvendo com tanta rapidez, que fica difícil compreender sua dinâmica, muito menos formular políticas práticas dentro de um único Estado nacional que possam controlar seu impacto de forma eficiente.

Pelo que dizem, a *City* representa uma grande força motriz para a economia britânica, e, em termos de geração de empregos e lucros, é a pura verdade. O valor total de bens e serviços produzidos na nova economia monetária é enorme – o que seria suficiente para comprar a produção da economia do Reino Unido de um ano inteiro é negociado durante três dias em Londres. Contudo, muitos investimentos, que talvez em outras circunstâncias iriam para a indústria, são levados de roldão pelas negociações financeiras.

Será que um governo trabalhista poderia fazer algo em relação a isso? E deveria, se pudesse? Minha resposta seria "sim" às duas perguntas. Nenhum governo exerceria muita influência atuando sozinho, mas seria muito importante como uma contribuição firme no âmbito de medidas aplicáveis a toda a Europa. Dinheiro perseguindo dinheiro, segundo Marx, não é improdutivo; todavia, segundo se presume, as negociações financeiras, ao final, acompanham a fabricação de produtos reais. Se a produção de manufaturados mudar-se cada vez mais para o Extremo Oriente, isso também acontecerá com a economia monetária global.

Em termos nacionais, os prognósticos de uma estreita cooperação entre o governo trabalhista que está chegando e a indústria de transformação são bons. O Partido Trabalhista vem constantemente defendendo as reivindicações do setor industrial diante da corrida por serviços, que os governos *tories* aplaudiram ou pelo menos toleraram. Está evidente que o problema é o Partido Trabalhista romper com um passado em que indústrias e empresas ineficientes devoraram dinheiro público e assim mesmo fracassaram.

Na verdade, não há nenhum modelo claro a ser apontado em outras partes do mundo. O Estado intervém ativamente em apoio a certas indústrias e tenta fazer planejamentos para o futuro no Japão e nas bem-sucedidas economias asiáticas. Todavia, por várias razões, não parece provável que se pudessem seguir estratégias semelhantes no Reino Unido. A Alemanha vem protegendo algumas indústrias que aqui não foram capazes de resistir aos golpes repentinos dos mercados globais. Embora comunidades locais dependentes de uma indústria ou empresa em especial, com toda a certeza, e sempre que possível, devam ser resguardadas de dispensas repentinas em massa, não se pode dizer que a proteção estatal da indústria na Alemanha se baseie em um bom fundamento econômico.

No Reino Unido, precisa-se de crescimento de produtividade e não de proteção estatal das indústrias mais frágeis, mas ainda não está claro como o país poderá reparar o que constitui uma fragilidade histórica. A produtividade industrial no Reino Unido ainda está cerca de 30% atrás do Japão e 45% atrás dos EUA; e a Grã-Bretanha encontra-se bem abaixo na classificação relativa à competitividade internacional entre os países da OCDE.

Mais qualificação, mais educação técnica, mais treinamento – são essas as poções mágicas que, segundo muitos esperam, irão reviver a indústria britânica. Supõe-se que investimentos em qualificação e treinamento gerem ao mesmo tempo ganhos de produtividade na manufatura e em outras atividades, bem como façam frente ao desemprego. Segundo dizem, o capital de investimento no futuro de um país vai estar cada vez mais vinculado às qualificações e experiências de sua população, uma vez que agora o capital é bastante móvel, as matérias-primas podem ser rapidamente trazidas de outro lugar para o país, e a tecnologia pode ser adquirida ou copiada também com rapidez. Portanto, será vital investir em pessoas com vistas mais à "empregabilidade" do que ao emprego. Argumenta-se que o Partido Trabalhista deverá buscar o início de uma "revolução pelo lado da oferta".

A ambição de se atribuir ao termo "flexibilidade" algum significado diferente de força de trabalho barata e descartável – um dos objetivos do Capítulo Social – é, com certeza, correta e justa. Não se sabe, contudo, se a educação e a qualificação têm propriedades mágicas, como pensam algumas pessoas, especialmente se o treinamento técnico e profissional se tornarem o principal ponto de referência para o sistema de educação como um todo. Em uma sociedade cada vez mais fundamentada em conhecimento, a educação deverá ser o componente essencial para a prosperidade de um país. Porém, isso não quer dizer que treinamento e qualificações técnicas levarão à redução dos níveis de desemprego. A questão do desemprego, como já ressaltei, vai muito além da condição de força de trabalho remunerada. A "empregabilidade" poderá melhorar a adaptabilidade e, onde necessário, a mobilidade da força de trabalho, mas empregabilidade em si não criará empregos.

Neste ponto, medidas de riqueza social devem ser apresentadas claramente. De que a Grã-Bretanha está atrasada em termos de qualificações e treinamento técnico, em comparação a alguns países, não há sombra de dúvida. No entanto, à medida que avança no sentido de tornar-se um processo contínuo ao longo da vida, a educação certamente deverá manter uma essência humanística. A educação deverá ter como meta a produção daquele cosmopolitismo que discuti anteriormente. Deverá ajudar a fortalecer um amplo espectro de valores da vida, em vez de apenas servir para especializar ou desenvolver qualificações técnicas.

Educação requer investimento, como também o exigem a melhoria da infraestrutura de transporte e comunicações, a saúde, o seguro social, as aposentadorias e pensões, bem como os muitos outros serviços incluídos sob o título de Estado do bem-estar social. Aí é que está a dificuldade, como todos, inclusive os eleitores, sabem. Em algumas áreas, o investimento poderia originar-se do setor privado ou de uma união do capital da iniciativa privada com o estatal. Todavia, os gastos públicos já estão excessivamente esticados, e o país como um todo está atolado em dívidas. O que fazer?

A resposta fácil com a qual todos os políticos começam seus discursos é que não há respostas fáceis. Bem, realmente não existe nenhuma resposta fácil, como os partidos de centro-esquerda já descobriram em todo o mundo. Os antigos esquerdistas do Partido Trabalhista têm as suas, e, para alguns, elas parecem suficientemente claras. O imposto de renda deveria ser aumentado para os mais ricos – embora começando em nível bem mais alto que o proposto no orçamento pré-eleitoral de John Smith em 1992. Deveria haver novos impostos sobre fortunas ou sobre transmissão de herança, enquanto o imposto sobre valor agregado deveria ser introduzido para serviços voltados para os mais ricos, principalmente a educação e a assistência médica privadas. Tais medidas produziriam efeito redistributivo de cima para baixo e seriam complementadas com reduções de impostos para os contribuintes de baixa renda. Ao mesmo tempo, os benefícios da previdência social universal seriam mantidos, e destinar-se-iam recursos extras para o NHS.

Embora algumas dessas propostas mereçam ser levadas a sério, elas apenas aventam algumas das possibilidades. Representam o pensamento dos anos 50 na abordagem dos problemas dos anos 90. Como o debate público vem progressivamente reconhecendo, é possível e, quase com toda a certeza, necessário haver propostas fiscais mais radicais. A redução de tributos – no sentido de redução do imposto de renda – é o principal atrativo da estratégia eleitoral dos *tories*. O Partido Trabalhista pode e deve levar vantagem sobre os conservadores nessa questão. Em termos práticos, a ideia de reduzir a taxa básica do imposto de renda para menos de 20% não parece um bom começo. Entretanto, mesmo que sirva apenas de provocação aos *tories*, a proposta estimula o debate.

Nos aspectos em que a vida social tornou-se cada vez mais estruturada em torno do novo individualismo, formas de tributação com um elemento discricionário terão maior aceitação pública do que as formas involuntárias. E nos pontos em que a legitimidade do governo depende cada vez mais de visibilidade e confiança ativa, a vinculação de impostos deveria ser pelo menos considerada. O Partido Trabalhista não deve adotar atitude de total hostilidade a programas como os que os liberais-democratas têm debatido e que vêm sendo discutidos ou instituídos em alguns outros países europeus. Talvez impostos vinculados destinados à educação e ao NHS enfrentem oposição do Ministério da Fazenda, mas poderiam contar com a aprovação pública, bem como aumentar a receita de forma significativa. Um imposto específico para a saúde, ou a utilização da renda proveniente da tributação do álcool e do tabaco para financiar parte do NHS, ou a combinação dos dois, constituem possibilidades plausíveis. Desde que não apresentem consequências regressivas, impostos sobre energia e poluição, assim como pedágios, hipotecados ou não, devem ser todos debatidos. Claro, ao final, a redução de vários tipos de isenção tributária talvez acabe sendo o caminho mais prático.

Quaisquer que sejam as novas fontes de receita a serem implementadas, não faria sentido encaixá-las novamente em um esquema de aumento de impostos para cobertura de gastos. É necessário e possível haver uma reforma radical do sistema previdenciário. Como já sugeri, deveria ser promovida uma reforma do Estado do bem-estar social não apenas, e até principalmente, por considerações fiscais, mas pela necessidade de reorganização estrutural no tocante à composição da ordem social em transformação nos dias de hoje. Benefícios direcionados talvez representem um anátema em alguns círculos do Partido Trabalhista, porém são o único rumo efetivo a ser tomado e poderão ter papel redistributivo a favor dos grupos de baixa renda.

"Direcionados" – o termo é horrível e sugere grupos passivos de indivíduos para os quais os benefícios devem ser destinados. O que significa, ou deveria significar, é ajuda àqueles que mais precisam – e em quantidade suficiente. Os benefícios deveriam ser aumentados, e não reduzidos, para os necessitados. Entretanto, muitos beneficiários, inclusive grande número de idosos e das crianças de famílias ricas, não se encaixam de nenhuma forma nessa categoria.

As aposentadorias e pensões, que representam quase 40% dos gastos com seguro social, devem ser investigadas. Os planos de previdência privada podem ser arriscados, como todos sabemos após as atividades de Robert Maxwell. Contudo, quase 60% dos idosos com mais de 65 anos já possuem algum tipo de previdência privada, e o crescimento desse percentual deve ser estimulado. Salvaguardas podem proteger os investidores em fundos de pensão contra agentes inescrupulosos, e a noção de que a previdência estatal é sempre mais segura não passa de mito. Os governos não exercem controle sobre os fundos de pensão privados no mesmo nível que em relação aos públicos, mas exatamente por esse motivo eles não conseguem reduzi-los com facilidade quando surgem dificuldades fiscais inesperadas.

Uma parcela significativa da riqueza empresarial do país está vinculada a fundos de pensão. Aqueles que os "possuem" não deveriam controlá-los também? Há várias estratégias viáveis, e estas deveriam pelo menos ser debatidas em público. Frank Field, por exemplo, sugeriu que a "escravidão às pensões" poderia ser superada por meio de um novo sistema de posse tripartite dos fundos de pensão – com representação das participações do empregador, do trabalhador e do titular da pensão.

As políticas voltadas para os idosos, como sugeri anteriormente, precisam ter como objetivo a capacitação, e não apenas o atendimento aos indivíduos como pessoas dependentes. Aplica-se o mesmo às reformas da previdência social destinadas a atacar as enormes divisões socioeconômicas existentes na Grã-Bretanha. A polarização entre ricos e pobres no país tem sido mais acentuada do que na maioria das outras sociedades industriais nos últimos anos. "Que não haja bairros como o South Bronx neste país!" é o *slogan* sugerido por *sir* John Banham em seu plano para a reconstrução social e econômica. Ele está totalmente certo, mas as tendências na Grã-Bretanha e em alguns dos países europeus são preocupantes. Alguns motoristas de táxi se negam ao entrar no bairro Moss Side, de Manchester – e seus colegas de Frankfurt ou Rotterdam expressam a mesma reação sobre Gallusviertel ou Nieuwe Westen.

Embora na maior parte dos países europeus as diferenças entre ricos e pobres tenham aumentado, em termos absolutos os padrões de vida dos pobres melhoraram na Europa, nos últimos vinte anos. As áreas mais carentes dos centros das cidades não são tão segregadas quanto as dos EUA, e o padrão de serviços locais é melhor. O racismo, contudo, prevalece no mesmo nível, havendo também o mesmo ciclo de violência, exclusão social, desemprego crônico, drogas e desespero no cotidiano. Na Grã-Bretanha ainda não existe nenhuma subclasse de destituídos nas dimensões norte-americanas, e a exigência mínima a um novo governo seria que essa situação fosse pelo menos mantida. No entanto, exatamente como nas áreas de saúde e pensões, podemos ter certeza de que respostas eficientes não virão da simples tentativa de fortalecer os mecanismos do Estado do bem-estar social existente. Os autores de direita afirmam que os serviços e benefícios da previdência social não representam a solução para a desgraça urbana, e sim parte do problema. Ninguém da esquerda prestou atenção nisso, contudo talvez devessem começar a fazê-lo. O rompimento dos ciclos de privação não vai ocorrer apenas com intervenção externa, por mais bem-intencionada que seja. Vai demandar organização e iniciativa locais, bem como reconstrução cívica a partir das bases. Os escritores de esquerda, afinal de contas, destacam pontos semelhantes ao criticarem os programas de ajuda externa nos países em desenvolvimento. "A ajuda que mata" é o título de um estudo de um autor sobre essa questão. De forma menos drástica, políticas que pioram o que teriam de corrigir também podem ser implementadas nas sociedades desenvolvidas. Quem duvida, por exemplo, que a construção de edifícios de apartamentos pela prefeitura teve efeitos mais negativos do que positivos?

A resposta fácil, do tipo "não há respostas fáceis", à polarização econômica e ao surgimento de uma subclasse põe a culpa no thatcherismo e encerra o assunto. Sem dúvida, houve a contribuição de algumas das mudanças que governos conservadores recentes fizeram no seguro social, sobretudo no caso dos jovens. Uma série de restrições nos direitos dos jovens a benefícios foi introduzida a partir dos anos 80. Algumas dessas modificações com certeza destruíram vínculos familiares. Por exemplo, os jovens perderiam o direito ao "auxílio para moradia e refeições" após um certo período se permanecessem em sua região.

O thatcherismo, contudo, serviu para piorar as tendências que podem ser observadas em muitos outros países além da Grã-Bretanha e são influenciadas por fatores econômicos globais. A reversão de algumas das mudanças da previdência social promovidas pelos *tories* ajudará, de certa forma. Por exemplo, os pagamentos de adiantamento para o aluguel dos sem-teto poderiam ser reintroduzidos, e alguns outros benefícios, restabelecidos. Mas problemas de decadência urbana, racismo, segregação étnica e falta de moradia, que se mostram bastante graves, não diminuirão com medidas tímidas e, sem dúvida, deverão ser abordados no contexto das questões mais amplas da divisão social e do desemprego. Voltamos, nesse ponto, ao tema das fontes estruturais de renovação cívica, da redistribuição do trabalho e do restabelecimento da continuidade na vida em família. O efeito *trickle-down*, isto é, a difusão natural dos benefícios da prosperidade empresarial nas camadas sociais inferiores, buscado pelos neoliberais, não se concretizou. Mas será que não poderia haver um tipo diferente de efeito *trickle-down* a partir de políticas que promovessem o igualitarismo em um grupo de domínios institucionais articulados? De qualquer modo, as reformas da previdência social interessadas em reduzir a pobreza e evitar a polarização entre classes não terão muito impacto a menos que façam parte de um esforço mais amplo contra a desigualdade.

Nos últimos anos, o Partido Trabalhista não vem sendo exatamente uma fonte de novo pensamento nem de nenhum tipo de radicalismo. As reformas ideológicas promovidas a tão duras penas a partir de meados dos anos 80, segundo se supunha, dariam ao partido a possibilidade de ser "eleito"; entretanto, caso elas realmente tenham surtido esse efeito, foi à custa de grande parte do antigo dinamismo do partido. Esperamos que os próximos dois ou três anos não testemunhem mais um conjunto de acordos tolos e a perda de vantagem política. O perigo é que, tendo assistido ao fracasso do neoliberalismo, os líderes trabalhistas pensem que basta voltar novamente o pêndulo no sentido de um pouco mais de intervenção estatal ou redistribuição fiscal – disfarçando-se de "a comunidade". Não é aí, em absoluto, que se encontram as principais questões a serem enfrentadas. A pouca discussão sobre a temática verde pelo partido é um ponto importante. O pensamento ecológico é identificado de forma direta com o ambientalismo como se ambos significassem a mesma coisa. No entanto, os temas verdes do cuidado, da continuidade e da coesão social são exatamente aqueles suscitados pela ideia de comunidade. A contestação ao produtivismo, em paralelo à promoção da produtividade, representará o único caminho a ser seguido, se uma sociedade que vivencia baixa inflação e pouco crescimento também quiser reestruturar-se e dar substância a valores de participação e igualdade.

Uma revisão da perspectiva política, como sugeri, não pode ser voltada para dentro em virtude destas duas influências: globalização e novo individualismo. Todas as questões discutidas neste trabalho refletem dissensões e dilemas globais mais amplos, que cada governo nacional tem de enfrentar – dilemas de caráter ecológico e de polarização econômica mundial. O Partido Trabalhista deveria adotar uma visão muito mais global do que o fez até agora. Não será suficiente apenas evitar o provincianismo do inglês (do britânico?) que aflige os *tories*, e não bastará concentrar-se tão somente na Europa. Uma postura de políticas internacionais desenvolvidas com clareza torna-se essencial em um mundo cuja dinâmica ficou complicada, mas que incide sobre nós de forma imediata e contínua.

Índice remissivo

Aberle, D. F. et al., 136
abstração econômica, 263
ação
　comunicativa, 247, 250, 253,
　　259, 261-7
　a distância, 79-80
　racional proposital, 255-9,
　　262, 276
　ver também causação social;
　　intencionalidade
adaptação e evolução
　social, 148
Adorno, Theodor, 258
Albert, H., 270
Alemanha, pensamento
　social, 191, 208, 212, 239
alienação, em Marx, 200-2
Althusser, Louis, 144, 280
Anderson, Benedict, 161
Anderson, Perry, 280
anomia
　em Durkheim, 186, 200-2,
　　211, 233, 236, 243

　em Habermas, 265
　e conflito social, 156
　e suicídio, 233, 236, 243
antropologia
　e britanidade, 163-6, 168
　e colonialismo, 174
　comparativa, 164
　cultural, 176
　evolucionária, 135, 164, 176
　e funcionalismo, 81, 117, 120,
　　176
　futuro da, 173-80
　e globalização, 80-5
　metodologia, 175
　e pós-modernismo,
　　p.173, 177
　e sociologia, 18, 175-7, 215
　tradições teóricas, 176
aposentadoria e idade, 352
aquecimento global, 25, 53, 67
argumentação, em Habermas,
　p.250, 270
ascetismo religioso, 41

assistência médica
  e meio ambiente, 349-50
  e previdência social positiva, 327, 347
  e responsabilidade, 351
atos da fala ou discursivos, 156, 255, 273
atuação e política radical, 330
autenticidade
  na sociedade pós-tradicional, 72, 94-5
  das tradições, 31, 75, 81, 300
autonomia
  e escolha, 49
  e compulsão, 42
  e política gerativa, 321-4, 328
  e individualismo, 318
autoridade
  em Durkheim, 186, 192-4, 205, 209
  racional-legal, 61-3
  e ciência, 65-8, 71, 76
  e tradição, 59-60
autoritarismo, 295, 297, 302, 316

Bachelard, G., 225
Baker, Nicholson,
  The Mezzanine, 27, 34, 83
Balogh, Thomas, 166
Banham, Sir John, 369
Barley, Nigel, 82-4
Barnett, Anthony, 281
Barrett, Michelle, 18
Bastide, R., 240
Bauman, Z., 58
Bayet, A., 234 n.6
Beck, Ulrich, 16, 73, 301
Benedict, Ruth, 91

benefícios direcionados, 368
Bentham, Jeremy, 207
Bernard, Claude, 126
biologia
  em Comte, 219
  e funcionalismo, 98, 116, 122, 124-7, 133-4, 140, 147
Blair, Tony, 344, 358
Blondel, C., 238
Boas, Franz, 84
Bonald, Louis Gabriel
  Ambroise, 187, 190, 205
Bonnafous, M., 238 n.14
Bourdieu, Pierre, 16
Boyer, Pascal, 35
Brecht, Bertold, 286
britanidade
  e império, 163, 167, 172
  e ciência social, 161-72
burocracia e autoridade, p.61-3, 302

Campbell, Beatrix, 354
Cannon, Walter Bradford, p.126-7
capital
  e compulsão, 40
  globalização, 363
capitalismo
  e compulsão, 40-3
  e conservadorismo, 332
  e democracia, 296, 314
  como desvinculação, 74, 79-80
  expansão, 23
  em Habermas, 265
  e risco fabricado, 316
  em Marx, 23, 203, 263, 333, 363

e Estado-nação, 74, 263
e socialismo, 343
Capítulo Social, 359, 365
Captain, Colette, 206 n.12
Carta 88 (*Charter 88*), 345
causação social, 97, 102, 106,
  108-9, 248
  e explicação funcional, 124-5,
  132-7
ceticismo e conhecimentos
  especializados, 65, 67
Chateaubriand,
  François René, 187
cidadania, em Marshall, 291-6,
  310
ciência social, 97-113
  e análise de
    modernidade, 257
  e britanidade, 161-72
  e funcionalismo, 98, 109-10,
    115-59
  história, 162, 195-215
  impacto, 112
  e naturalismo, 97, 105-10
  e nova síntese, 100-1
  e consenso ortodoxo, 97-8,
    101-13, 154
  e causação social, 97, 102,
    106, 108, 247
  status da, 18, 163-5, 168
  e pluralismo teórico, 99, 101
  ver também antropologia;
  economia política; política;
  ciência; sociologia
ciência
  e autoridade, 65-8, 71, 76
  em Comte, 218-9, 223-5
  e democratização dialógica,
    306-7
  e humanidades, 279

e interpretação, 101, 111
e moralidade, 225
e mito, 251
e pluralismo, 99
e religião, 76
e ciência social, 32, 97-8, 101,
  104, 106, 110-1, 218, 225-6,
  279
e tradição, 38, 307
ver também biologia
Círculo de Viena, 225
civil, sociedade, 303, 317
civilizações
  pré-modernas, 36, 73
classe social
  e cidadania, 291
  e Partido Trabalhista, 340,
    357, 371
  e conservadorismo
    filosófico, 236
  luta, 203, 264-6, 291-2, 339
classe trabalhadora e
  comunidade, 78, 340
  e Partido Trabalhista, 339-40
  e Williams, 285
Clausewitz, K. von, 94
competência e
  sabedoria, 67
comprometimento e
  confiança, 319
compulsão
  e vício, 42-3, 71
  como confiança
    congelada, 71-2
  e hábitos, 87
  e brincadeiras e piadas, 77
  e repetição, 36-47, 71, 76, 95
Comte, Auguste
  Curso de filosofia positiva, 190,
    217-25

e funcionalismo, 116, 122, 127-8, 132, 218
influência sobre Durkheim, 190, 197-8, 202, 213-4, 218, 224
lei dos três estágios, 197, 219-20, 224, 226, 252
e positivismo, 217-27
e problema de ordem, 221-2
e religião, 151, 220, 223
e ciência, 219, 224-5
e sociologia, 110, 151, 222, 224
Système de politique positive, 190, 210, 221, 223
comunicação
  e democracia, 305-9
  e razão, 247-50, 262
  ver também ação comunicativa
comunidade
  e classe, 78, 340
  e família, 338-9
  recuperação, 335, 342-4, 372
  e tradição, 86
comunismo soviético, a queda do, 295-7, 312
comunitarismo e Partido Trabalhista, 334-5, 338
concessão de autonomia e Partido Trabalhista, 345
Condorcet, Marie Jean Antoine Nicolas Caritat de, 222, 224
confiança
  ativa, 319, 321-4, 346, 367
  e compulsão, 71
  e conhecimentos especializados, 69-72
  e tradição, 58-60

conflito social
  e funcionalismo, 154, 156-7
  e integração e teoria da coerção, 182, 202-3
  e problema de ordem, 182, 211
conhecimento
  e ação humana, 98, 102-6, 111, 266
  e interesses, 246, 269
  mútuo, 107, 111
  e racionalidade, 249
  em Williams, 288
  ver também conhecimentos especializados
conhecimentos especializados
  e burocracia, 61
  deslocação, 26
  fragmentação, 301
  e guardiães da tradição, 34, 56, 60-6, 69, 72, 77
  e intelectuais, 179
  e domínio formado pelas autoridades constituídas, 61
  e especialização, 69
  e sabedoria, 61, 64-72
conscience collective, consciência coletiva, em Durkheim, 185, 188, 193, 202
consciência prática, 103
consenso
  em Durkheim, 182, 202
  em Habermas, 245, 253, 271-2
  em Parsons, 260, 262
conservadorismo
  contradições, 343
  e funcionalismo, 121, 125, 127-8, 151

e movimento verde, 315
e risco fabricado, 313-4
uma nação, 313, 334
e as origens da
  sociologia, 11-2, 181, 187-95,
  204-14, 221
filosófico, 315, 317-28
e direita, 313-15, 332-4, 343
e tradição, 50, 313, 333
constituição, reforma, 345, 358
contenção salarial, 360
contexto e tradição, 55-9, 63,
  78-85
convenção e generalização, 104,
  106, 257
Coontz, Stephanie, 338
cosmopolitismo, 299-300, 305-
  6, 339, 365
costume local, 87, 89-90
Courbon, , 237
cuidado, ética do, 341, 345, 371
cultura
  cívica, 296, 298, 343
  e natureza, 275
  oral, 31-2, 36, 73, 76, 273
  racionalização, 255-6
  e sociedade, 287
  e Williams, 281-90
Cuvillier, A., 240 n.16

Dahrendorf, Ralf
e integração e teoria da coerção,
  199, 202-4
e política, 12
Davies, Christie, 77
Davis, Kingsley, 149-51
De Fleury, M., 234-8
decisões
  e escolhas, 49, 71-2, 301
  e natureza, 50-5

e racionalidade, 245
deferência e tradição, 64
Delmas, F., 237
democracia
  cosmopolita, 306
  deliberativa, 304
  democratizante, 303, 309,
    323, 346, 359
  dialógica, 95, 305-9, 323-5,
    329-30
  econômica, 293
  teoria da frágil flor, 296-8
  e fundamentalismo, 300
  e globalização, 295,
    298-300, 302-3, 305, 325
  e industrialização, 284
  e Partido Trabalhista, 342,
    344-5
  liberal, 295-8, 304, 308, 314,
    316
  em Marshall, 291-6, 300-3,
    309-10
  em Marx, 292-3
  participativa, 292, 304
  e problema de ordem, 316-7
  e representação de interesses,
    304, 323
  teoria da planta vigorosa, 298
  e tradição, 298
Descartes, René, 163
descentralização, 322
desemprego
  e Partido Trabalhista, 352-7,
    360, 371
  e treinamento de
    qualificações, 365
desengajamento e modernidade,
  29-3
destino e tradição, 37, 301, 321,
  336, 342, 349

diálogo
   e democracia, 304-9, 323-5
   e relações pessoais, 308
   e ciência e tecnologia, 307
   e violência, 86, 92-5, 305, 309, 329
Dicey, A. V., 206-8
diferenciação e racionalização, 257, 262
dinheiro e ação racional proposital, 262
direita, a, *ver* conservadorismo; neoconservadorismo; neoliberalismo
direitos
   cidadania, 291-4, 296
   econômicos, 293
   e responsabilidades, 335
   previdência social, 293
discurso
   arenas de, 251
   prático, 272
disfunção, em Merton, 121, 123, 131, 146, 149, 156
disposição subjetiva, 120, 122-3, 129
diversidade, valorização, 339
divisão do trabalho
   em Durkheim, 186, 204
   por gênero, 39, 354
   em Marx, 212
doença mental e suicídio, 231-44
domesticidade e modernidade, 77-8, 301
domínios público/privado, 77, 93, 285
dualidade
   e civilizações pré-modernas, 73
   de estrutura, 145, 152

Durkheim, Émile
   e antropologia, 176
   e origens conservadoras da sociologia, 12, 182, 187-96, 204-14
   Da divisão do trabalho social, 185, 191, 196, 209, 241
   As formas elementares da vida religiosa, 185
   e funcionalismo, 117, 128-33, 151, 154, 157, 193, 218
   e Habermas, 253-4
   e integração e teoria da coerção, 199-204
   e mito da grande cisão, 182, 195-8, 204, 215
   e naturalismo, 110
   e problema de ordem, 181-7, 193, 204, 211
   As regras do método sociológico, 117, 131, 224
   e o sagrado, 89
   e sociologia, 225, 232-3, 329
   e suicídio, 130, 196, 229-37, 241-4
   O suicídio, 196, 229, 232-3, 241
   ver também Comte, Auguste

economia política
   e britanidade, 163, 165, 169
   e Partido Trabalhista, 357, 359
   e ciência social, 112
economia
   modelo cibernético, 312
   global, 363
   em Habermas, 255, 262, 266
   em Marx, 263
educação e Partido Trabalhista, 365-7

egoísmo e suicídio, 233, 236
emancipação
  em Habermas, 266
  e política de vida, 319
emoção
  e escolha, 48-9
  e democracia, 94, 309, 324
  e modernidade, 38, 76
  e repetição, 42, 76
  e mulheres, 77
empirismo
  e racionalidade, 249
  e ciência social, 13, 98-101, 170, 195-8
Engels, Friedrich, 121, 202
entendimento, em Habermas, 248, 255-6
epistemologia
  e antropologia, 177-8
  e teoria crítica, 247
  como teoria social, 247
Escola de Frankfurt, 247, 258-9
escola do *Année Sociologique*, 215
escolha e decisões, 47-50, 71-2
espaço
  e modernidade, 86
  e tradição, 57, 64, 79
especialização, 68-9
esquerda, a, *ver* radicalismo; socialismo
Esquirol, E., 231, 233
Estado do bem-estar social
  e Partido Trabalhista, 347-59, 367-72
  e risco fabricado, 311-2, 325-8, 344
  em Marshall, 291-6, 309-10
  reversão, 171, 348

Estado
  e autoridade, 186, 205, 209
  e conservadorismo, 334
  e política gerativa, 321-2
  e globalização, 23, 345
  em Habermas, 254, 262, 275-6
  modernização, 345-7
  no socialismo, 312, 341
  e sociedade, 209
  e tradição, 22
  ver também Estado do bem--estar social
Estado-nação
  e capitalismo, 74
  e democracia, 296, 302
  e globalização, 309
  ver também Estado
estilo de vida, 345
escolha, 49, 54-5, 71-2
  e saúde, 328, 350
  e política de vida, 320
estrutura
  dualidade de, 145, 152
  e suicídio, 233, 236
  e sistema, 137-49
estruturação, 146, 151, 154
estruturalismo, 82, 98, 144, 170, 280
  ver também funcionalismo, estrutural-funcionalismo
esvaziamento da tradição, 23, 66
ética protestante do trabalho e piadas, 77
etnia, 19, 176
etnocentrismo e teoria evolucionista, 274
etnografia e ciência social, 81, 107, 175

etnometodologia, 98, 103
Etzioni, Amitai, 334-5, 338
EUA
   status da economia, 169
   status da sociologia, 12-8, 170
   e estrutural-funcionalismo, 117
Europa e *status* da sociologia, 16
Evans-Pritchard, E. E., 167, 252, 271
evolução social, 215, 224-5
   e antropologia, 81, 174
   e funcionalismo, 116, 125, 135, 146-9
   em Habermas, 253, 256, 262, 273-4
exclusão e tradição, 55-60
experiência pessoal e linguagem, 287
experiências do cotidiano, 26, 49
explicação
   causal, 132-7
   funcional, 125, 132-7, 139, 157

falácia naturalista, 315
Falret, E., 229-30
falsa crença, 107, 110, 113
família
   e conservadorismo, 314, 370
   e democracia dialógica, 323
   e intensificação da solidariedade, 318, 327, 343
   e Partido Trabalhista, 338-9, 356, 371
   e trabalho, 19, 356
fascismo, da esquerda, 245
feminismo
   e política de vida, 320
   e tradição, 93, 299

fenomenologia, 98, 170, 239, 280, 288
Ferguson, Adam, 163
Ferri, E., 230
Feyerabend, Paul, 99
Field, Frank, 368
filosofia
   positiva, 222-5
   e racionalidade, 249, 267
   e ciência social, 170, 196-8, 213-5
   e Williams, 288
   ver também conservadorismo filosófico
Firth, Raymond, 167
forças de mercado
   e conservadorismo, 248, 313-5, 317, 333-5
   e Partido Trabalhista, 336, 344
Forster, É. M., 296
Fortes, Meyer, 167
Foucault, Michel e dominação, 62
França, pensamento social, 206-9, 229-44
Frazer, James, 163
Freud, Sigmund
   e indivíduo e sociedade, 193
   e tradição e compulsão, 37-9, 42, 88
Fukuyama, Francis, 314
funcionalismo, 98, 115-59
   e antropologia, 81, 117, 120, 175
   apelo do, 126-8
   como conservador, 121, 125, 127-8, 151
   conteúdo explicativo, 132-7
   em Habermas, 258, 262, 275
   e ideologia, 127, 151

e ação intencional, 128-32,
144, 151, 159
e naturalismo, 109-10
normativo, 154, 157
origens, 116-9
e mudança social, 146-7, 152
e sociologia, 149-59, 192, 259
estrutural-funcionalismo,
117, 135, 137-49, 151, 176
e sistema e estrutura,
p.137-49
ver também Comte, Auguste;
Durkheim, Émile; Merton,
R. K.; Nagel, Ernest;
Stinchcombe, Arthur
funções manifestas/latentes,
121, 123, 127-32, 144
fundamentalismo
e democracia, 300, 305, 309,
317
e tradição, 86, 300, 313
e violência, 329
futuro
colonização, 24, 47-8, 67-8
e tradição, 31, 56

Gadamer, Hans-Georg, 59, 65,
246, 269
Galbraith, J. K., 348
generalização, na ciência social,
104-6, 257
gênero
e divisão do trabalho, 77, 93,
326, 354
e conservadorismo
filosófico, 327
e sociologia, 19, 301
genogramas, 44-7, 49
globalização
e cidadania, 309, 314

e democratização, 295, 298,
300, 302-5, 325
e esvaziamento
da tradição, 78-85
e Partido Trabalhista, 372
e risco fabricado, 311-2, 314,
320
e governo nacional, 24, 345
e pluralismo, 91, 94
e reflexividade, 324
e sociologia, 19, 78, 172, 175
e tradição, 298, 317, 320, 336
e universalização, 23-4
Gluckman, Max, 89, 167
Goethe, Johann
Wolfgang von, 41
Goffman, Erving, 12, 103, 107,
255
Goldthorpe, John, 18, 171
Gorz, André, 355-7
Grã-Bretanha
e conservadorismo, 206-7,
212, 332-4, 343, 370
e pensamento marxista, 280
status da sociologia, 18, 164-5,
168-71
e Estado do bem-estar social,
294-5, 347-59, 368-71
e Williams, 286
ver também Partido
Conservador britânico;
Partido Trabalhista britânico
grande cisão, mito da, 182,
195-8, 204, 215
Green, T. H., 207
guardiães da tradição, 31-2, 51,
55, 60-4
e conhecimentos
especializados, 34, 56, 60-4,
66, 69, 76-7

e verdade, 60, 63, 69, 71
Guerry, A. M., 230
Gurvitch, G., 239, 242

Habermas, Jürgen
  e teoria crítica, 246, 266, 272
  e ecletismo, 246
  Erkenntnis und Interesse, 246
  e funcionalismo, 258, 261, 275
  e situação ideal de
discurso, 304
  e capitalismo
  tardio, 265
  e mundo da vida, 253,
  259-66, 275-7
  e novos movimentos
  sociais, 266
  e Parsons, 255-62, 276
  e filosofia, 248, 267
  e racionalização da
  cultura, 256
  e reificação, 259, 263-5
  estilo, 267-8
  e teoria de sistemas, 261, 275
  e *Teoria da ação
  comunicativa*, 247-77
  e Weber, 245-8, 275-7
hábitos, costumes locais
  como, 87, 90
Halbwachs, Maurice, 32, 38,
  235-7, 239
Hall, Stuart, 18
Haller, M., 190
Harris, A. & T., 37 n.18
Hayek, Friedrich, 294, 336
Hegel, G. W. F., 189, 206, 210
Held, David, 306
Helmsletter, S., 48 n.30
hermenêutica em
  Habermas, 247, 256, 260, 269
  e ciência natural, 101, 111

e ciência social, 98, 111-2,
  170, 288
Hindess, B., 280
Hirst, , 280
Hobbes, Thomas, 162, 199
  e problema de ordem, 184-5,
  187, 212
Hobsbawm, Eric, 75, 89, 339
homeostase e funcionalismo,
  125, 127, 133-4, 141-3, 157
Horkheimer, Max, 258
Horowitz, Irving
  Louis, 12-3, 17
Horton, Robin, 199, 252

Ibsen, Henrik, 286
idade
  e assistência médica, 349-51
  e aposentadoria, 336, 352
  e mudança social, 366-7
  e taxas de suicídio, 237
idealismo, 207
  e Durkheim, 184, 192
identidade
  nacional, 161, 172
  e tradição, 57, 78
ideologia
  crítica, 275
  e funcionalismo, 127, 151
  e risco fabricado, 311-6
  em Marx, 202
  ver também conservadorismo;
  liberalismo; neoliberalismo;
  socialismo
igualdade e Partido Trabalhista,
  342, 344, 347, 354, 371
igualitarismo e Partido
  Trabalhista, 353-5, 371
Iluminismo
  e reação conservadora, 188
  e emoção, 38

e Habermas, 248, 273
e pós-modernismo, 314
na ciência social, 106
e socialismo, 312
e tradição, 25-6, 298
imaginação sociológica, 20
incerteza, *ver* risco
individualismo
　e capitalismo, 297
　em Durkheim, 185, 192, 209-12, 231
　liberal, 210, 314
　metodológico, 155, 193
　moral, 185, 192, 194, 209-211
　neoliberal, 313, 317
　"novo", 336, 340-6, 350, 354, 367, 372
　e sociedade pós-tradicional, 94
　e solidariedade, 318
　e suicídio, 231
indivíduo e sociedade
　em Durkheim, 192, 200-2, 210, 240-2
　e funcionalismo, 154
　em Parsons, 184
indústria
　e instituições da *City*, 362
　de transformação, 364
industrialização
　e cultura, 284, 287
　e suicídio, 231
inflação e Partido Trabalhista, 359, 361, 371
instituições financeiras da *City* e Partido Trabalhista, 361-3
integração
　e teoria da coerção, 182, 199-204

e linguagem, 261
social, 74, 152-6, 158, 233, 260-1
sistema, 152-6, 255, 259-62
intencionalidade, 105, 108-10
　e funcionalismo, 128-32, 144, 155, 158-9
interacionismo simbólico, 98, 145, 152
internalização de valores, 128, 154-5, 261
intimidade, 47, 79
investimento, em treinamento, 365

Kahn, Richard, 166
Kaldor, Nikolas, 166
Kant, Immanuel
　influência sobre Durkheim, 184, 191-4
　e Williams, 290
Keynes, J. M., 165
keynesianismo e Partido Trabalhista, 353, 357, 359
Kohlberg, L., 273
Kuhn, Thomas, 98

Le Play, Pierre Guillaume Frédéric, 215
Leach, Edmund, 167
lealdade pessoal, 60-1
Leavis, F. R., 282
legitimação
　crise de, 266
　e tradições inventadas, 75-6
　do poder, 22, 323, 346
　e vigilância, 74
Legoyt, A., 230, 232
Lévi-Strauss, Claude, 82, 144, 241, 273

liberais-democratas e
  tributação, 367
liberalismo e sociologia, 12,
  187-9, 205, 210, 212
liberdade
  em Comte, 222
  em Durkheim, 194
  e emancipação, 319
libertarismo econômico, 333
linguagem
  performativa, 34
  e razão, 247-50, 259, 262, 272
  em Williams, 282, 286-9
linguística estruturalista,
  p.279-90
Lisle, E., 230
literatura e sociedade, 279-90
Locke, John, 162
Luhmann, Niklas, 16, 246
Lukács, György
  Szegedy von, 247, 255, 258
Lukes, Steven, 18

Maistre, Joseph Marie de, 187,
  190
Major, John, 331
Malinowski, B., 56, 85
  e britanidade, 166
  e funcionalismo, 117, 120,
  135, 146
Mann, Michael, 18
Maquiavel, Nicolau, 112
Marshall, T. H., 168, 291-310
  *Cidadania, classe social e
  status*, 291
  e democracia, 292-6,
  300-3, 310
  e Estado do bem-estar
  social, 292-5, 309
Marx, Karl, 73, 149, 189, 316

  e capitalismo, 23, 203, 263,
  333, 363
  e luta de classes, 264, 292
  e teoria da coerção, 182, 199-
  203, 211
  e democracia, 293
  e ética, 342
  e materialismo histórico, 121,
  251
  e ciência natural, 258
  e racionalidade, 262, 276
  e reificação, 263
  e sociologia, 195, 198, 210,
  214, 218, 225
marxismo
  e funcionalismo, 121,
  125, 218
  e Marshall, 291-2
  e mito da grande cisão, 195
  naturalista, 110
  e *New Left Review*, 280
  e sociologia, 12
  e Williams, 289-90
Masaryk, T. G., 230
Materialismo
  cultural, 289-90
  marxista, 121, 251
Mead, G. H., 253, 259
meio ambiente
  e assistência médica, 327,
  349-50
  e natureza, 52
  ver também movimento verde
memória coletiva
  e relíquias, 89
  e tradição, 31-2, 37
Mersenne, Marin, 163
Merton, R. K.
  e disfunção, 121, 123, 131,
  146, 149, 159

e funcionalismo, 118-22, 125-32
e funções manifestas/latentes, 121, 123, 127-32, 144
e Nagel, 122-3, 128
e consenso ortodoxo, 99, 153
e política, 12
e sistema e estrutura, 137-41, 146, 149, 151
Michels, Robert, 12, 57
Mill, John Stuart, 189, 223-4
Millar, John, 163
Miller, S., 231 n.3
Mills, C. Wright e ciência social, 20, 100
mito e ciência, 251, 273
modernidade 314
e antropologia, 174
e colaboração com a tradição, 73-8
e compulsão, 39-43, 71, 77
como experimento, 26
como campo da sociologia, 14
e globalização, 23-4
e Habermas, 248, 257, 260-3, 276
radicalização, 23
e tradição, 22, 30, 38, 298
ver também risco fabricado
modernização reflexiva, 73, 78
Montesquieu, Charles de Secondat, 110, 222, 224
moralidade
e ética do cuidado, 341
e política gerativa, 321
e ciência, 225
Morselli, E., 230, 232

motivação
crise de, 265
no funcionalismo, 129, 154-5
movimento verde e conservadorismo filosófico, 315, 343, 372
movimentos sociais, novos
e destradicionalização, 299
e democracia dialógica, 324-5
em Habermas, 248, 266, 276
mudança social
e idade, 336-7
e antropologia, 179
e democratização, 298-302, 309
em Durkheim, 198, 203, 209-12
e família, 337-9
no funcionalismo, 124, 135, 146-7, 152
em Habermas, 265-7, 277
e risco fabricado, 311
em Marx, 203
e suicídio, 231, 234-7
em Williams, 285
ver também evolução social
mulheres
e política de vida, 320
e domínios público/privado, 77, 93, 301
no setor de serviços, 355-6
na força de trabalho, 352-3
Mulhern, Francis, 281
mundo da vida (*Lebenswelt*)
colonização, 263-7, 277
em Habermas, 253, 259-67, 275-7

Nagel, Ernest e funcionalismo, 118-9, 122-3, 128, 141

naturalismo, 97, 105-10
natureza
  e alienação, 200
  e cultura, 275
  e globalização, 81, 320
  e movimento verde, 315
  e risco fabricado, 349
  socialização, 53
  e tradição, 25, 50-5, 251, 320
necessidade de sistema, 121, 124, 127, 133-4, 155-8
neoconservadorismo, 248
neoliberalismo, 19, 371
  e a *City*, 361
  e conservadorismo, 313-5
  e individualismo, 313, 317
  e Estado, 321
  e Estado do bem-estar social, 294-5, 309, 325-6, 371
New Left Review, 280, 287
Nisbet, Robert A., 188-90, 192, 205

Oldenberg, K., 208
ordem, problema de
  e Comte, 222
  e democracia, 316-7
  e Durkheim, 181-7, 193, 199-212
  e integração e teoria da coerção, 182, 199, 204
organicismo, 126-7
Orwell, George, *The Road to Wigan Pier*, 88-90
Öttingen, K. von, 232

Pahl, Ray, 18
Pareto, Vilfredo e política, 12
Parsons, Talbot
  e funcionalismo, 109, 128, 136, 142, 147, 154, 157, 258-9
  e Habermas, 255-62, 276
  e teoria da integração, 199, 255, 259-60
  e política, 12
  e problema de ordem, 183-7
Partido Conservador britânico
  problemas, 331-4, 343
  e seguro social, 369
  e tributação, 367
Partido Trabalhista britânico, 331-72
  e comunidade, 335, 339-44
  e conservadorismo, 334
  e igualitarismo, 354, 371
  e política fiscal, 358, 366-7
  e globalização, 372
  e movimento verde, 343, 371
  e assistência médica, 347, 371
  ideias, 331-43
  e modernização do Estado, 345-6
  e novo individualismo, 336, 340-4, 349, 354, 367, 372
  orientações das políticas, 344-57
  total de votos, 331
  estratégias e opções, 357-72
  e desemprego, 353-7, 360, 365, 371
  e geração de riqueza, 346
  e Estado do bem-estar social, 347-52, 354-9, 368-71
  e Williams, 281
passado
  e futuro, 31, 56
  e tradições inventadas, 75, 90
  e presente, 32, 35, 37, 42, 44-7, 91

na psicoterapia, 36-8
e relíquias, 88-9, 91
patronagem política, 302-3
personalidade suicida, 243
pesquisa
   empírica, 13, 98-9, 195
   trabalho de campo, 175
   verbas para, 18, 171
   valor, 14-7
piadas e compulsão, 77
Piaget, Jean, 249, 252, 273
planos de previdência
   privada, 368
pluralismo
   cultural, 91
   nas ciências sociais, 14, 99
   e sobrevivência da
   tradição, 85
pobreza
   e Partido Trabalhista, 350-7, 359, 369-71
   e política radical, 320, 323, 327
poder
   descentralização, 322
   e decisões, 50
   e democracia, 316
   transferência, 303-4, 45
   e funcionalismo, 132, 152
   em Habermas, 262, 265, 275
   e conflito social, 157
   e tradição, 22, 90-3
política e pesquisa sociológica, 16, 19-20
política
   cultural, 282
   desencanto com, 295, 302, 323, 345
   em Durkheim, 181, 187-95, 204-9
   e verdade formular, 55
   gerativa, 322
   e Habermas, 245, 248, 266, 275
   política de vida, 319-21
   novo contexto, 311-30
   e ritual, 90
   e sociologia, 12
   e Williams, 281, 284
   ver também conservadorismo; democracia dialógica
Popper, Karl, 65, 67, 166
   e Habermas, 246, 250, 254, 270
populismo radical, 289
pós-estruturalismo, 170, 178, 248
positivismo
   e Comte, 190, 217-27
   e Durkheim, 191, 214
   lógico, 225
   ver também naturalismo
pós-modernismo
   e antropologia, 173, 177
   e autoridade, 67
   e Iluminismo, 314
   e sociologia, 19
pretensões de validade, em Habermas, 250-6, 261, 269-71, 277
produtividade e produtivismo, 347, 371
progresso, em Comte, 221
psicologia e suicídio, 231-41
psicoterapia e compulsão, 36-7

Quérard, 223
Quételet, Lambert Adolphe Jacques, 192-6, 222, 230-1

racionalidade
   burocrática, 24

comunicativa, 247, 249-50, 259, 265, 272
em Habermas, 245, 247, 270
instrumental, 249, 258
e conhecimento, 249
e ação racional proposital, 247, 254-9, 270
e relativismo, 247
e suicídio, 231
ocidental, 247-9, 252, 257-9, 273
racismo, 369-70
Radcliffe-Brown, Alfred Reginald, 117, 120, 132, 139, 146
radicalismo
  e funcionalismo, 125, 151
  e risco fabricado, 315
  novo arcabouço, 316-30
  e conservadorismo filosófico, 315
  da direita, 313, 315, 357
  e sociologia, 11, 169, 189-90
  ver também Partido Trabalhista britânico
razão, *ver* racionalidade
recursos, 145
reflexividade, 25, 85, 321
  e antropologia, 84, 173-4, 177-8
  e democratização, 306, 314, 324-5
  e conhecimentos especializados e especialização, 62, 68, 72, 301-2
  em Habermas, 259
  e hábito, 87
  e radicalismo, 312-3, 318
  e rotinização, 44

e autorregulação, 141-3, 152, 155
e tradição, 75
reforma tributária, 358, 366-7
regras
  morais, 145
  semânticas, 145
reificação e Habermas, 247, 255, 258, 263-5
relações pessoais e democracia dialógica, 308, 323
relativismo
  e racionalidade, 247, 250-1, 270
  e Williams, 288-9
religião
  e arenas de discurso, 251
  em Comte, 151, 219, 223
  em Durkheim, 213
  e emoção, 40
  e função, 121
  e fundamentalismo, 300
  e natureza, 54
  e racionalização, 73
  e relíquias, 89
  e ciência, 76
  e suicídio, 230, 235
relíquias, 88-9, 91
Renouvier, Charles Bernard, 191
repetição
  como compulsão, 36-47, 71, 76-7
  e hábito, 87
  e tradição, 30-3, 36, 42-3
reprodução social
  e funcionalismo, 109, 145, 152
  como global, 71
  em Habermas, 259-63, 266
  e naturalismo, 107, 109-10

responsabilidade social, 318,
    328, 342
  e saúde, 350-2
retroalimentação, em teoria de
    sistemas, 109-10, 141
Revolução Francesa, impacto
    sobre o pensamento
    social, 182, 186, 206,
    209-10, 221
Richards, Audrey, 167
Ricoeur, Paul, 144
riqueza social/econômica, 326,
    347, 351, 365
risco
  e sistemas de assistência
    médica, 350
  administração, 348
  fabricado, 95, 311, 314-30,
    337, 348-50
  e modernidade, 19, 25,
    67, 73
  socialização, 310
ritual
  e antropologia, 176
  e compulsão, 88
  político, 90
  e tradição, 29-34, 90
  e confiança, 58
  e verdade, 51, 55, 75, 90
ritualismo, 90
ritualização das relações
    sociais, 90
Robinson, Joan, 166
Rorty, Richard, 85
rotinização, 44, 49, 87
Rousseau, Jean-Jacques, 188,
    190, 192, 200

sabedoria e conhecimentos
    especializados, 61, 64-72

Saint-Simon, Claude Henri
    de Rouvroy e Comte, 190,
    213-4, 217
  e Durkheim, 190, 198, 203,
    213-4
Saussure, F. de, 170
Scarf, Maggie, 44 n.27, 45
Schaeff A. W., 208, 43 n.25
Schäffle, A., 191
Schmoller, G., 191
Schumpeter, J., 304
Selbourne, David, 335
senso comum e sociologia, 15,
    110-1, 226
Serviço Nacional de Saúde
    (Reino Unido) e Partido
    Trabalhista, 347-50, 366
setor de serviços,
    emprego no, 355-6
sexualidade e sociologia, 19
Sheldrake, Rupert, 54 n.36
Shils, Edward, 31, 35 n.17
significado
  da ação, 256
  no pós-estruturalismo, 178
  em Williams, 288-9
Simmel, Georg, 58
sindicatos e Partido Trabalhista,
    357, 359-60
sistema
  contradição, 157
  modelo cibernético, 98, 312,
    316
  integração, 152-6, 255, 260-1
  necessidade, 120, 124, 133-4,
    155-8
  e estrutura, 137-49
Smith, Adam, 163
Smith, John, 336
Snow, C. P., 279

socialismo estatal e
  tradição, 79
socialismo
  cristão, 340-1
  e Durkheim, 191, 210-4
  ético, 340-1
  perspectivas futuras, 19, 332, 339
  e Habermas, 277
  e risco fabricado, 311-2, 316
  em Marshall, 291-2, 315
  participativo, 285
  e conservadorismo filosófico, 317
  estatal, 79
  ver também Partido Trabalhista; marxismo; Williams, Raymond
sociedade pós-tradicional, p.21-95
  e escolhas e decisões, 47-50
  e conservadorismo, 314
  e destradicionalização, 85-91
  e globalização, 78-85, 91, 94
  e guardiães e especialistas, 60-4
  e natureza e tradição, 50-5
  e ordens da transformação, 22-8
  e repetição e compulsão, 36-47
  e ritual e tradição, 28-36
  e tradição como elemento contextual, 55-60, 63
  e tradição, discurso, violência, 91-5
  e tradição na modernidade, 73-8
  e sabedoria e conhecimentos especializados, 61, 64-72

sociedade
  e comunitarismo, 335
  em Comte, 222, 226
  e cultura, 287
  em Durkheim, 192, 199-204, 209-10, 240-2
  e literatura, 279-90
  em Marx, 199-204
  e evolução social, 135-7
  e Estado, 209
  tradicional, 35
  ver também indivíduo e sociedade; integração social; reprodução social
sociologia
  e antropologia, 18, 174-7, 215
  e biologia, 116, 122, 124, 126, 134
  origens conservadoras, 12, 182, 187-95, 204-14, 221
  e pensamento europeu, 170, 280
  desintegração, 13, 18
  e explicação do suicídio, 242
  campo de investigação, 14
  e história da ciência social, 164-6, 168
  e integração e teoria da coerção, 182, 199-204, 211
  e mito da grande cisão, 182, 195-8, 204, 215
  e problema de ordem, 181, 183-7, 193, 204, 211, 221-3
  status da, 19, 164-5
  número de graduandos, 13
  e suicídio, 229-33, 235-44
  ver também funcionalismo; pesquisa; ciência social
solidariedade social
  em Habermas, 253

e novo individualismo, 342, 356
e conservadorismo filosófico, 317, 324, 326
e sociedade pós-tradicional, 94, 314
e problema de ordem, 185
e tradição, 29, 317
sonhos, 32, 38
Spencer, Herbert
　e funcionalismo, 116, 128
　e história da sociologia, 164, 189, 192, 197
　e utilitarismo, 192, 207, 210
Sraffa, Pietro, 166
Stinchcombe, Arthur e funcionalismo, 119, 124-6, 129, 133, 138-41
subclasse, 19, 294, 371
subjetivismo e funcionalismo, 116, 120, 122-3, 129, 144, 156
suicídio
　em Durkheim, 130, 196, 229-37
　e transtorno mental, 229-44
　fatores sociais, 229-32, 235-44

Tannsjo, T., 326 n.1
Tarde, G., 233, 240-2
Tawney, R. H., 341
tecnologia
　e democratização dialógica, 306-7
　e conhecimentos especializados, 27-8, 67
teleologia
　no funcionalismo, 127-35, 143, 151, 158
　na Teoria de Sistemas Gerais, 141

tempo e tradição, 30-1, 57, 79
teoria crítica, 98
　em Habermas, 246, 266-7, 272-3
teoria da coerção, 182, 199-204, 211
teoria de sistemas, 141-43, 261, 275
Teoria de Sistemas Gerais, 137, 141
teoria política
　e britanidade, 163, 169-70
　e sociologia, 112
teoria social, epistemologia como, 247
teoria
　e antropologia, 175-7
　e pesquisa empírica, 13-4, 99, 170, 198
thatcherismo/Thatcher, Margaret, 295, 331, 333-5, 340, 359, 369
Thompson, E. P., 280
Tocqueville, Alexis de, 335
tomada de decisão e democracia, 303
trabalho de campo, em antropologia e sociologia, 82-5, 174-5
trabalho
　e família, 19, 356
　e política de vida, 320-1
　redistribuição, 355-7, 371
tradição
　colaboração com a modernidade, 73-8
　como elemento contextual, 55-60, 78-85
　e democracia, 298
　e globalização, 2z98, 317, 320, 336

grande/pequena, 74, 86
em Habermas, 250-4, 263, 273-5
inventada, 75, 90
e memória, 30-2, 38
e modernidade, 22, 30, 38, 298
e natureza, 25, 50-5, 251, 320
conteúdo normativo, 35
e ordens da transformação, 22-8
reinventada, 317
e repetição, 30-2, 36, 42-3
e ritual, 29-34, 51, 55
e ciência, 38, 307
e violência, 86, 91-5
ver também conservadorismo; esvaziamento da tradição; destino; fundamentalismo; guardiães da tradição; verdade formular
tradicionalismo econômico, 41
transformação, ordens da, 22-8
transformação, renovação da indústria de, 351, 364
treinamento, investimento em, 365
tribalismo, 176
Tylor, Edward, 163

universalismo e conhecimentos especializados, 65-7
universalização
e globalização, 23
e racionalização, 257
utilitarismo
e Durkheim, 184, 192-4, 200, 209-12
e Spencer, 192, 207, 210

valores
e controle social, 142-3

ver também internalização
verdade formulaica, 31, 34, 36, 76
e defesa da tradição, 85-6, 95
e guardiões da tradição, 60, 63, 69, 72
e hábitos, 87
e ritual, 51, 55, 75, 90
e ciência, 76
verdade
teoria da correspondência, 271
teoria do discurso, 271
Verstehen, em Habermas, 247, 255, 257
vício
e escolha, 48
e compulsão, 42-5, 71-2
vida, política de, 319-21, 328
vigilância, nos primórdios da modernidade, 74, 76
violência
e democracia, 316-7
e diálogo, 86, 91-5, 305, 309, 329
doméstica, 318, 329
na política radical, 328-30
e tradição, 86, 91-5
Von Bertalanffy, Ludwig, 141
vontade ou querer e funcionalismo, 129, 134, 155, 158

Wagner, A., 191, 208, 230-2
Weber, Max
e autoridade burocrática, 60-3, 301
e luta de classes, 264, 291
e democracia, 304
e contingência histórica, 275
e intencionalidade, 105
e modernidade e emoção, 39-42, 95

e política, 12, 209, 212
e ética protestante do
  trabalho, 39, 77
e ação racional proposital, 255
e racionalidade, 24, 247, 254-8, 262, 276
e conhecimento tecnológico, 24, 63
e sociedades tradicionais, 73
Werner, David, 351
Williams, Raymond
  Communications, 285
  e cultura, 282-90
  Culture and Society, 283-4, 286
  e teatro, 285
Keywords, 284, 286, 288
e literatura e sociedade, 281-90
The Long Revolution, 283-8
Marxism and Literature, 289-90
romances, 285
Television, 285
Wilson, William Julius, 13, 16, 19
Winch, Peter, 104, 111, 251-2, 271
Wittgenstein, Ludwig, 103, 166, 256, 272, 288
Wolff, Janet, 18
Wordsworth, W., 51 n.32

Índice compilado por Meg Davies (Society of Indexers)

SOBRE O LIVRO

Formato: 14 x 21 cm
Mancha: 23 x 44,5 paicas
Tipografia: Iowan Old Style 10/14
Papel: Pólen Soft 80 g/m² (miolo)
Cartão Supremo 250 g/m² (capa)
1ª *edição:* 2001
1ª *reimpressão:* 2011

EQUIPE DE REALIZAÇÃO

Produção Gráfica
Sidnei Simonelli

Edição de Texto
Nelson Luís Barbosa (Assistente Editorial)
Armando Olivetti (Preparação de Original)
Carlos Villarruel e
Ada Santos Seles (Revisão)
Kalima Editores (Atualização ortográfica)

Editoração Eletrônica
Lourdes Guacira da Silva Simonelli (Supervisão)
Rosângela Fátima de Araújo (Diagramação)

Impressão e acabamento